W0110285

Inhaltsverzeichnis

1. Suchen, Finden, Sammeln – wozu sind Archive da, und wozu sind sie gut?

1.1 Was man von Archiven so denkt – die Gewölbe von Abdera

„... daß die Urkunden und Acten in einigen sehr dumpfen und feuchten Gewölben verwahrt lagen, wo sie aus Mangel der Luft verschimmelten, vermoderten, von Motten gefressen, und nach und nach ganz unbrauchbar wurden."

So oder ähnlich sehen Archive in populären Vorstellungen heute noch aus. Zwar wird sich niemand mehr zu einer solch vergröbernden Schilderung bekennen, aber etwas davon spukt heute auch noch in gebildeten Köpfen herum. Zumal diese satirische Beschreibung von Kanzlei und Archiv der fiktiven Kleinstadt Abdera, die der aufklärerische Romancier Christoph Martin Wieland 1774 entwarf, um die beschränkten politischen Kleingeister seiner Zeit zu karikieren, auch in der Gegenwart manchmal noch bestätigt oder sogar überholt zu werden scheint. Wielands Schilderung der Archive von Abdera geht nämlich folgendermaßen weiter:

„das andre *[Gebrechen der Kanzlei war]* : daß man, alles Suchens ungeachtet, nichts darin finden konnte. So oft dies begegnete, pflegte irgend ein patriotischer Ratsherr, meistens mit Beistimmung des ganzen Senats, die Anmerkung zu machen: ,es komme bloß daher, weil keine Ordnung in der Kanzlei gehalten werde.' In der Tat ließ sich schwerlich eine Hypothese erdenken, vermittelst welcher diese Erscheinung auf eine leichtere und begreiflichere Weise zu erklären gewesen wäre. Daher kam es nun, daß fast allemal, wenn bei Rat beschlossen wurde, daß in der Kanzlei nachgesehen werden sollte, jedermann schon voraus wußte, und meistens sicher darauf rechnete, daß sich nichts finden würde. Und eben daher kam es auch, daß die gewöhnliche Erklärung, die bei der nächsten Ratssitzung erfolgte: ,es habe sich, alles Suchens ungeachtet, nichts in der Kanzlei gefunden', mit der kaltsinnigsten Gelassenheit, als eine Sache, die man erwartet hatte, und die sich von selbst verstund, aufgenommen wurde."[1]

Die Abderiten aus Wielands Roman, der im Untertitel ironisch „Eine sehr wahrscheinliche Geschichte" heißt, scheinen auch im Zeitalter der Demokratie nicht ausgestorben zu sein. Nach manchen Wahlen hinterlassen die ehemals Regierenden auch heutzutage ihre schriftlichen

Abb. 1: Ein wenig geordnetes Archiv (Bildersammlung des Hessischen Staatsarchivs Darmstadt/StAD)

Unterlagen in solcher Weise, dass die neue Regierung wie weiland der Rat von Abdera „nichts in der Kanzlei gefunden" hat.[2]

In der verbreiteten Meinung, dass Archive eher dazu da sind, etwas zu verbergen als es zu präsentieren, spiegelt sich das Misstrauen gegenüber denen, die durch Wissen herrschen, das sie geheim halten. Dass dies nicht nur ein Vorurteil ist, belegt die Archivgeschichte: Seit der Einrichtung der „Geheimen Räte" als Nachfolge des früheren königlichen Rats (curia regis) im 17. Jahrhundert erhielten auch die von bzw. bei ihnen für die laufenden Geschäfte der Verwaltung geführten Registraturen den Namen „Geheime Archive" (z.B. das „Geheime Hauptstaatsarchiv", später „Haus-, Hof- und Staatsarchiv" in Wien, gegründet 1749/50; das „Geheime Haus- und Staatsarchiv" in Gotha, ebenfalls im 18. Jahrhundert gegründet; oder das „Geheime Staatsarchiv" in Preußen, seit 1831). Verwahrt in „Briefgewölben" wie etwa dem „Grünen Gewölbe" in Dresden, zu denen der Zugang nur „auf Bescheid des Hofmeisters oder Kanzlers" gestattet war[3] und verwaltet von Beamten, zu deren hervorragenden Eigenschaften beeidete Amtsverschwiegenheit („biß in sein todt"), asketische Aufopferung für den Beruf („eine gesellige Person zu einem Registrator nicht taugen will") sowie genaue Kenntnisse in Sachen („hochgelehrt in Recht und in rebus Politicis") und Sprachen (Latein, Französisch) gehörten, umgaben weitere Geheimnisse die ohnehin geheimen Schriften.[4] Urbild solch archivischer Geheimniskrämerei sind die Archive des Vatikan, deren Tradition als eine der wenigen in Europa noch auf die antik-römische Registerführung zurückverfolgt werden kann.[5] Ihre langen Sperrfristen und die Besonderheit der verwahrten Dokumente, die wie solche der ketzerverfolgenden Inquisition immer noch gruselnde Schlagzeilen veranlassen („Wie viele Leichen liegen im Keller des Vatikan?"),[6] rufen gern literarische Assoziationen hervor, die dann freilich von den Forschungsergebnissen wenig gedeckt werden.[7]

1.2 Was Archive sind – von der Keilschrift zum Büro

Seitdem geschrieben wird, gibt es auch Archive. Im Folgenden wird nur von der europäischen Tradition die Rede sein. Natürlich gibt es aber auch in China, dem Land mit der längsten kontinuierlichen Staats- und Schrifttradition, ein Archivsystem. Erstaunlich ist allerdings, dass trotz der Tatsache, dass in China – dessen Kultur wir die Erfindung des Papiers verdanken[8] – seit über 2000 Jahren (konkret: seit Kaiser Qin Shi Huang Di, 221–206 v. Chr.)[9] fast immer eine zentrale Regierung bestand, die archivische Überlieferung von Regierungsdokumenten relativ schmal ist und erst mit der Ming-Dynastie (1368–1644) einsetzte. Aus den tausend Jahren davor sind nur wenige Bambus-Täfelchen, Ora-kel-Knochen und andere Schriften aus Höhlen und Gräbern in Nordwestchina überliefert. (Die meisten befinden sich in europäischen und japanischen Museen.) Für die mangelnde Überlieferung war auch der Brauch verantwortlich, dass bei einem – meist gewaltsamen – Dynastiewechsel die nachfolgende (siegreiche) Dynastie jeweils die Dokumente der vorhergehenden zerstört hat und deren Geschichte neu schrieb.

Die Archive der Volksrepublik China sind erst seit 1980 öffentlich zugänglich – aber nicht ohne komplizierte Beantragung. Heutzutage ist das Archivwesen der Volksrepublik China auf verschiedenen Ebenen gut ausdifferenziert, es gibt eine Archivarsausbildung an der Volksuniver-

7

sität (Renmin Daxue) in Beijing sowie Fernlehrgänge für die etwa eine Million chinesischen Voll- und Teilzeitarchivare.[10]

Etwa 400 000 mit eingestichelter Keilschrift versehene Tontafeln waren bis zum Irak-Krieg 2003 aus den Reichen der Sumerer in Uruk, der Akkader von Babylon und Assur seit dem Jahr 3000 v.u.Z. überliefert. Auf Wandbrettern oder in Körben wurden die Tafeln nach meist chronologischer Systematik gelagert.[11] Der gebrannte Ton war ein dauerhafterer Beschreibstoff als der seit dem 3. Jahrtausend v.u.Z. in Ägypten verwendete Papyrus, die Holztafeln der Hethiter oder das in Persien verwendete Leder. Über „Archive" dieser Kulturen sind wir daher nur mittelbar, nicht durch Primärzeugnisse unterrichtet. Der Begriff „Archiv" stammt vom griechischen „archeion" (abgeleitet von „arché" = „Verwaltungsbehörde"). Das erste „archeion" der Regierungsbehörde in Athen befand sich im Tempel der Athene. Zur Rechtssicherung bewahrte man Gesetze, Beschlüsse von Rat und Volksversammlung, außenpolitische Verträge, wichtige Prozesse (wie den gegen Sokrates), aber auch Belegexemplare der in staatlichem Auftrag geschriebenen Dramen auf. Auch in Rom war der erste Aufbewahrungsort für die Gesetzesbeschlüsse des Senats ein Tempel, der des Saturn. Nachdem dieser abgebrannt war, wurde im Jahr 78 v.u.Z. das Tabularium als Archivzweckbau errichtet. Wie das athenische bewahrte auch das römische Archiv nur eine Auswahl von Beratungsprotokollen, Beamten- und Volkszählungslisten sowie Rechenschaftsberichten von Provinzstatthaltern. Mit dem Neubau wurden jetzt auch Techniken des Wiederfindens entwickelt, denn von nun an mussten Amtsträger nach Ablauf ihrer Amtszeit die zu Rollen („rotuli") zusammengeklebten „acta", also Aufzeichnungen über ihr „Gehandeltes" dort abliefern.[12] Mit dem Übergang der Macht an die Kaiser der nachchristlichen Jahrhunderte ging auch die Funktion des Archivs an die kaiserlichen „scrinia" über. Dieser Name leitet sich ab von den Kapseln – „scrinia" –, in denen die als Briefe versandten kaiserlichen Befehle von der ausfertigenden Kanzlei aufbewahrt wurden. Es waren erste moderne Büros und Archive zugleich, denn Ein- und Ausgang der Briefe wurde im „officium ab epistulis" registriert und zwar in einer griechischen Abteilung für die Osthälfte, einer lateinischen Abteilung für die Westhälfte des riesigen Reiches. Die Verwaltung wurde nun „abstrakter" oder „entkörperlicht": „Die Insignien kaiserlicher Macht gehen in die Ordnung des Textes ein." Die Schrift wird zur „symbolische[n] Macht des Kaisers" aufgeladen, indem nur er seit dem 5. Jahrhundert mit purpurner Tinte unterschreiben darf und allein damit – und er allein – einem Schriftstück Gesetzesmacht verleiht.[13]

8

Nach der Zerstörung des weströmischen Reiches werden einige Jahrhunderte vergehen, bis dieser Stand der Verwaltungstechnik und ihrer archivischen Sicherung wieder erreicht wird. Im frühmittelalterlichen „Urkundenzeitalter" wurde das Recht mit dem beschriebenen Pergament weitergegeben – und konnte somit auch durch ein ebensolches hergestellt, d.h. gefälscht werden, da so gut wie keine zentrale Erfassung („Archivierung") stattfand.[14] Vor derartig erfindungsreicher „Recht-Setzung" schützte auch die oft eindrucksvolle Verwahrung hinter dicken Mauern und schweren Türen und Schlössern nicht. Erst im 12. Jahrhundert begannen die römische Kurie und einzelne Städte wie Genua und Köln wieder Registraturen ausgegebener Urkunden zu entwickeln. Beeinflusst von der persisch-arabischen Kanzleitradition, die über das normannische Königreich Sizilien nach Europa überliefert wurde,[15] bildete die dortige Kanzlei des staufischen Kaisers Friedrich II. (1220–1250) eine Registratur aus, die vorbildlich wurde. Auf dem fälschungssichereren und weniger kostspieligen Beschreibstoff Papier konnten nun mit großzügiger Raumeinteilung Datierung, Empfänger und Inhaltszusammenfassung („Regest") eines ausgegebenen Schriftstücks übersichtlich und – falls wegen lästiger Wiederholungen nötig – auch mit Abkürzungen aufgezeichnet werden.[16]

Die weitere Geschichte der Archive ist gewissermaßen nur eine Fortentwicklung dieser Prinzipien. Die Kanzlei des deutschen Königs und Kaisers des Heiligen Römischen Reiches, Maximilian I. (1486–1519), der selbst als einer der wenigen Herrscher der Kanzlei- und Schreibtechniken kundig war, hatte sich mit den Veränderungen nach der Erfindung des Buchdrucks auseinander zu setzen. Diese wurde nun zum Formalisieren und Vereinheitlichen genutzt. Zunächst wurden reichsweite Gerichts-, Polizei- und natürlich auch Kanzleiordnungen mit strengen Vorschriften über Anwesenheit und Arbeitsdisziplin erlassen.

Außerdem aber wurden in der kaiserlichen Kanzlei gedruckte, handschriftlich auszufüllende Formulare eingeführt, die nicht nur die Schreibarbeit, sondern auch die darin angeordneten Vorgänge – „von kaiserlichen Empfängen bis Reichstagen" – nach wiederkehrendem Muster uniformierten.[17] Hier entstand auch eine Handschrift – die Fraktur –, die dann bis ins 19. Jahrhundert Vorbild der deutschen Druckbuchstaben blieb. Neu war aber ebenfalls, dass nun auch ausdrücklich die Entwürfe von Anordnungen und Erlassen, die Konzepte, aufgehoben wurden, aus denen die Entstehung eines Verwaltungshandelns erschlossen werden kann. Damit ist der Grundstein der „modernen Amtsführung" (Max Weber) gelegt, mit anderen Worten: Dies war die Entstehung der Akten im eigentlichen Sinne.[18]

9

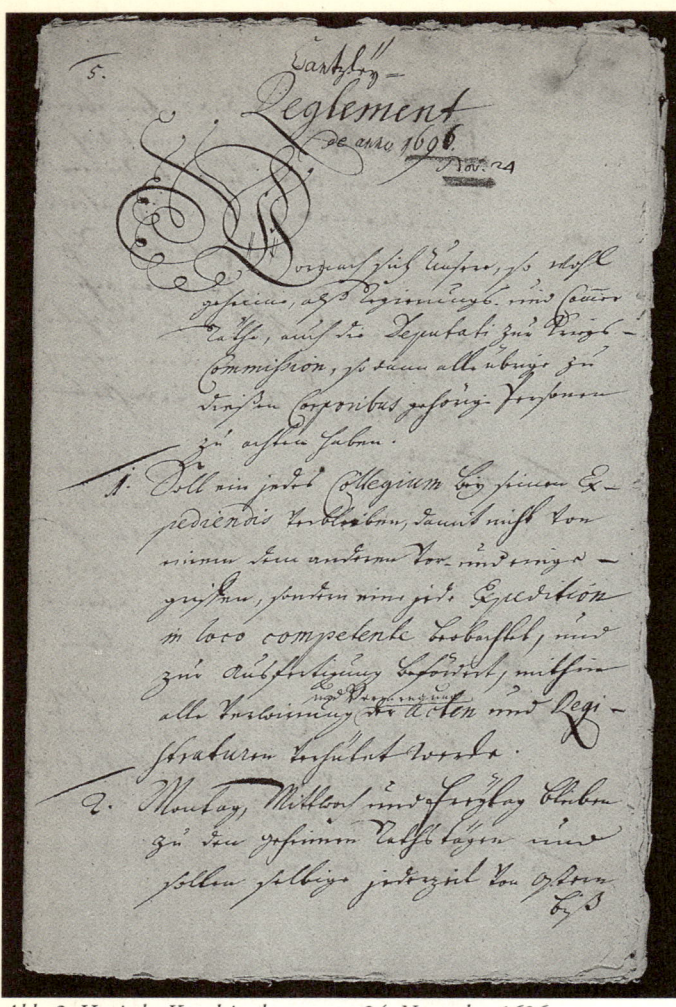

Abb. 2: Hessische Kanzleiordnung vom 24. November 1696 (StAD. Foto: M. Bernhardt)

Transkription: **Cantzley Reglement de anno 1696 Nov 24**
Wornach sich Unsere, so wohl geheime als Regirungs- und Cammer Räthe, als auch die Deputati zur Kriegs Commission so dann alle übrige zu dießen Corporibus gehörige Personen zu achten haben.

1. Soll ein jedes Collegium bei seinen Expediendis verbleiben damit nicht von einem dem anderen vor- und eingegriffen, sondern eine jede Expedition in loco competente beobachtet und zur Ausfertigung befördert, mithin alle Verwirrung und Vermengung der Acten und Registraturen verhütet werden.

2. Montag, Mittwoch und Freytag bleiben zu den geheimen Rathstägen und sollen selbige jederzeit von Ostern bis Michaelis umb 8, weiters aber von Michaelis bis Ostern umb 9 Uhr, es sey denn, daß es Reichstag wäre, ihren Anfang nehmen, das Protocoll aber sambt den eingetragenen Sachen einige Stunden vorher denen geheimen Räthen verschloßen ins Haus geschiket und zu dem Ende von denen geheimen Sectretariis sich darnach geachtet werden.

3. Soll alle Tage /:ausgenommen am Donnerstage, als an welchem die Consistorialia vorgenommen:/ Reg.(irungs) Tag gehalten, jedes mahls umb 8 Uhr vormittags der Anfang mit der Session gemacht, und damit biß 12 Uhr continuirt werden.

4. In dem Cammer–Collegio soll man täglich vor- und nachmittags, und zwar vormittags von 8 bis 12, nachmittags aber von 3 bis 5 Uhr zusammen kommen.

6. So ja jemand der Vorsitzenden in diesen Collegiis etwann zu bestimmter Zeit nicht sogleich erschiene, sondern etwas länger außen blieb, so soll von denen Anwesenden jeden Collegiums eine halb ViertelStund nach obgemedeter Zeit zugewartet, danach aber, wann auch gleich nur zween aus dem Collegio zugegen wären, mit dem expediren angefangen und fortgefahren werden.

7. Weil an denen geheimen Rathstägen die geheimbde Räthe nicht in die Regirungs-Session kommen können, sollen an solchen Tägen zwar keine Partheyen, ausgenomen zur gütlichen Verhör oder dergl. vorgeladen, hingegen aber, was resolvenda anbetrifft, so nicht gar momento (?) sind, alsdann von denen regirungsräthen überleget und entweder durch deutliche Umbfrage resolviret oder da selbige von Importanz zu seyn befunden wurden, von dem Vorsitzenden ad Referendum ausgetheilet, an solchen Tagen abfaßende Expeditiones aber denen geheimbden Räthen dennoch ad revisionem zugeschickt werden. Sollte sich aber zutragen, daß die Regirungsräthe weder per unanimia noch per majora sich eines gewißen Conclusi vergleichen könnten; so sollen solche materien an einem andern tag, da die geheimbden Räthe mit zugegen seyn, in pleno reproponiret und sodann der Schluß darüber per majora gefaßt werden.

10. In dem votiren soll man sich der nöthigen Kürze befleißigen, und der Nachstimmende dasjenige, was die Vorstimmende albereits berührt und declarirt, nicht überflüßig wiederholen, auch nicht aus der Ordnung in dem Votiren oder Consultirenden andern vorgreifen, wohl aber stehet demjenigem, welcher schon votirt hat, frey, seinem voto ex post facto et durante consultatione ein und anders breiter zu annectiren.

16. Diejenige Rescripta, Decreta, Resolutiones und Sinaturen, welche im Nahmen unserer geheimbden oder Regirungs- und Cammer-Collegii inoder außerhalb Landes abgehen, sollen zwar sub nomine collectivo unterzeichnet, anbey aber von dem in solchem Collegio jederzeit Vorsitzenden unterschrieben und sodann denen Sachen die Uns ad Subscribendum zukommen, beygeleget werden.

18. So Sollen Unsere Canzley Bediente nicht nur allmahlen sich zu rechter Zeit Vor- und Nachmittags auf der Canzley einfinden, die Zeit nicht mit Schwazen, Herumbgehen, oder gar mit Zechen, sondern mit fleißiger Verrichtung ihrer obhabenden Geschäfte zubringen.

Kanzlei-Regiment, Gießen, 1696, Nov. 24 (StAD R 1 Höpfner Nr. 20/57)

11

Noch immer aber musste, was von Kanzler oder Räten diktiert wurde, auf- und danach vielfältig abgeschrieben werden. Im 14. Jahrhundert bildete sich eine Rangordnung von Kopisten (die nicht unbedingt selbst verstehen mussten, was sie abschrieben), Schreibern (scriptores) und Sekretären heraus. Letztere, die scriptores secretae, waren diejenigen, denen man geheime Briefe (littera secreta) und überhaupt die Wahrung von geheimen Angelegenheiten anvertrauen konnte. Aus ihnen entstanden später die leitenden Ämter der Staatssekretäre. Schon die Kanzlei Maximilians hatte einen solchen „Ersten Sekretär".[19]

Die Verselbstständigung und Professionalisierung der Archive kam dann nach 1800 intensiver in Gang, als Folge der napoleonischen Umwälzungen in Staaten und Verwaltungen. 1808 wurde im napoleonischen Königreich Italien unter Joachim Murat „die Ordnung der Archive nach Herkunfts- und Verwaltungszusammenhängen"[20] eingeführt. Dieses „Provenienzprinzip" setzte sich – im Gegensatz zu den Ordnungen nach Sachen oder Territorien (Pertinenzprinzip) – allgemein auch in Deutschland durch, zumal nachdem der preußische Archivdirektor Heinrich von Sybel es 1881 für das Geheime Staatsarchiv für verbindlich erklärt hatte. Im Zeitalter des Historismus, in dem sich der Staat als werdender Organismus verstand, wurden die Archive als Fortsetzung der Verwaltung organisiert.[21] Ihre Bedeutung und Wichtigkeit wurde auch dadurch unterstrichen, dass seit 1821 eigene Ausbildungsstätten für Archivare eingerichtet wurden: in Paris die „École des Chartes", in München eine „Archivschule". Für den Bereich der preußischen Archivverwaltung wurde sie 1893/94 durch die postuniversitäre Archivschule am Staatsarchiv Marburg ergänzt, die 1929 als Institut für Archivwissenschaft nach Berlin verlegt wurde. Dieses Institut wurde nach Entstehung der DDR in Potsdam weitergeführt. In Marburg wurde seit 1949 ein Institut für Archivwissenschaft neu gegründet, das für die Archivverwaltungen der Bundesrepublik (ohne Bayern) ausbildet.[22]

Die Stabilität der so entstandenen Verwaltungsorganisation zeigte sich darin, dass sie in Deutschland die Übergänge vom Kaiserreich zur Republik 1918/19, zur NS-Diktatur 1933 und dann wieder zu demokratischen Formen nach 1945 nahezu unverändert überstand. Der schwerwiegendste Wechsel war technisch bedingt: Mit der so genannten „Büroreform" um 1920, die vor allem durch die Einführung von Schreibmaschine (mit der Möglichkeit der sofortigen Durchschrift) und schriftlosem Telefon gekennzeichnet war, endet im Grunde das alte Kanzleiprinzip einer mehrstufigen Kontrolle vom Konzept zur Kopie.[23] Weitere technisch-organisatorische Modernisierungen wie die Einführung von Stehordnern oder Aktenplänen (einer gewissermaßen „umgekehrten Registratur", die im Voraus den Akten einen Platz zuweist)[24] ändern vor allem ein zentrales Problem nicht: das der zunehmenden Menge sich immer schneller vermehrender Papiere. So wird das Aussondern der unwichtigen Papiere zu einer Hauptaufgabe der Archivare; Ende des 19. Jahrhunderts erhielten die damit beschäftigten unteren Beamten von dem so verkauften Altpapier 25% des Erlöses.[25]

Auch die elektronische Revolution der Büros hat das Prinzip der „bürokratischen Rationalität" nicht geändert, das nach Max Weber so definiert wird: „Akten und kontinuierlicher Betrieb durch Beamte zusammen ergeben: das Büro als den Kernpunkt jeden modernen Verwaltungshandelns."[26] Wenn die Akten im Archiv gesammelt sind, hängt es von den Archivaren (in der Regel ebenfalls Beamten) ab, wie sie zugänglich gemacht werden. Man könnte zugespitzt sagen: Das eigentliche Geheimnis eines Archivs ist nicht sein Inhalt, sondern sein Index,[27] also System und Methode, mit denen der Inhalt erschlossen und zugänglich gemacht wird (s. Kap. 3.3). Das Bewusstsein von der Besonderheit dieser Arbeit, die in fast alle Felder des Lebens und Verwaltens führt und zugleich auch zum Vertrauten einer (einst) herrschenden Elite macht, hat zu einem eigenen „Berufsstolz" der Archivare geführt.[28] Unter den bekannteren sind hier neben dem Dramatiker Franz Grillparzer noch der Märchensammler Ludwig Bechstein im 19. und der Romancier Heimito von Doderer im 20. Jahrhundert zu nennen. Ihr Selbstbild gleicht heute freilich kaum noch dem, das einer der vielen literarischen Autoren unter den Archivaren in einer Weise formulierte, die manchmal dem heute noch gängigen Stereotyp entspricht:

„Im kühlen Gewölbe, aufs Pult gebückt,
so weltverloren und weltentrückt,
sitzet und forschet, wie manches Jahr,
also auch heute der Archivar."[29]

Eher wird dieses Berufsbewusstsein der vielen auch schreibenden Archivare bestimmt von dem Konflikt zwischen der Mühe ihrer beruflichen Alltagsroutine der Akten-Verzeichnung und Auskunftserteilung sowie dem Wunsch, selbst geschichtliche Beiträge – vorwiegend, aber nicht nur – für die Jahrbücher oder Zeitschriften regionaler Vereine, Kommissionen oder Gesellschaften zu verfassen, deren Mitglieder oder Vorsitzende sie vielfach sind. Diesen Zwiespalt zwischen Brotberuf und kreativer Selbstbestimmung hat Franz Grillparzer, Direktor des Hofkammerarchivs in Wien von 1832 bis 1856, in Stoßseufzern wie diesem zum Ausdruck gebracht: „Dieses Archiv wird mich unter die Erde bringen besonders dadurch, dass es mir die kostbaren Vormittagsstunden raubt."[30] In zahlreichen Sonderurlauben, deren Fristen er regelmäßig überschritt, suchte Grillparzer Freiräume für seine „literarische Bestimmung", blieb aber nach mehreren misslungenen Versuchen, sich auf andere Stellen zu bewerben, seinem Dienstort unwillig treu. „Ich kehrte daher zu meinen Akten zurück, die mir täglich widerlicher wurden, indes sie mich anfangs wenigstens historisch interessiert hatten."[31] Das mit dem Beruf verbundene Ethos setzte sich aber auch im Poeten durch, indem der Archivar Grillparzer fleißig und zuverlässig Register und Indices verfertigte.[32]

Im populären Image von Archiven verbindet sich das Unbekannte, das diese Einrichtungen für die meisten Menschen darstellen, oft zugleich mit dem Undurchdringlichen, das die moderne Verwaltung für die Mehrzahl der ihr nur als Objekt gegenübertretenden Bürger hat. Kaum jemand hat diesen Eindruck so beklemmend und faszinierend beschrieben wie der Jurist Franz Kafka, der den größten Teil seines Berufslebens in den Büros einer Prager Versicherungsanstalt zubrachte, in seinem Romanfragment „Der Prozess" (1911/12).

„Das große Recht, von der Anklage zu befreien, haben also unsere Richter nicht, wohl aber haben sie das Recht, von der Anklage loszulösen. Das heißt, wenn Sie auf diese Weise freigesprochen werden, sind Sie für den Augenblick der Anklage entzogen, aber sie schwebt auch weiterhin über Ihnen und kann, sobald nur der höhere Befehl kommt, sofort in Wirkung treten. Da ich mit dem Gericht in so guter Verbindung stehe, kann ich Ihnen auch sagen, wie sich in den Vorschriften für die Gerichtskanzleien der Unterschied zwischen der wirklichen und der scheinbaren Freisprechung rein äußerlich zeigt. Bei einer wirklichen Freisprechung sollen die Prozeßakten vollständig abgelegt werden, sie verschwinden gänzlich aus dem Verfahren, nicht nur die Anklage, auch der Prozeß und sogar der Freispruch sind vernichtet, alles ist vernichtet. Anders beim scheinbaren Freispruch. Mit dem Akt ist keine weitere Veränderung vor sich gegangen, als daß er um die Bestätigung der Unschuld, um den Freispruch und um die Begründung des Freispruchs bereichert worden ist. Im übrigen aber bleibt er im Verfahren, er wird, wie es der ununterbrochene Verkehr der Gerichtskanzleien erfordert, zu den höheren Gerichten weitergeleitet, kommt zu den niedrigeren zurück und pendelt so mit größeren und kleineren Schwingungen, mit größeren und kleineren Stockungen auf und ab. Diese Wege sind unberechenbar. Von außen gesehen, kann es manchmal den Anschein bekommen, daß alles längst vergessen, der Akt verloren und der Freispruch ein vollkommener ist. Ein Eingeweihter wird das nicht glauben. Es geht kein Akt verloren, es gibt bei Gericht kein Vergessen."[33]

So undurchdringlich sind die realen Archive nicht. Ihre Aufgabe ist klar definiert:

14

„Gegenstand archivischer Verwahrung und Betreuung ist heute das gesamte Schrift-, Bild- und Tongut, das als dokumentarischer Niederschlag der Tätigkeit staatlicher und nichtstaatlicher Dienststellen, aber auch sonstiger Einrichtungen, Verbände, Betriebe oder Einzelpersonen erwächst, soweit es wegen seines rechtlich-verwaltungsmäßigen, seines historischen, aber auch seines wissenschaftlich-technischen oder künstlerischen Quellenwerts als ‚archivwürdig' zur dauernden Aufbewahrung bestimmt wird."

Dieses Material kann sehr verschiedenartig sein, es kann Pläne, Bilder, persönliche Nachlässe umfassen. Entscheidend ist:

„Archive sind Behörden und Einrichtungen, die ausschließlich oder doch vorrangig mit der Erfassung, Verwahrung und Erschließung derartigen Archivguts befasst sind, das im Regelfall von den Stellen, bei denen es erwachsen ist, an die Archive abgeliefert wird. [...] Die Masse des Archivguts entsteht bei Behörden, Einrichtungen oder Einzelpersonen in Erfüllung verwaltungsmäßiger, rechtlicher, geschäftlicher oder sonstiger Aufgaben, um dann erst später, nach der Sichtung und ordnenden Erschließung durch den Archivar, zur Quellengrundlage für historische und andere Forschungen zu werden."[34]

Damit ist auch gesagt, dass das, was man landläufig als sein „Privatarchiv" bezeichnet, im Wortsinne bestenfalls eine „Sammlung" ist. Gemeint sind jene Dokumente über Familienstand, Ausbildung, Beruf, Wohnung oder Haus, Krankenversicherung, Telefon usw., die sich unweigerlich im Laufe eines zivilisierten Lebens ansammeln. Beginnt man dazu noch, sich umfassend und aktuell über eine bestimmte Sache zu informieren, oder hat man gar einen lehrenden oder forschenden Beruf, so legt man unweigerlich weitere Sammlungen an. Man schneidet aus, klebt, heftet, beschriftet, – aber es bleiben Sammlungen.

Auch diese Methode hat inzwischen ein ehrwürdiges Alter und eine Geschichte. Zeitungsausschnittsammlungen wurden seit Ende des 19. Jahrhunderts angelegt und bald professionalisiert. 1879 eröffnete in Paris das erste Zeitungsausschnittbüro mit dem bezeichnenden Namen „Argus de la Presse"; 1881 gründete sich ein weiteres in London, 1883 eines in New York, 1885 in Berlin. Sie waren gedacht für die Bedürfnisse von Künstlern, Forschern, Wissenschaftlern und Politikern, die nicht nur die Wirkung ihrer Person in der Öffentlichkeit kontrollieren wollten, sondern auch die ihrer Werke, Produkte oder Handlungen, die ihren eigentlichen Wert erst im Absetzen von der Konkurrenz erhielten. Einer der ersten Politiker, der sich systematisch des Presse-Echos als Mittel der Politik bediente, war Otto von Bismarck.[35] Schon im Jahre 1908, auf dem 8. Internationalen Historikerkongress in Berlin wurden

15

Zeitungsausschnittsammlungen als seriöse historische Quelle diskutiert.[36]

Solche thematischen Sammlungen werden praktisch in allen Archiven angelegt,[37] doch sind sie eher typisch für Zeitungen, Zeitschriften, Rundfunk- und Fernsehanstalten oder große Firmen oder Wirtschaftsorganisationen. Ihr Zweck ist „Dokumentation". In der Bundesrepublik entstand in den 50er- und 60er-Jahren aus Bedürfnissen der Forschungs- und Technologiepolitik ein neues Bewusstsein von „Dokumentation als Voraussetzung für technisch-ökonomische Forschung und Praxis, Information als ,Rohstoff".[38] Seit 1967 gibt es ein eigenes Berufsbild „Dokumentar" mit einer spezialisierten Ausbildung, die aus den Ausbildungsgängen für Bibliothekare und Archivare entstand.[39]

1.3 Wozu Archive gut sind – Historiker und „Betroffene"

Der Unterschied von Archiven zu Museen und Bibliotheken ist klar definiert: Die Archive sind, wie ihre Geschichte ja auch deutlich zeigt, eng an Verwaltung, Ämter und politische Institutionen angebunden, die ihrerseits verpflichtet sind, ihre Unterlagen dort abzuliefern. Diese strikte Funktionsbindung macht den besonderen Charakter der Archive aus, auch wenn sie mittlerweile ihre Bestände durch Sammlungen verschiedenster Art erweitert haben. Zugleich wird dadurch deutlich, dass der Zugang zu Archiven, ihre Öffnung für die Außenwelt alles andere als selbstverständlich ist. Heute zwar selten, aber nicht völlig verschwunden ist eine Archivarshaltung, mit der der Historiker Heinrich von Sybel im 19. Jahrhundert konfrontiert wurde; auf sein Begehren um Benutzung des Pariser Kriegsarchivs erhielt er die Antwort: „Wir werden [...] vielfach mit solchen Zumutungen heimgesucht; die Gelehrten scheinen zu glauben, dass die Archive nur zu dem Zweck angelegt werden, ihnen die Mittel zu angenehmer Schriftstellerei zu geben: nein, mein Herr, [...] was wir hier ansammeln [...] sind nicht Litteralien, sondern Akten; Akten sind es, mein Herr."[40]

Zur Geschichte der Archive gehört auch die Geschichte ihrer Öffnung, zur Geschichte der Akten die des Rechts auf, besser gesagt: des Kampfes um Akteneinsicht. Erste Veröffentlichungen von Akten waren Handlungen der Aufklärung im 18. Jahrhundert. Der Staatshistoriker und Statistiktheoretiker August Ludwig von Schlözer gründete eigene Zeitschriften, die höchst erfolgreich von der Publikation bis dato geheimer staatlicher (meist also: fürstlicher) Akten lebten. Schlözers „Briefwechsel meist historischen und politischen Inhalts" (1776–1782) bzw. die „Staatsanzeigen" (1782–1793)[41] waren eine gute – im

16

Auszug aus dem Hessischen Archivgesetz vom 18. Oktober 1989:

Fünfter Abschnitt: Benutzung von öffentlichem Archivgut

§ 14: Allgemeines

Das Recht, öffentliches Archivgut nach Ablauf der festgelegten Schutzfristen zu nutzen, steht jeder Person zu, die ein berechtigtes Interesse an der Nutzung glaubhaft macht, soweit durch Rechtsvorschriften nichts anderes bestimmt ist. Vereinbarungen zugunsten von Eigentümern privaten Archivguts bleiben unberührt. Ein berechtigtes Interesse ist insbesondere gegeben, wenn die Nutzung zu amtlichen, wissenschaftlichen, publizistischen oder Unterrichtszwecken sowie zur Wahrnehmung berechtigter persönlicher Belange begehrt wird.

§ 15: Schutzfristen

(1) Öffentliches Archivgut wird im Regelfall dreißig Jahre nach Entstehung der Unterlagen für die Benutzung freigegeben. Unterlagen, die besonderen Geheimhaltungsvorschriften unterliegen, dürfen erst sechzig Jahre nach ihrer Entstehung benutzt werden. Unbeschadet der generellen Schutzfristen dürfen Akten und Dateien, die sich auf eine natürliche Person beziehen (personenbezogenes Archivgut), erst zehn Jahre nach dem Tod der betroffenen Person durch Dritte benutzt werden. Ist der Todestag nicht festzustellen, endet die Schutzfrist hundert Jahre nach der Geburt der betroffenen Person. Soweit personenbezogenes Archivgut besonderen Geheimhaltungs- und Schutzvorschriften unterliegt, beträgt die Schutzfrist in den Fällen des Satz 3 dreißig und in den Fällen des Satz 4 einhundertzwanzig Jahre.

(2) Die Schutzfristen nach Abs. 1 gelten nicht für solche Unterlagen, die bereits bei ihrer Entstehung zur Veröffentlichung bestimmt waren. Amtsträger in Ausübung ihrer Ämter sind keine betroffenen Personen im Sinne des Abs. 1.

(3) Die in Abs. 1 festgelegten Schutzfristen gelten auch bei der Benutzung durch öffentliche Stellen. Für die abgebenden öffentlichen Stellen gelten die Schutzfristen des Abs. 1 nur für Unterlagen, die bei ihnen auf Grund besonderer Vorschriften hätten gesperrt, gelöscht oder vernichtet werden müssen.

(4) Die festgelegten Schutzfristen können im Einzelfall verkürzt werden, wenn es im öffentlichen Interesse liegt. Bei personenbezogenem Archivgut ist eine Verkürzung nur zulässig, wenn die Benutzung für ein bestimmtes Forschungsvorhaben erfolgt und schutzwürdige Belange der betroffenen Personen oder Dritter nicht beeinträchtigt werden oder das öffentliche Interesse an der Durchführung des Forschungsvorhabens die schutzwürdigen Belange erheblich überwiegt; soweit der Forschungszweck dies zulässt, sind die Forschungsergebnisse ohne personenbezogene Angaben aus dem Archivgut zu veröffentlichen. Eine Benutzung personenbezogener Akten ist unabhängig von den in Abs. 1 genannten Schutzfristen auch zulässig, wenn die Person, auf die sich das Archivgut bezieht, oder im Falle ihres Todes ihre Angehörigen zugestimmt haben; die Einwilligung ist von dem überlebenden Ehegatten, nach dessen Tod von seinen Kindern, und wenn weder Ehegatte noch Kinder vorhanden sind, von den Eltern der betroffenen Person einzuholen.

Zeitalter der Aufklärung aber nicht die einzige – Adresse, um Verschwendung oder Machtmissbrauch anzuprangern. Konsequent war es dann, dass die Französische Revolution nicht nur die Geheimnisse des ancien

17

régime lüftete: Das Archivgesetz vom 25. Juni 1794 verfügte, dass auch Unterlagen von wissenschaftlichem (nicht nur von rechtlichem) Wert zu sammeln und dass sie interessierten Bürgern zugänglich zu machen seien.

Nach diesem Paukenschlag des Anfangs dauerte es aber noch gut ein Jahrhundert, bis die öffentliche Nutzung von Archiven auch in anderen Ländern gesetzlich garantiert wurde. Archivgesetze legten oft nur die Archivierungspflicht der Behörden sowie die Archivorganisation fest.[42] Grundsätzlicher verfuhr erst der „Freedom of Information Act" in den USA 1967, der den öffentlichen Zugang zu Regierungsakten ausdrücklich als Mittel der Kontrolle der Regierung durch den Bürger definierte.[43] In der Bundesrepublik Deutschland – wie in ihrem Vorgängerstaat Deutsches Reich – gab es bis Ende der 80er-Jahre kein Archivgesetz, das den Zugang zu Archiven – schon gar nicht als Bürgerrecht – regelte. Man konnte sich nur auf die in Art. 5 des Grundgesetzes garantierte, aber nicht genauer spezifizierte Informationsfreiheit berufen. Nur Verfassungen weniger Länder enthalten ein Recht auf Akteneinsicht (Österreich; nach 1990 auch Polen, Ungarn und Tschechien).[44] In der Bundesrepublik Deutschland wurden solche Festlegungen erst durch Archivgesetze in den Ländern seit 1987, für den Bund 1988 getroffen.

Nicht untypisch für die Entstehung ist, dass diese Gesetze aus den Diskussionen um den Datenschutz hervorgingen, die im Konflikt um das „Recht auf informationelle Selbstbestimmung" im Rahmen des Bundesverfassungsgerichtsurteils zur Volkszählung von 1983 geführt wurden. Ausschlaggebend für die Gesetzesformulierung waren die neuen technischen Möglichkeiten der elektronischen Datenverarbeitung, die ungeahnt schnelle und massenhafte Verarbeitung von Informationen über Personen ermöglichten. Nur diese „personenbezogenen", nicht sachbezogene Daten sind übrigens geschützt bzw. in Bezug auf sie kann der Bürger Berichtigung oder sogar Löschung unrichtiger Daten verlangen. Allerdings bezieht sich dies auch nur auf staatliche, nicht private Datensammlungen. Versicherungen, Immobilienunternehmen oder Kreditkartenfirmen erheben unkontrolliert sehr viel mehr gezielte Daten als staatliche Institutionen.[45]

Eine Besonderheit in der Bundesrepublik – und in der Archivgeschichte überhaupt – ist die Gesetzgebung, die die Einsicht in die „Unterlagen des Staatssicherheitsdienstes der ehemaligen Deutschen Demokratischen Republik" (Stasi-Unterlagen-Gesetz, StUG, 20. Dezember 1991) sichert. Wohl zum ersten Mal bei einer Revolution forderten 1989/ 90 die demonstrierenden Massen nicht im Geiste des Anarchisten Bakunin (1814–1876) die Zerstörung – „Abschaffung und Verbrennung aller Besitztitel, [...] mit einem Wort des ganzen straf- und zivilrechtlichen Papierzeugs",[46] – sondern die Erhaltung ihrer Akten: „Ich will meine Akte!" – „Freiheit für meine Akte" skandierten Sprechchöre, als im Januar 1990 die Stasi-Zentrale in der Berliner Normannenstraße gestürmt wurde, um die dort wie anderswo anlaufende Schredderung von Akten zu beenden.[47] Das bald darauf vom Bundestag verabschiedete Stasi-Unterlagen-Gesetz zielt denn auch vor allem darauf, „dem einzelnen Zugang zu den vom Staatssicherheitsdienst zu seiner Person gespeicherten Informationen zu ermöglichen, damit er die Einflussnahme des Staatssicherheitsdienstes auf sein persönliches Schicksal aufklären kann" (§ 1 Abs. 1 Nr. 1 StUG).[48]

Anders also als nach dem Ende der anderen deutschen Diktatur 1945 ist jetzt Aufklärung und Offenlegung erstes und oberstes Ziel. Bis Juni 2003[49] sind 5.233.618 Anträge auf Akteneinsicht von Bürgern und Institutionen bei der Behörde des/der „Bundesbeauftragten für die Unterlagen des Staatssicherheitsdienstes der ehemaligen Deutschen Demokratischen Republik" gestellt worden. Dazu gehören sowohl die amtlichen Überprüfungen (2.783.516 Anträge) von staatlichen Angestellten oder Beamten in den neuen Ländern auf zu enge Bindungen an das SED-Regime (mit der Konsequenz der Nicht-Übernahme oder Entlassung), wie die Versuche zur Aufarbeitung der eigenen Lebensgeschichte (2.045.405 Anträge). Im umfassenden Spitzelsystem der DDR wurden die „Informanten", „informellen Mitarbeiter" oder Denunzianten gesucht, die in das eigene Leben eingegriffen, Beruf, Ehe, Karriere gelenkt oder sogar zerstört hatten. Tragödien von Niedrigkeiten traten zu Tage, politische Karrieren endeten über Nacht (wie die des Mitbegründers der SPD-Ost, Ibrahim Böhme, im April 1990) oder Ehen gingen auseinander (wie die der Bürgerrechtlerin Vera Lengsfeld, die in ihrer Akte die Berichte lesen konnte, die ihr damaliger Mann Knud Wollenberger über sie für die Stasi verfasst hatte).[50] Selten haben Zeitgenossen erlebt, dass staatliche Geheimnisse so schnell ihr Arkanum einbüßten, dass Freund-Feind-Verhältnisse sich so rasch umkehrten.

Der systemkritische Lyriker Reiner Kunze veröffentlichte Auszüge aus den 3 491 Blatt ihn betreffenden Stasi-Akten. Ein Beispiel, wie die Stasi bei Wohnungsnachbarn vorging:

„Mit Unterstützung ihres Ehemannes wurde ihr klar gemacht, dass die Maßnahmen, die wir zur Abwehr von Angriffen gegen unsere humanistische Gesellschaftsordnung treffen, doch nichts mit der im Kapitalismus praktizierten Bespitzelung fortschrittlicher Kräfte zu tun habe. K. stelle sich mit seinen antisozialistischen Machwerken gegen unsere sozialistische Gesellschaftsordnung und verdiene es nicht, von ihr geschätzt und geachtet zu werden. Ihr Mann sagte:

‚Mutti, wir dürfen uns an dem, was Kunze tut, nicht mitschuldig machen. Er ist kein Mensch unserer Gesellschaft, bei dem dürfen wir keine Skrupel haben.‘ Also wurde dann ein Loch in die Wand gebohrt, um die Wohnung des Lyrikers Reiner Kunze besser überwachen zu können." – Kunze kommentierte diese Akten sprachlich: „Über Tausende von Seiten das Deutsch des Staatssicherheitsdienstes lesen zu müssen, war Folter. [...] Es geht um die Mechanismen, nicht um Personen."[51]

Die Betroffenheit des Lyrikers Kunze, dessen gesamtes schriftstellerisches und privates Leben über Jahre ausgespäht wurde, ist unmittelbar verständlich. Erklärbar ist auch, dass Beteiligte, als prominentester der CDU-Politiker Helmut Kohl, Bundeskanzler der Wiedervereinigung, per Gericht erreichen wollen, dass sie als „Betroffene" im Sinne des StUG § 32, Abs. 1 Ziff. 3 eingestuft werden, so dass sie ihre Einwilligung erteilen müssen, bevor „Dritte" (Journalisten, Historiker) ihre politische Tätigkeit aufarbeiten können. Dies läuft allerdings der ursprünglichen Absicht des Gesetzes zuwider, wie sie Bundestagspräsident Thierse – selbst einst als aktiver Bürgerrechtler am Ende des Stasi-gestützten DDR-Regimes beteiligt – formulierte:

„Der eigentliche Zweck des Gesetzes ist Aufklärung; nicht Opferschutz oder Betroffenenschutz, nein Aufklärung! Opferschutz nur, so weit es sich nicht um Personen der Zeitgeschichte handelt."[52]

Stasi-Unterlagen-Gesetz

§ 32 *Verwendung von Unterlagen für die Aufarbeitung der Tätigkeit des Staatssicherheitsdienstes*

(1) Für die Forschung zum Zwecke der politischen und historischen Aufarbeitung der Tätigkeit des Staatssicherheitsdienstes sowie für Zwecke der politischen Bildung stellt der Bundesbeauftragte folgende Unterlagen zur Verfügung:

1. Unterlagen, die keine personenbezogenen Informationen enthalten,

2. Duplikate von Unterlagen, in denen die personenbezogenen Informationen anonymisiert worden sind, es sei denn, die Informationen sind offenkundig, [...]

3. Unterlagen mit personenbezogenen Informationen über Mitarbeiter des Staatssicherheitsdienstes, soweit es sich nicht um Tätigkeiten für den Staatssicherheitsdienst vor Vollendung des 18. Lebensjahres gehandelt hat oder Begünstigte des Staatssicherheitsdienstes.

4. Unterlagen mit personenbezogenen Informationen über Personen der Zeitgeschichte, Inhaber politischer Funktionen oder Amtsträger, soweit es sich um Informationen handelt, die ihre zeitgeschichtliche Rolle, Funktions- oder Amtsausübung betreffen. [...]

Unterlagen mit personenbezogenen Informationen nach Satz 1 Nr. 3 und 4 dürfen nur zur Verfügung gestellt werden, soweit durch deren Verwendung

---

20

keine überwiegenden schutzwürdigen Interessen der dort genannten Personen beeinträchtigt werden. Bei der Abwägung ist insbesondere zu berücksichtigen, ob die Informationserhebung erkennbar auf einer Menschenrechtsverletzung beruht.

(3) Personenbezogene Informationen dürfen nur veröffentlicht werden, wenn [...]

3. es sich um Informationen handelt über Personen der Zeitgeschichte, Inhaber politischer Funktionen oder Amtsträger, soweit diese ihre zeitgeschichtliche Rolle, Funktions- oder Amtsausübung betreffen oder

4. die Personen, über die personenbezogene Informationen veröffentlicht werden sollen, eingewilligt haben.

Durch die Veröffentlichung der in Satz 1 Nr. 2 und 3 genannten personenbezogenen Informationen dürfen keine überwiegenden schutzwürdigen Interessen der genannten Personen beeinträchtigt werden. Bei der Abwägung ist insbesondere zu berücksichtigen, ob die Informationserhebung erkennbar auf einer Menschenrechtsverletzung beruht.

(4) Die Absätze 1 und 3 gelten sinngemäß auch für Zwecke der politischen und historischen Aufarbeitung der nationalsozialistischen Vergangenheit.

§ 32 a

(1) Sollen Unterlagen nach § 32 Abs. 1 Satz 1 Nr. 4 zur Verfügung gestellt werden, sind die hiervon betroffenen Personen zuvor rechtzeitig darüber und über den Inhalt der Informationen zu benachrichtigen, damit Einwände gegen ein Zugänglichmachen solcher Unterlagen vorgebracht werden können. Der Bundesbeauftragte berücksichtigt diese Einwände bei der nach § 32 Abs. 1 vorzunehmenden Interessenabwägung. Soweit kein Einvernehmen erzielt wird, dürfen Unterlagen erst zwei Wochen nach Mitteilung des Ergebnisses der Abwägung zugänglich gemacht werden.

(2) Eine Benachrichtigung kann entfallen, wenn die Beeinträchtigung schutzwürdiger Interessen der betreffenden Person nicht zu befürchten ist, die Benachrichtigung nicht möglich oder diese nur mit unverhältnismäßigem Aufwand möglich wäre. [53]

Nach einem ersten juristischen Erfolg des Altbundeskanzlers wurde daher am 12. Juli 2002 das 5. Stasi-Unterlagen-Änderungs-Gesetz verabschiedet, das am 6. September 2002 in Kraft trat. Die entscheidenden Passagen zu den politisch umstrittenen Vorschriften lauten nun:

In Deutschland wird die Öffnung der Archive immer noch an den Erfahrungen der lange Zeit total missglückten „Bewältigung" der NS-Vergangenheit gemessen. Die Jahre nach 1945 waren gekennzeichnet vom vielfältigen Vernichten von Akten über verbrecherische Handlungen bei Gestapo oder in Konzentrationslagern, ebenso wie vom Entstehen falscher Akten, sei es bei der Flucht von einschlägigen Mördern wie dem KZ-Arzt Josef Mengele oder dem Organisator des Holocaust, Adolf Eichmann,[54] sei es durch die Konstruktion neuer Biografien wie in dem (nicht einzigartigen) Fall des Germanistik-Professors Hans Schwerte, der eigentlich Hans Ernst Schneider hieß und während der NS-Dikta-

21

tur SS-Hauptsturmführer war.[55] Schwerwiegender aber scheint noch die eigentlich kaum fassbare Tatsache, dass einschlägige, im Ausland angeklagte oder sogar verurteilte NS-Mörder sich jahrzehntelang unter ihrem richtigen Namen in der Bundesrepublik aufhalten konnten.[56] Sie ist eigentlich nur zu erklären durch die verbreitete Haltung des „kommunikativen Beschweigens" eigener wie fremder Taten in der Zeit zwischen 1933 und 1945. Der Philosoph Hermann Lübbe hat das so genannt und als geistige Grundlage der Bundesrepublik gerechtfertigt.[57] Dem sollte das Stasi-Unterlagen-Gesetz entgegenwirken, weil es Offenheit und Aufklärung in den Mittelpunkt stellte, um den – als Opfer – Betroffenen „die Aufarbeitung ihrer Lebensgeschichte" zu ermöglichen.[58]

Die gegenwärtige Konfliktlinie zwischen Offenlegen und Verschließen von Akten verläuft wohl weniger zwischen Archivaren und Historikern als zwischen politisch Agierenden und den Bewahrern ihrer Akten. Die modernen Abderiten sitzen heute eher in den Büros der Inhaber leitender Funktionsstellen – Staatssekretäre, Minister, sogar Kanzler – und verändern die kontinuierliche Aktenführung. Aus ihr sollte der Stand einer Sache jederzeit vollständig ersichtlich sein, damit Wege von Entscheidungen demokratisch nachvollzogen werden können. Nun aber werden mit einem gewissen System die Akten der verschiedenen, auch außeramtlichen Tätigkeiten der Multifunktionäre so vermischt, dass öffentliche und nicht-öffentliche Unterlagen nicht mehr getrennt werden und also die gesamten Papiere dann auch gar nicht ins Bundesarchiv, sondern in eine Parteistiftung gelangen. Darüber klagt jedenfalls der Präsident des Bundesarchivs.[59]

Wenn die Archive also auch heute noch, wie einst in Abdera, darunter leiden, dass „man nichts finden" kann, so ist dies wohl weniger die Schuld der Archivare als mancher der heutigen „Ratsherren".

Anmerkungen

1 Wieland, Christoph Martin: Geschichte der Abderiten, S. 350. Digitale Bibliothek Band 1: Deutsche Literatur, S. 102033 (vgl. Wieland-Werke, Bd. 2, S. 341). Im Jahr 2001 fand erstmalig – in Frankreich – eine Meinungsumfrage zu populären Ansichten über Archive statt: Prost, Antoine: Les Francais et les archives. Le sondage du journal „Le Monde". In: Comma, 2003, 2-3, S. 51-56. Sie förderte ein im Ganzen positives Image zu Tage, bei mehrheitlich großer Unkenntnis darüber, was in Archiven tatsächlich zu finden ist.

2 Exemplarisch der sich jahrelang hinziehende Streit über die – vernichteten, entfernten, gelöschten? – jedenfalls nach der Abwahl der Regierung

Helmut Kohl 1998 im Kanzleramt nicht mehr auffindbaren Akten und Dateien aus seiner Regierungszeit. Vgl. Weber, Hartmut (Präsident des Bundesarchivs): Helmut Kohl und der Aktenschwund. In: DIE ZEIT Nr. 46, 8. November 2001, S. 13.

3 Krebs, Manfred: Gesamtübersicht der Bestände des Generallandesarchivs Karlsruhe, Tl. 1, Stuttgart 1954, S. 7, zit.n. Franz, Eckhart G.: Archive. In: Maurer, Michael (Hg.): Aufriss der historischen Wissenschaften Bd. 6: Institutionen. Stuttgart 2002, S. 166-206; hier: S. 181.

4 Die Zitate nach der ersten, 1571 von Jakob von Rammingen gegebenen Berufsdefinition des Archivars, zit.n.: Ottnad, Bernd: Das Berufsbild des Archivars vom 16. Jahrhundert bis zur Gegenwart. In: Richter, Gregor (Hg.): Aus der Arbeit des Archivars. Festschrift für Eberhard Gönner. Stuttgart 1986, S. 1-22; hier: S. 5 ff.

5 Franz, Archive, S. 175

6 Mauersberg, Barbara: Bitte mäßig foltern. Der Tübinger Historiker Peter Godman forschte im Geheimarchiv der Inquisition. In: Frankfurter Rundschau, 14. April 2001, Magazin, S. 17

7 Die öffentliche Phantasie assoziiert gern die Kerker und Gewölbe, die Unheimliches verbergen, wie sie in Roman und Verfilmung von Umberto Ecos: „Der Name der Rose" dargestellt werden. Die archivische Realität schildert: Godman, Peter: Die geheime Inquisition. Aus den verbotenen Archiven des Vatikan. München 2001.

8 105 n. Chr. von Cai Lun (oder Ts'ai Lun), einem Minister am Hofe des chinesischen Herrschers Hedi (oder Ho Ti) im Östlichen Han-Reich.

9 Vgl.: Large, Thomas: Die Armee des toten Kaisers. Das Grab des Qin Shi Huang Di als Symbol der Herrschaftsordnung in China. (Unterrichtseinheit, Kommentar u. Material). In: Geschichte lernen H. 36/1993. S. 46-52.

10 Informationen in: Janus 1999/2, der Archival Review, die vom International Council of Archives hrsg. wird. Zur Geschichte der chinesischen Archive s. darin: Esherick, Joseph: Chinese Archives: The New Open Door, S. 118-127; Bartlett, Beatrice S.: From Closed to Open Doors: A Foreigner's View of the Qing Central Government Archives, S. 106-117.

11 Franz, Archive, S. 170 ff. auch zum Folgenden.

12 Vismann, Cornelia: Akten. Medientechnik und Recht. Frankfurt am Main 2000, S. 79 ff., 69 ff., 92.

13 Vismann, Akten, a.a.O., S. 99 f.

14 Vismann, Akten, a.a.O., S. 127 ff.

15 Franz, Archive, S. 177 ff.

16 Vismann, Akten, a.a.O., S. 139 f.

17 Vismann, Akten, a.a.O., S. 157 ff.

18 Vismann, Akten, a.a.O., S. 169

19 Vismann, Akten, a.a.O., S. 165

20 Franz, Archive, S. 189.

21 Vismann, Akten, a.a.O., S. 251

22 Franz, Archive, S. 195; Franz, Eckhart G.: Einführung in die Archivkunde. Darmstadt 1999, 5. Aufl., S. 75.

23

23 Vismann, Akten, a.a.O., S. 267 ff.

24 Vismann, Akten, a.a.O., S. 292.

25 Vismann, Akten, a.a.O., S. 270; nach einer Verfügung des Reichsinnenministeriums von 1876.

26 Weber, Max, Wirtschaft und Gesellschaft (1922), zit. n. Vismann, Akten, a.a.O., S. 272.

27 Nach einer Bemerkung auf einer Tagung in Köln über „Archivprozesse"; vgl. Fechner-Smarsly, Thomas: Wenn der Müllmann kommt. Eine Kölner Tagung ermittelte „Archivprozesse". In: Frankfurter Rundschau, 23. November 2000.

28 Ottnad, Berufsbild, S. 14.

29 Aus: Sperl, August: „Der Archivar. Roman aus unserer Zeit" (1921). Zit.n.: Leesch, Wolfgang: Archivare als Dichter. Ein Beitrag zur deutschen Literaturgeschichte. In: Archivalische Zeitschrift, 78. Bd., 1993, S. 1-190; hier: S. 52.

30 Tagebucheintrag vom 25. September 1832; zit. n.: Mikoletzky, Hanns Leo: Der Archivdirektor Franz Grillparzer (anlässlich der Wiederkehr seines 80. Todestages). In: Der Archivar, 5. Jg., 1952, Sp. 49-54; hier: Sp. 50.

31 Grillparzer, Franz: Selbstbiographie, S. 271. Digitale Bibliothek Band 1: Deutsche Literatur, S. 33999 (vgl. Grillparzer-SW Bd. 4, S. 177); s. a. Mikoletzky, Archivdirektor, a.a.O.

32 Mikoletzky, Archivdirektor, a.a.O.

33 Kafka, Franz: Der Prozeß, S. 233. Zit. n.: Digitale Bibliothek Band 1: Deutsche Literatur, S. 5788 (vgl. Kafka-GW Bd. 1, S. 190 f.

34 Franz, Archivkunde, S. 2.

35 Vgl. zu dem ganzen Themenkomplex: te Heesen, Anke: cut & paste um 1900. In: dies. (Hg.): cut and paste um 1900. Der Zeitungsausschnitt in der Wissenschaft. Kaleidoskop H. 4, Berlin 2002, S. 20-37, hier: S. 34.

36 te Heesen, a.a.O., S. 30.

37 Franz, Archivkunde, S. 70.

38 Thomas, Christina: Geschichte und Entwicklung der Fachinformationspolitik in der Bundesrepublik Deutschland. IID, Juli 2002. *http://www.iid.fh-potsdam.de/pdf/FIPolitik702.pdf.*

39 Dazu s. die Informationen durch das Institut für Information und Dokumentation (IID) in Potsdam: *http://www.iid.fh-potsdam.de/ inform.html.*

40 Heinrich von Sybel, Pariser Studien (1886), zit. bei Vismann, Akten, a.a.O., S. 249 f.

41 Vismann, Akten, a.a.O., S. 229

42 Franz, Archivkunde, S. 38 f.

43 Vismann, Akten, a.a.O., S. 300 ff.

44 Vismann, Akten, a.a.O., S. 302.

45 Vismann, Akten, a.a.O., S. 304

46 Programm und Ziel der revolutionären Organisation der internationalen Brüder, zit. bei Vismann, Akten, a.a.O., S. 243

47 Vismann, Akten, a.a.O., S. 307

48 Vismann, Akten, a.a.O., S. 310

49 Sechster Tätigkeitsbericht der Bundesbeauftragten für die Unterlagen des Staatssicherheitsdienstes der ehemaligen Deutschen Demokratischen Republik 2003; *http://www.bstu.de/taetigkeit/index.htm*

50 Wollenberger, Vera: Virus der Heuchler. Innenansichten der Stasi-Akten. Berlin 1992.

51 Kunze, Reiner: Deckname „Lyrik". Eine Dokumentation. Frankfurt am Main 1990, S. 74, 11 f.

52 Interview mit Wolfgang Thierse. In: Frankfurter Rundschau, 2. August 2001, S. 8.

53 zit. n.: Sechster Tätigkeitsbericht der Bundesbeauftragten, S. 46 f.

54 Vgl. Giefer, Rena und Thomas: Die Rattenlinie. Fluchtwege der Nazis. Frankfurt/M. 1991.

55 Jäger, Ludwig: Seitenwechsel. Der Fall Schneider/Schwerte und die Diskretion der Germanistik. München 1998; Leggewie, Claus: Von Schneider zu Schwerte. Das ungewöhnliche Leben eines Mannes, der aus der Geschichte lernen wollte. München 1998

56 Vgl. z.B. Finkelgruen, Peter: Haus Deutschland oder die Geschichte eines ungesühnten Mordes. Berlin 1992

57 Lübbe, Hermann: Der Nationalsozialismus im Deutschen Nachkriegsbewußtsein. In: HZ 236, 1983, S. 579-599

58 Aus den Beratungen über den Gesetzentwurf, zit. bei Vismann, Akten, a.a.O., S. 310.

59 Weber, Hartmut: Helmut Kohl, a.a.O.

2. Archivpädagogik und Historische Bildungsarbeit – Entwicklung und didaktische Diskussion

Die Öffnung der Archive für die historische Forschung hat ungefähr hundert Jahre gebraucht, vom revolutionären französischen Archivgesetz des 25. Juni 1794 bis zum Ende des 19. Jahrhunderts. Das 1794 in Paris gesetzlich garantierte Zugangsrecht jedes Bürgers in die bis dahin „geheimen" Archive zielte auf zwei Dinge: einmal auf deren juristischen Auskunftscharakter, zum anderen aber auch auf den historischen, wissenschaftlichen und künstlerischen Wert der Dokumente, die nun sowohl einer rechtlichen Nachfrage wie einer forschenden Öffentlichkeit zur Verfügung stehen sollten.[1] Bis dann nach der forschenden auch die lernende Öffentlichkeit Zugang gewann, sollte nicht ganz so viel Zeit vergehen. Das Verhältnis von Archiv und Schule, wie es sich in der gegenwärtigen „Archivpädagogik" einschließlich der sich auch an außerschulische Zielgruppen wendenden „Historischen Bildungsarbeit in Archiven" darstellt, ist eine Entwicklung der zweiten Hälfte des 20. Jahrhunderts, in Deutschland hauptsächlich des letzten Drittels dieses Jahrhunderts.

Ursachen und Voraussetzungen waren starke Veränderungen im Selbstverständnis der Archive wie in den Auffassungen vom schulischen Lernen, d.h. vom Stellenwert historischer Quellen im Geschichtsunterricht. Der „Lernort Archiv" kann nur mit Beratung, Hilfe oder Zuarbeit durch das Archivpersonal genutzt werden. Denn während im Museum die Exponate schon auf das Publikum warten, ist der Besucher des Archivs darauf angewiesen, dass ihm im Lese- (oder Benutzer-)saal einzelne Archivalien herausgesucht und präsentiert werden. Erst im Laufe einer langen historischen Entwicklung wurden Archive zum „Quellenreservoir der Historiker", wurde „Erfassung, Verwahrung und Erschließung" des Archivguts nicht mehr nur als juristische Sicherung, sondern auch als Dienstleistungsaufgabe erst für Historiker, dann für Lehrer und Schüler verstanden.[2]

Im Folgenden sollen die Grundzüge dieses Strukturwandels in Archiven und Schulen dargestellt werden. Damit eine „Archivpädagogik" entstehen konnte, musste
– der Stellenwert von Quellen im Geschichtsunterricht sich ändern,

– ein Geschichtsbewusstsein entstehen, das eine Geschichte des Alltags „von unten" in den Mittelpunkt des Interesses rückte,
– die traditionelle Landesgeschichte mehr Elemente von Sozial- und Wirtschaftsgeschichte in sich aufnehmen,
– all dies in Schule und Archiv theoretisch (didaktisch) begründet und praktisch durchgeführt werden und
– das herkömmliche Selbstverständnis der Archive von „Öffentlichkeitsarbeit" sich neuen Anforderungen stellen.

2.1 Internationale Entwicklung

Erste Anfänge einer Kontaktaufnahme von Archiven zu Schulen lassen sich im 19. Jahrhundert feststellen: Um 1850 empfahlen britische Schulinspektoren die Einbeziehung von originalen historischen Dokumenten in den Unterricht; in Belgien wurden um 1880 Lehrer aufgefordert, Archivausstellungen zu besuchen;[3] deutsche Archive wendeten sich Ende des 19. Jahrhunderts mit Ausstellungen an Schulen.[4] Den nächsten entscheidenden Entwicklungsschritt tat wieder Frankreich, indem dort um 1950 ein pädagogischer Unterrichtsdienst in Zusammenarbeit mit den Schulen an den Archiven institutionalisiert wurde, der „service éducatif". Er hatte Pionier- und hat immer noch Vorbildfunktion und soll daher etwas ausführlicher dargestellt werden.

2.1.1 Das Vorbild: Der „service éducatif" in den französischen Archiven

Der „Unterrichtsdienst" der französischen Archive zeichnet sich durch zwei Besonderheiten aus:
1. Die vermittelnde Arbeit zwischen Archiv und Schule übernimmt ein Lehrer, der mit einigen Stunden seines Deputats dafür an das Archiv abgeordnet ist, also eine fachkundige personelle Verbindung zwischen beiden Institutionen schafft.
2. Es findet eine permanente Evaluation dieser Arbeit durch zentrale Arbeitsgruppen oder Konferenzen sowohl bei der nationalen Archivverwaltung wie beim Erziehungsministerium, aber auch bei den regionalen „Académies" statt.[5]

Von Anfang an war die Entwicklung des „service éducatif" in Frankreich zentral inauguriert und gelenkt, und das ist auch weitgehend so geblieben, selbst wenn er jetzt an den jeweiligen Regionalrat („Conseil regional") angebunden ist. Ausgangspunkt war die seit 1867 im „Musée de l'histoire de France" (Palais Soubise) in Paris untergebrachte ständige

Ausstellung des Nationalarchivs zur nationalen Geschichte.[6] 1950 organisierte der damalige Direktor des Nationalarchivs, Charles Braibant, erläuternde Führungen durch Lehrer in diesem Museum, die auch sofort erfolgreich waren. Der Durchbruch zu einem „service éducatif", also „archivpädagogischen" Dienst im eigentlichen Sinne aber wurde erst an den Departements-Archiven erzielt, wobei Clermont-Ferrand der Vorreiter war. Hier nämlich ging man über das Zeigen von Archivalien als Illustration hinaus, indem ein abgeordneter Lehrer – mit Hilfe der sachkundigen Archivare – Schlüsseldokumente (z.B. finanzielle Schwierigkeiten der Revolution: Assignaten; Besetzung Frankreichs durch die Alliierten 1815) oder aber ganze, thematisch verbundene Dokumentenreihen den Schülern zum Lesen vorlegte. Sie wurden ausgesucht nach ihrem direkten Bezug zum jeweiligen Unterrichtsstoff und weckten außerdem, da es sich um regionale oder lokale Dokumente handelte, die Neugier der Schüler. Sie stießen auf bekannte Namen oder Orte, so dass die zeitlich fernen Geschehnisse an ihre räumliche Erfahrungswelt rückten und dieser Bezug zur Gegenwart auch die Vergangenheit konkreter werden ließ.

Dieses Konzept erwies sich als so erfolgreich, dass es vom Erziehungsministerium durch Lehrer-Abordnungen weiter unterstützt wurde. Ende der 60er-Jahre gab es schon 45, in den 70er-Jahren bereits hundert solcher „services éducatifs".[7] Entsprechend stiegen auch die Zahlen der Schüler, die dadurch erreicht werden konnten; sie lagen 1984 bei (jährlich!) über 300.000.[8] Heute bieten alle Departements-Archive, aber auch eine ganze Reihe von Kommunalarchiven diesen „service éducatif" an. Inhalt der Besuche können sein: Archivbesichtigung, Dokumenten-Lektüre, aber auch praktische Arbeit in einer Schreibwerkstatt: „un atélier de calligraphie: je signe donc je suis".[9] Die „calligraphie" wird nach historischen Schreibvorgaben und mit „historischen" Schreibwerkzeugen (Schilfrohr, Vogelfeder, Metallfeder) geübt, das Gießen von Siegeln in Gips. Zu den Aufgaben der abgeordneten „Archivpädagogen" („professeur chargé du service éducatif') gehört auch das Erarbeiten von Ausstellungen und das Verfassen von regionalgeschichtlichen Publikationen.

Das Bestreben, möglichst viele Jugendliche zu erreichen, führte denn auch zu einer weiteren Entwicklung, die einen großen Unterschied zur archivpädagogischen Praxis in Deutschland markiert: der mobile „service éducatif" kommt mit „mallettes pédagogiques"[10] oder aber mit einem „Archivobus" zu den Schülern, die auf Grund der Entfernung oder wegen ihres Alters sonst schwer zu einem Besuch im Archiv zu organisieren wären. Den Anfang machte 1983 das Staatsarchiv des

Departement Orne (Normandie). Hier stand im Vordergrund, die Schüler der Grundschulen („enseignement élémentaire") im dünn besiedelten Departement zu erreichen.[11] Dieser „Archivobus" transportierte originale und faksimilierte Dokumente zu den Schülern, der „fahrende Archivpädagoge", ein Grundschullehrer, erläuterte ihnen dann Katasterbücher, Einwohnerlisten, Gemeinderatsprotokolle oder Aufzeichnungen über Kirchen- oder Schulhausreparaturen. – Seit 1984 steht auch dem zweitgrößten Departements-Archiv, den „Archives départementales des Bouches-du-Rhône" in Marseille ein „Archivobus" zur Verfügung. Es handelt sich hier um einen zum Ausstellungsraum umgebauten Sattelschlepper von beeindruckenden Ausmaßen, der mit Exponaten in Mini-Ausstellungen zu den Schulen fährt und jährlich 1000–2000 Schüler erreicht. Dabei werden die Ausstellungen auch pädagogisch aufbereitet. So werden zu „Faites la fête" (einer Geschichte lokaler Feste) die Schüler anhand gezielter Fragen und Beobachtungshinweise angeregt, sich die Exponate genauer zu betrachten.[12]

In den „Archives départementales du Nord" in Lille kann ein Arbeits- und Ausstellungsraum für Schülerbesuche genutzt werden, um die Themen wie „L'échappée sportive" (eine Geschichte des Sports vom Mittelalter bis 1945) oder auch „Le Nord en guerre" (Der Erste Weltkrieg in Nordfrankreich) zu bearbeiten. Das archivpädagogische Material ist aber auch so angelegt, dass – z.B. zur Stadtgeschichte – gezielte

Abb. 3: Archivobus der Archive départementales des Bouches-du-Rhône in Marseille (aus: Accents, Nr. 104, April 2000, S. 14)

Exkursionen mit Arbeitsblättern zur Baugeschichte durchgeführt werden können.[13]

Die thematische und methodische Vielfalt des „service éducatif" reicht sehr weit. Neben den „großen", z.T. von Gedenkjahren vorgegebenen Themen – natürlich zur Revolution 1789, zu 1914 oder 1918 – wurde aber auch sehr viel zu kulturgeschichtlichen Themen, oft in Längsschnittcharakter, gearbeitet. So zur Geschichte der Kindheit,[14] der Arbeit,[15] der Feste,[16] der Eisenbahn, des Trinkwassers, der Landwirtschaft,[17] überhaupt des Alltagslebens, der städtischen Entwicklung,[18] der Geschichte des Waldes oder der Auswanderung nach Amerika.[19] Zunehmend werden auch digitalisierte Quellen im Internet angeboten, so zur 5. Republik[20] – mit genauem Verweis auf die Lehrpläne –, oder aber Ausstellungen fürs Internet digitalisiert (s.a. Kap. 5).[21] Vielleicht deutet sich hier ein Ersatz für den „Archivobus" an, obwohl natürlich das entscheidende, sinnliche, im Wortsinne „zupackende" Erlebnis bei diesen „Digitalen Archiven" fehlen muss.

Nach wie vor erfolgreich sind auch die Ausstellungen des Nationalarchivs („Musée de l'histoire de France") im Hôtel de Soubise: Sie werden von über 15.000 Schülern im Jahr besucht.[22] Auch hier sind die Schüleraktivitäten handlungsorientiert. Es gibt ein „atélier pratique" zur Entwicklung von Siegeln und Schrift, es gibt die Einladung zu historischen Rollenspielen (etwa einem Tribunal in der Französischen Revolution) und die Möglichkeit zur Analyse von Dokumenten. Wanderausstellungen, ein „Archivobus" und Besuche in Schulen ergänzen das eindrucksvolle Angebot.

„Lust an der historischen Forschung" soll auch ein Schülerwettbewerb wecken, der seit 1953 vom Nationalarchiv ausgeschrieben und in Zusammenarbeit mit den Departements-Archiven durchgeführt wird: der „Concours de l'Historien de demain".[23] Anfangs jährlich, mittlerweile alle zwei Jahre wird das Thema vom Nationalarchiv zum Anfang des Schuljahres gestellt. Der service éducatif der jeweiligen Departements-Archive unterstützt Lehrer und Schüler bei der Recherche zu den Arbeiten. Die – individuell oder in Klassen – angefertigten Arbeiten werden durch Jurys in den Departements-Archiven vorbewertet, dann im Nationalarchiv endgültig ausgewertet, wobei attraktive Preise winken. Das Nationalarchiv arbeitet mit wechselnden Partnern zusammen, so dass zu den Preisen z.B. auch ein sportliches Wochenende für eine ganze Klasse in einem der Freizeitzentren der UCPA gehören kann. Die Themen sind so gefasst, dass sie in allen Regionen und von allen Altersstufen bearbeitet werden können. Im Schuljahr 2000/2001 lautete die Aufgabe für den 47. Wettbewerb: „Orte der Öffentlichkeit,

Plätze der Begegnung, staatsbürgerliche Orte im Lauf der Geschichte." Für die Schüler der Primarstufe sowie der Sekundarstufe I wurde das Thema vereinfacht: „Erzählt die ungewöhnliche Geschichte eines gewöhnliches Ortes."[24] – Seit 1961 gibt es außerdem noch den „Concours de la Résistance et de la Déportation", der als Beitrag zur politischen Bildung verstanden wird. Die Schüler sollen aus der Geschichte lernen, sich für die Werte einzusetzen, für die die Résistance einstand und die z.B. auch ein Engagement gegen Intoleranz und Rassismus einschließen.[25]

Nach dem Wunsch der offiziellen Erziehungs- und Archivpolitik sollen zwar möglichst alle Altersgruppen vom „service éducatif" Gebrauch machen,[26] doch praktisch kommt fast die Hälfte aus dem Primarstufenbereich (wenngleich es natürlich immer regionale Abweichungen gibt).[27] Jedenfalls stehen im Mittelpunkt des service éducatif eindeutig die jüngeren Jahrgänge (Klasse 1 bis 7/8, allenfalls bis zur 10. Klasse), also jene, die in Deutschland eher weniger in die Archive kommen. In der Oberstufe, dem lycée, gibt es wegen der starken Konzentration des Unterrichts aufs zentrale Abitur kaum eine Gelegenheit mehr zu Archivbesuchen. Im Geschichtsunterricht hat die Bedeutung des „document" (in unserem Sinne: der Quelle) offensichtlich einen Wandel durchgemacht. Wurde es vor 1969 kaum eingesetzt, in den 70er- und 80er-Jahren dann eher bis zum Überdruss (als Denkmal, Bild, Zeitzeuge, Archivtext) und ausschließlich an der Lebenswelt der Schüler orientiert, trat nach 1985 erneut ein Umschlag ein. Die Zahl der „documents" wird beschränkt, die Darstellung dominiert so stark, dass der Kontakt mit dem authentischen Dokument verloren zu gehen droht. Da deshalb die Begeisterung für die Geschichte abnimmt, wächst wiederum die Bedeutung der Archivbesuche.[28] Methodisch wird dem „document" ein hoher Stellenwert eingeräumt; es wird in verschiedenen Funktionen – von der einfachen Illustration bis zur multiperspektivischen Lektüre – eingesetzt, damit an ihm die fachspezifischen Analysemethoden gelernt werden können. Zentrales Ziel ist die Schaffung von Geschichtsbewusstsein, also einem Bewusstsein davon, dass Geschichte eine Konstruktion des Historikers ist, der durch seine Fragen erst die Quellen „macht".[29]

Auch französische Lehrer klagen darüber, dass die Erfahrungen mit rein textorientierten Arbeitsblättern eher negativ sind. Erfolgreicher waren museumspädagogische Ansätze, wie das Zusammenlegen von Puzzles, das Ausmalen von Bildvorgaben u.ä. Auch die Lehrer erwarten eher eine „animation" durch den service éducatif als gedruckte Materialhefte.[30] In den letzten Jahren wird auch gezielt versucht, Jugendliche aus sozialen Brennpunkten anzusprechen, um sie sozial zu integrieren, wobei Fragen der kulturellen Identität in den Mittelpunkt gestellt werden. Das kann bis zu einer (archivischen) Analyse der Fußballweltmeisterschaft gehen.[31]

Neuerdings wird Geschichtsunterricht von den Verantwortlichen in Archiv- und Erziehungsverwaltung auch als Mittel der sozialen Integration, zur Einbeziehung von sozialen Randgruppen begriffen. An dieser Aufgabe soll auch der „service éducatif" mitwirken. Gegenwärtig gehen die Tendenzen dahin, den service éducatif der Archive zu einem allgemeinen „service culturel" auszuweiten, der auch ein Randgruppenpublikum (Senioren, aber auch Insassen von Hospitälern oder Gefängnissen) erreicht, und dabei eine Schlüsselrolle in der Bildung („formation") der Mitbürger spielen soll.[32]

Hervorzuheben ist jedenfalls, dass der „service éducatif" ganz selbstverständlich auch im offiziellen Handbuch der französischen Archivpraxis Eingang gefunden hat in das Kapitel, das der „Kulturarbeit" (l'animation culturelle) der Archive gewidmet ist.[33]

2.1.2 Augenblicksaufnahme: Die Situation in Europa

Auf internationaler Ebene hat das „Dictionary of Archival Terminology" (1984) den „educational activities" gleichen Rang neben Ausstellungen, Publikationen und Vorträgen innerhalb der archivischen Basisfunktionen zugewiesen, die eine weite Nutzbarmachung der Archive anstreben. Dahinter steht auf Seiten der Archive die Überzeugung, dass sie in einer demokratischen Gesellschaft der Öffentlichkeit gegenüber ihre Nützlichkeit nachzuweisen haben.[34] Eine nicht geringe Rolle spielt(e) aber auch die Möglichkeit, die Archive in der Öffentlichkeit aufzuwerten, aus einem Schattendasein herauszuführen. Franz Herberhold, der 1956 in Deutschland zuerst über den „service éducatif" berichtete, entwickelte eine begeisterte Vorstellung davon, wie vom Schüler über den späteren Akademiker bis zum einflussreichen Politiker sich Kenntnis und Überzeugung vom Nutzen der Archive in einer Generation verbreiten – und letztlich zum (auch finanziellen) Vorteil der Archive wirken würden.[35] Fast 50 Jahre später sind immerhin einige Schritte in diese Richtung getan, aber verwirklicht ist diese Vision noch lange nicht.

In den 60er- und 70er-Jahren hat „a new generation of archivists and a new approach to history teaching"[36] einiges dazu getan, der genannten Vision näher zu kommen. Es gab in vielen europäischen und manchen außereuropäischen Ländern von Archiven ausgehende Aktivitäten zu schulnaher Bildungsarbeit. Ausstellungen und Dokumentenpublikationen, Letztere in manchmal sehr aufwendiger, Faksimile-ähnlicher Druckreproduktion, sind dabei das häufigste Mittel. Eine auch nur annähernd vollständige Übersicht kann mangels einer zentralen Bibliographie leider nicht gegeben werden.[37] Die folgenden Bemerkungen verdanken sich der ersten europäischen Tagung für Archivpädagogik, die vom „Arbeitskreis Archivpädagogik und Historische Bildungsarbeit im Verband deutscher Archivarinnen und Archivare" vom 19. bis. 21. Juni 2003 in Bocholt veranstaltet wurde. In längeren und kürzeren Beiträgen von Referenten aus 15 Ländern wurde die große Breite und Vielfalt der archivpädagogischen Entwicklung deutlich, vor allem aber auch deren dauernde Weiterentwicklung. Davon kann hier nur ein Abriss gegeben werden; zur kontinuierlichen Information seien die Internetadressen der jeweiligen Institutionen empfohlen (vgl. Liste im Anhang).[38]

Archivpädagogik und Historische Bildungsarbeit stehen in vielen europäischen Archiven noch am Anfang und beruhen auf der Initiative Einzelner. Von einer etablierten Aufgabe der Archive kann bisher nur in sehr wenigen Ländern gesprochen werden. Aus Großbritannien, wo die Tradition immerhin schon in die 80er-Jahre zurückreicht,[39] wird von nur etwa 20 „education officers" berichtet. Allein die Arbeit am Public Record Office/National Archives in London ist mit mehreren Mitarbeitern gut ausgestattet und museumspädagogisch orientiert.

Angesichts der unterschiedlichen Archivlandschaften, Kultur- und Bildungssysteme differieren die Strukturen der Historischen Bildungsarbeit in europäischen Archiven ebenso wie auch die Begrifflichkeiten und das damit verbundene Vorverständnis: So sind z.B. die deutsche Bezeichnung „Archivpädagogik", der britische „education service", der französische „service éducatif" und der niederländische Begriff „edukatie" nicht unmittelbar gleichzusetzen.

Dabei ließen sich im Laufe der Konferenz zwei unterschiedliche Traditionen der Historischen Bildungsarbeit deutlich erkennen. Zum einen beeindruckten die Informationen aus Ländern mit langjährigen Erfahrungen in der Historischen Bildungsarbeit. In den Berichten aus Großbritannien, Frankreich und den Niederlanden wurden breit angelegte Angebote der Archive für die verschiedensten Alters- und Zielgruppen (lifelong learning) vorgestellt: Am schulischen Lehrplan ausgerichtete, quellenbasierte Module (thematische Dokumentensammlungen) für den Schulunterricht und Programme für Archivbesuche wurden ergänzt durch Schulungen zum Beispiel für das Lesen alter Handschriften. Inhaltlich sind die Angebote der Archive für verschiedenste Alters- und Zielgruppen in der Regel um einen konkreten Einzelfall gruppiert, an dem Geschichte lebendig werden soll: um Heinrich VIII.

33

oder um ein „Victorian Murder Mystery" in Großbritannien, um Frauen- und Arbeiterbewegung oder um die Ostindienkompanie am Nationaalarchief Den Haag. Von letzterem werden im Internet Materialien für den Geschichtsunterricht bereitgestellt.

Methodisch drängen (z.T. schlicht aus finanziellen Erwägungen) Angebote im Internet in den Vordergrund („lernen online"), und auch bei Besuchen in den Archiven wird das Original in vielen Fällen durch das Arbeiten an Faksimiles ersetzt. Ähnliche Erfahrungen wurden auch aus Schweden, Norwegen und der Schweiz anhand konkreter Programme historischen Lernens für Schulen und Universitäten berichtet, so dass trotz der unterschiedlichen Kulturen viele Gemeinsamkeiten in Arbeitsweisen und Zielen erkennbar wurden. Aus Schweden wurde von Archivangeboten im Internet, aber auch von „Archivkoffern" berichtet, mit denen in den Schulen über die Archivarbeit informiert werden kann.

Als zweites Motiv historischer Bildungsarbeit wurde vor allem von Teilnehmern aus den Ländern des ehemaligen Einflussbereichs der Sowjetunion die Aufarbeitung der eigenen, privaten Geschichte genannt. Mit dem Umbruch seit Glasnost und Perestroika werden in diesen Gesellschaften verstärkt Fragen nach glaubwürdigen Quellen und Zeugnissen gestellt. Besonders beeindruckten die Berichte des Memorial-Archivs aus Moskau, da hier einzigartige Dokumente gesammelt werden, die Licht in das Dunkel der stalinistischen Vergangenheit bringen können: z.B. ein Kassiber aus Zigarettenpapier, das in einem metallenen Jackenknopf aus einem der Verliese des Gulag geschmuggelt wurde. Von Memorial werden die Verbrechen der Regierenden wie die Aktivitäten der Dissidenten zu Sowjetzeiten archiviert sowie in Ausstellungen und Seminaren mit Lehrern den Schulen nahe gebracht. Ähnlich versucht das vergleichbare „Karta-Zentrum" in Polen, Licht in das Dunkel der stalinistischen Vergangenheit zu bringen. Hier und bei den Berichten aus anderen osteuropäischen Ländern und künftigen Mitgliedsstaaten der Europäischen Union wie z.B. Lettland wurde deutlich, dass Archive Werkzeuge der Demokratie sein können. Sie sind Bewahrer der authentischen Vergangenheit und bringen diese auch zu Schülern und Lehrern. Vielfach geschieht das über die Geschichte der eigenen Familie – hier ist der Zugang unmittelbar, persönlich und menschlich nah. Das Bedürfnis, die verdrängte und vergessene Geschichte der eigenen Familie kennen zu lernen, Zeitgeschichte als entdeckende Familiengeschichte zu begreifen, verlangt von den Archiven geradezu Maßnahmen der Historischen Bildungsarbeit. Nur so können weite Kreise der Bevölkerung in den Stand versetzt werden, diese Erinnerungsarbeit zu leisten.

Ein weiterer Ausdruck des Engagements für die lokale Geschichte ist die Beteiligung an historischen Wettbewerben. Hier hat sich inzwischen in Deutschland und vielen anderen Ländern eine Wettbewerbskultur entwickelt, die in einem eigenen Netzwerk durch die Körber-Stiftung gefördert wird („Eustory"). Die Hamburger Körber-Stiftung spielt hier nicht nur eine führende, sondern auch eine vorantreibende Rolle, denn es ist immer das Ziel dieser Stiftung gewesen, das Bewusstsein für demokratische Traditionen zu wecken, sei es in der Bundesrepublik der 70er-Jahre mit dem von Gustav Heinemann und Kurt A. Körber angestoßenen Schüler-Wettbewerb, sei es jetzt mit dem Eustory-Netzwerk vor allem in osteuropäischen Ländern: Forschend und entdeckend lernen Jugendliche aus der Geschichte, wodurch Demokratie in ihren Gesellschaften verwirklicht oder verhindert wurde.

In vielen Ländern wird zur Zeit begonnen, Archivarbeit in das schulische Pflichtprogramm aufzunehmen („Lernort Archiv"), ohne dass dafür die entsprechenden Strukturen geschaffen wären. Denn in allen hier genannten Ländern gibt es kein klares Berufsbild für „Historische Bildungsarbeit", auch nicht im Sinne einer beruflichen Weiterbildung, wie sie etwa beim Beruf des „Wissenschaftlichen Dokumentars" (s. Kap. 1.2) in Deutschland die Regel ist. In den meisten Staaten, in denen ausgearbeitete archivpädagogische Programme und Projekte angeboten werden, wird die Arbeit von Lehrern, in Einzelfällen auch von Kulturwissenschaftlern geleistet. (Zur Beteiligung von Kommunal- und Staatsarchiven in Deutschland an Archivpädagogik und Historischer Bildungsarbeit s. Kap. 2.3.)

2.2 Von der Quellenanalyse im Geschichtsunterricht zur Archivpädagogik – die Wandlung des Geschichtsbewusstseins in Öffentlichkeit, Schule und Wissenschaft in Deutschland

2.2.1 Geschichtsunterricht mit Quellen – eine kurze Geschichte

Zunächst eine Definition: „Quellen", – darunter werden hier sprachliche Zeugnisse der Vergangenheit verstanden, aus denen diese Vergangenheit durch den Historiker (oder den Geschichtslehrer oder den Schüler) rekonstruiert werden kann.

Für den vor allem pragmatischen Gebrauch in diesem Buch wird auf eine differenziertere Terminologie verzichtet. Die Unterschiede von Überrest, Quelle und Denkmal (Droysen) oder Dokument und Monument (Aleida Assmann/Dietrich Harth)[40] spielen für den Bereich der

35

Archivpädagogik keine relevante Rolle. Archivalische Quellen meint hier immer im Archiv aufbewahrte Schriftstücke unterschiedlicher Art, die original – und das ist das Entscheidende: in Papier, Pergament, Handschrift oder im Druck – aus einer bestimmten Epoche stammen.

Der selbstverständliche Einsatz von „Quellen" im Geschichtsunterricht ist in Deutschland erst seit den 70er-Jahren des 20. Jahrhunderts üblich – mit diesem Satz hat man das ganze Problem (und die ganze Misere) einer möglichen Nutzung von archivischen „Quellen" schon benannt. Sie ist in der Geschichte des Geschichtsunterrichts eine sehr späte Erscheinung, was mit der Art und Weise, in der und mit den Absichten, mit denen dieser Unterricht erteilt wurde, zusammenhing und zusammenhängt. Wenn man Idealtypen des Geschichtsunterrichts nach Lernarten und Kommunikationsformen konstruiert, kann man (nach Bodo von Borries) zu folgender Einteilung kommen:

1) Reproduktions- und Gedächtnislernen („Katechismusstil");
2) Modell- und Imitationslernen („Erlebnisstil");
3) Einsichts- und Entdeckungslernen („Seminarstil");
4) Identitäts- und Balancelernen („Spurensuchestil").

Quellen finden eigentlich nur in Lernart 3 und 4 eine Verwendung; die „Geschichtserzählungen", mit denen der Lehrer in Lernart 2 seine Schüler fesseln und beeindrucken will, können zwar auf Quellen zurückgehen, sind aber in der Regel stark – vor allem sprachlich – bearbeitet, um den narrativen Charakter deutlicher zu machen. – Diese Lernarten spiegeln einerseits die Geschichte des Geschichtsunterrichts wider, andererseits sozusagen eine ins Differenzierte aufsteigende Entwicklung von 1 nach 3 und 4. Allerdings kann man davon ausgehen, dass auch heute noch in all diesen Lernarten unterrichtet wird und dass – wenn man ehrlich ist – die urtümliche Nr. 1, in dem „die Schüler ihre wenigen Wörter gleichsam in einen Lückentext des Lehrers" einfüllen – also das berühmte „fragend-entwickelnde Lehrer-Schüler-Gespräch" – nach wie vor „weitgehend" die Unterrichtspraxis bestimmt.[41]

Sucht man nach den Anfängen der Verwendung von archivischen Quellen im Geschichtsunterricht, kommt man wieder – wenn auch indirekt – auf den schon genannten aufklärerischen Historiker und Zeitschriftenherausgeber August Ludwig Schlözer zurück (s.o. Kap. 1.3). Johann Leberecht Traugott Danz, der frühere Hauslehrer von Schlözers Kindern, forderte 1798, als er Rektor der Stadt- und Ratsschule Jena geworden war, dass man Quellen im Geschichtsunterricht einsetze, damit „historische Berichte untersucht und geprüft werden", weil man „nicht gleich jede Erörterung glauben dürfe".[42] Damit sind alle – damals wie heute gültigen – Motive und Begründungen, warum man dergleichen

36

im Unterricht tun solle, bereits genannt: Die Schüler sollen kritisch gegenüber Darstellungen sein, ihren Wahrheitsgehalt überprüfen und zugleich auch deren Perspektivität erkennen.

Es dauerte fast 200 Jahre, bis diese Prinzipien – zumindest als Prinzipien – in die Unterrichtswirklichkeit Einzug hielten. Zwar gab es schon im 19. Jahrhundert Versuche,[43] Quellen in den Geschichtsunterricht einzubeziehen, wobei für die Volksschulen Briefe, Tagebücher, Volkslieder oder Berichte einfacher Bürger, für die Gymnasien eher offizielle Verlautbarungen (Urkunden, Verordnungen, Gesetze etc.) empfohlen wurden. Aber das Bestreben der Geschichtslehrer – und der Unterrichtsbehörde –, das Lernergebnis zu kontrollieren, die Schüler auf ganz bestimmte Gedanken und Gefühle zu lenken, verhinderte eine wirklich selbsttätige Auseinandersetzung der Schüler mit historischen Quellen. In einem „antiintellektualistischen Gegenschlag" sollten um 1900 patriotische, aber auch kriegsbejahende Emotionen hervorgerufen werden. Der eher auf Aufklärung durch Selbsttätigkeit zielende schulreformerische Arbeitsunterricht erlebte in der Weimarer Republik nur eine kurze Blüte, zu der die 1910 im Teubner-Verlag begründete Quellensammlung der „Teubnerschen Reihe"[44] erste schulpraktische Realisierungsmöglichkeiten bot. In der NS-Diktatur wurde dergleichen durch die vorgeschriebene Parteilichkeit wieder verschüttet (und die Parteilichkeit des Geschichtsunterrichts in der DDR war nur dessen reziproke Wiederauferstehung). In der Bundesrepublik brachten erst die späten 60er-Jahre den – z.T. methodisch sehr einseitigen, weil die Quellen nahezu verabsolutierenden – Wandel.

Epochemachend war hierin das Geschichtsbuch „Fragen an die Geschichte" von Heinz-Dieter Schmid (seit 1974, im Hirschgraben-Verlag). Der darstellende Teil ist hier auf wenige Absätze und Zeittafeln in jedem Band geschrumpft, es dominieren Quellen: Texte, Bilder, Karten, Grafiken. Dieses Buch hatte eine wichtige methodische Schrittmacherfunktion. Arbeitsbücher seiner Art ersetzten die nur darstellenden Lehrbücher. – „Die neuen Geschichtsbücher wollten den historischen Erkenntnisprozess zu ihrem Gegenstand machen."[45] Mit seinem Prinzip „Dokumente und Überlieferungen selbst sprechen zu lassen, anstatt die Geschichte nachzuerzählen", wie auch damit, „widersprüchliche Darstellungen und Meinungen" zu Wort kommen zu lassen, haben Schmids „Fragen an die Geschichte" einen Weg zu dem quellenorientierten Geschichtsunterricht gebahnt, wie er heute weitgehend üblich ist. – Gleich wichtig für eine Abkehr vom rein lehrer- und buchgelenkten Unterrichtsgeschehen war, dass in der Krise des Geschichtsunterrichts in den 70er-Jahren gegen nationalhistorische wie

37

gegen neue teleologische (neomarxistische, emanzipatorische) Geschichtsdeutungen, die alle den Ablauf der Geschichte einem Ziel unterordnen, die didaktische Kategorie des „Geschichtsbewusstseins" entwickelt wurde. Geschichte soll so unterrichtet werden, dass sie als in unserem Bewusstsein konstruierte deutlich wird; der Geschichtsunterricht bekommt die Aufgabe, diesen Konstruktionsprozess durch die Arbeit mit – sich ergänzenden oder widersprechenden – Quellen im Unterricht zu demonstrieren.[46]

2.2.2 Werkstätten kontra Lehrstühle – die „Geschichte von unten" entdeckt in den Archiven die „Geschichte des Menschen"

Der Weg zur Nutzung von historischen Quellen, die – ohne den Umweg der Bearbeitung, d.h. Übertragung aus der Handschrift, Kürzung, sprachlich-stilistischen Vereinfachung, Wegnahme aller äußeren Ausschmückungen – direkt aus dem Archiv genommen wurden, verlief dann allerdings zumeist weitgehend außerhalb der Fachöffentlichkeit von Geschichtsunterricht, Geschichtswissenschaft oder Geschichtsdidaktik. Motiv dafür war wieder ein Streben nach Aufklärung und zwar über die Epoche der NS-Diktatur. Am Beginn der Entwicklung stand eine radikale Infragestellung des Geschichtsunterrichts überhaupt.

Ausgangspunkt waren antisemitische Schmierereien an der Kölner Synagoge um die Jahreswende 1959/60, denen bis zum 28. Januar 1960 470 ähnliche „Vorkommnisse" vor allem in West-Berlin, Nordrhein-Westfalen und Niedersachsen folgten.[47] Die Kultusbürokratie sah dies als Folge eines erschreckenden Mangels an Information und moralischer Urteilskraft und beschloss die Einführung des Faches Gemeinschaftskunde in den Schulen. In der Saarbrücker Rahmenvereinbarung der Kultusminister von 1960 wurde festgelegt, dass in den Klassen 12 und 13 des Gymnasiums der Geschichts-, Sozialkunde- und Erdkundeunterricht im Fach Gemeinschaftskunde aufgehen sollte. Hier sollten die einzelfachlichen Inhalte einer aufklärenden, „politischen Bildung und Erziehung" untergeordnet werden. In den Richtlinien wurden die Lehrer verpflichtet, „Themen und Tatsachen aus der nationalsozialistischen Zeit in den Abschlussklassen sämtlicher Schulen des Bundesgebietes" zu behandeln.[48] Die Umsetzung dieser Empfehlungen verlief zwar in den einzelnen Bundesländern unterschiedlich, doch nahm der bis dahin in deutscher Bildungstradition unbestrittene Stellenwert des Geschichtsunterrichts rapide ab, manchen schien gar „die Bildungstradition des Gymnasiums zur Disposition gestellt".[49]

Der politische Skandal des – wieder oder neu? – erwachten Antise-

38

mitismus wurde als Symptom einer Gesellschaft gesehen, die ihre Jugend kritikunfähig, autoritäts- und traditionsgläubig erzog. Emanzipation („Selbst- und Mitbestimmung"), Kritikfähigkeit, Interessengebundenheit historischer Fragestellungen, Zweifel an der Allmacht der großen Männer der Geschichte waren die ketzerischen Kernbegriffe, die etwa die Hessischen Rahmenrichtlinien dagegenstellen wollten.[50] Sie korrespondierten mit einer methodischen Umorientierung des schulischen Lernens. Im Rahmen der curriculum- und lernzieltheoretischen Wende[51] wurden die Legitimation von Lerninhalten wie die Anforderungen an die Rationalität und Überprüfbarkeit von Lernzielen ins Zentrum didaktischer Überlegungen gerückt. Die radikalste Konsequenz wurde in Hessen gezogen, wo mit den „Rahmenrichtlinien Gesellschaftslehre" aus dem Jahr 1973 der Geschichtsunterricht als selbstständiges Fach auch in der Sekundarstufe I aufgelöst werden sollte, was aber nur in den Gesamtschulen realisiert wurde. Die Diskussion um diese Rahmenrichtlinien hatte zeitweise den Charakter eines bundesweiten pädagogischen Kulturkampfes. Per Gericht wurde 1982 in Hessen die Einführung des Geschichtsunterrichts in der Oberstufe wieder erzwungen.

Zugleich verstärkte sich in diesen Jahren außerhalb der Schule die historische Hinwendung zum Regionalen und zum Alltag vorzugsweise der einfachen Leute. In der Bundesrepublik etablierte sich eine „neue Geschichtsbewegung",[52] die sich in ihren selbst organisierten „Geschichtswerkstätten" für „Regional-" und „Alltagsgeschichte", d.h. für solche Bereiche interessierte, die bis dahin nicht im Mittelpunkt der akademischen Geschichtswissenschaft standen. Diese neue Geschichtsauffassung erweiterte die traditionelle Kultur- und Wirtschaftsgeschichte, indem sie sich auf Wissenschaften wie Kulturanthropologie, Volkskunde und Ethnologie berief, die eher das Einzelne in seinem Selbstwert betonen als dessen Funktion für ein der Geschichte zudiktiertes Ziel. Sie hat das Erzählen als „Abbild der Struktur und des Prozesses der realen Ereignisse" wieder entdeckt und gerechtfertigt.[53] Geschichte weder aus der Perspektive der Sieger zu schreiben (um die alte Forderung Walter Benjamins einzulösen) noch in der Abstraktheit sozialwissenschaftlicher Strukturen gleichsam zu skelettieren, ist das gemeinsame Ziel.[54]

Nun entdeckte man die Geschichte der Arbeiter und der Arbeit, von Stadtteilen und Dörfern, der Frauen, der Freizeit. Der Alltag der Vergangenheit wurde zum Thema der Geschichte erhoben, aber es ist auch der Alltag der Verfemten und Vergessenen, z.B. der Juden, der Zwangsarbeiter oder der banale Alltag der beiseite geschobenen Zeiten im 2. Weltkrieg und im Nationalsozialismus. Im Umgang mit lange ausgegrenzten (oder verschwiegenen) Gebieten dokumentierte sich

Abb. 4: Berliner Geschichtswerkstatt e.V. (Foto: H. Jeep)

einerseits ein Mündigwerden der historisch interessierten Bürger im Umgang mit historischen Quellen, andererseits aber auch ein Perspektivwechsel auf neue alltagsgeschichtliche Quellen, zu denen auch das Befragen von Zeitzeugen in der „oral history" gehörte; beides fand zunächst wenig Beifall bei den Fachhistorikern.[55] In einer heftigen Auseinandersetzung über die Rolle der „Alltagsgeschichte" versuchten Fachleute der Universitäten die Laien der (Geschichts-)„Werkstatt" von der Wissenschaft auszugrenzen. Stattdessen aber entwickelte die „neue Geschichtsbewegung" auch ein differenziertes Bewusstsein von neuen Quellen: Fotos, Tagebüchern, Briefen, Zeitzeugen ...

Einem Massenpublikum wurde die neue Orientierung der Geschichte an der Historischen Anthropologie[56] durch das „Funkkolleg Geschichte" 1983/84 nahe gebracht. Hier wurde Vergangenheit nach Kategorien dargestellt wie: „Stadt und Land", „Mann und Frau", „Technik und Natur", „Arbeit und Freizeit", „Das Fremde und das Eigene".[57] Die Geschichtsdidaktik und der Geschichtsunterricht begannen erst in den 90er-Jahren, sich darauf einzulassen.[58] Zunehmend wurden Materialien aus den Archiven in didaktischen Zeitschriften veröffentlicht. Detektivische „Spurensuche" wurde zur geläufigen Metapher im Geschichtsunterricht.

Die Geschichtswissenschaft hat in den 90er-Jahren eine ethnologische Wende vollzogen („cultural turn"). Dieser Paradigmawechsel sei hier nur mit Schlagworten angedeutet: „Mikrogeschichte", „dichte Beschreibung", Darstellung des „Habitus" oder die Geschichte der Mentalitäten.[59] Gemeinsam ist all diesen Ansätzen

1. die Abwendung von der politikzentrierten Geschichte und
2. die Konzentration auf übersichtliche Orte und Zeiträume.

In der genauen Darstellung örtlich und zeitlich begrenzter Prozesse – eines Dorffestes, einer Denkmalseinweihung, eines Verhörs bei einem Hexenprozess oder einer Einweisung in ein KZ – wird mikroskopisch auch die Struktur der Gesellschaft sichtbar.[60]

Parallel zu dieser Entwicklung machte sich seit Ende der 70er-Jahre eine ganze Generation von hemdsärmeligen Spurensuchern auf, in den Archiven die (jeweilig lokale, konkrete) Wahrheit übers Dritte Reich zu suchen. Diese „Neuen BenutzerInnen" ließen sich von dem abweisenden oder verwirrenden Ruf der Archive nicht abschrecken. Respektlos, ja „kaufhausähnlich"[61] forderten sie Einsicht in Dokumente, auch gegen die diversen Schutzbestimmungen, an die sich die Archivare halten zu müssen glaubten (noch waren ja die Archivgesetze gar nicht erlassen). Sie fragten mit einer oft biographisch verankerten Radikalität die Väter-Generation gezielt z.B. danach: „Warum warst du in der Hitler-Jugend?"[62] und haben aus ganz persönlichen Motiven, in trotziger Revision des selbst erfahrenen Geschichtsunterrichts oder aus politischer Sorge („daß sich die Ereignisse des Jahres 1933 in unserem Lande nicht wiederholen") den Anstoß zu vielen Projekten lokaler Geschichtsforschung gegeben. Den theoretischen Hintergrund dazu lieferte Theodor W. Adornos Essay „Erziehung nach Auschwitz" (1970), der eine ganze Generation künftiger Geschichtslehrer beeinflusste. Hier wurde Erziehung generell unter die Forderung gestellt, „daß Auschwitz sich nicht wiederhole". Dies wurde sozusagen die Nagelprobe für den Geschichtsunterricht, soweit er der „emanzipatorischen Pädagogik" der Frankfurter Kritischen Theorie folgte. Viele Archivare haben sich, als berufsmäßige Historiker, die zugleich als Erste auch diese Quellen kannten, dieser Forderung nach Aufarbeitung der Vergangenheit durchaus gestellt. Das von einer nicht-professionellen Öffentlichkeit an die Archive herangetragene Interesse an einer „Geschichte von unten" verstärkte die in den Archiven schon länger vorhandene Bereitschaft zu größerer Öffnung.

Das Bedürfnis, die Epoche des Nationalsozialismus über die Geschichte von Individuen aufzuklären, traf mit einer aus der außerdeutschen Geschichtswissenschaft übernommenen Forderung der Geschichtswissenschaft zusammen, die z.B. Lucien Febvre, der Begründer der „Annales"-Schule, schon 1933 als Programm der Historischen Anthropologie verkündet hatte:

41

„Geschichte als Wissenschaft vom Menschen ... und nicht Wissenschaft von den Sachen oder den Begriffen. Die Ideen, ohne die Menschen, die sie verkünden? ... Die Institutionen gesondert von jenen, die sie machen ...? Nein. Nein, es gibt keine Geschichte als die des Menschen."[63]

Dieses Interesse für den einzelnen Menschen in der Geschichte wurde explosionsartig gefördert durch die Ausstrahlung des US-amerikanischen Spielfilms „Holocaust" im Januar 1979. Die in diesem Film scheinbar naiv vorgenommene Konzentration auf den Alltag von Verfolgung, Tod, Entkommen nur *einer* jüdischen Familie wirkte durch ihre simple Personalisierung: Der Film erzählte über weite Strecken die Geschichte, die in vielen deutschen Familien unerzählt geblieben war. Ereignisse auf einer anderen, juristischen Ebene ließen Geschichte ebenfalls im Leben von einzelnen Menschen gegenwärtig erscheinen: die Gerichtsverfahren gegen Adolf Eichmann (1961) und gegen die Täter von Auschwitz (1963–65) sowie die Verjährungsdebatte im deutschen Bundestag (1969). Sie haben, wenn auch mit zeitlicher Verzögerung, in den Geschichtsunterricht hineingewirkt und zugleich die Beweiswirkung selbst banaler Dokumente herausgestellt. – Ein Beispiel: Im Auschwitz-Prozess fragte der Richter den stets leugnenden Lager-Adjutanten Mulka:

„Ist das Ihre Unterschrift? Sie können sich davon überzeugen.' – Mulka eilt zum Richtertisch. ‚Was heißt hier auf dem Fahrbefehl Material für die Judenumsiedlung? Was haben Sie darunter verstanden?' – Mulka, nach verlegener Pause: ‚Na ja, Zyklon B.' – Vorsitzender: ‚Sehen Sie, Sie haben bisher immer den Standpunkt vertreten, dass Sie mit den Vergasungen nichts zu tun hatten. So ist es doch nicht. Sie haben doch hier einiges unterschrieben.'"[64]

Als ob ein Damm gebrochen wäre, intensivierte sich nun die Beschäftigung mit der Geschichte des „Dritten Reiches" und wurde auch in die Schulen hineingetragen. Als Katalysator mit enormer Wirkung ist hier der Schülerwettbewerb „Deutsche Geschichte" um den Preis des Bundespräsidenten zu nennen. Er bewirkte auch durch die strengen Kriterien, die an die Quellenbenutzung angelegt wurden, entscheidend, dass auch Schüler zunehmend die in den Archiven gelagerten Dokumente professionell benutzten. An zwei Wettbewerbsthemen zum „Alltag im Nationalsozialismus" (1980/81: „Vom Ende der Weimarer Republik bis zum Zweiten Weltkrieg"; 1982/83: „Die Kriegsjahre in Deutschland") beteiligten sich ca. 17.000 Schüler mit über 3.000 Beiträgen (zum Verhältnis von Schülerwettbewerb und Archivpädagogik s.u. Kap. 4.2). Neben der Breitenwirkung war auch eine qualitative

42

Änderung bei der Beschäftigung mit diesem Thema zu beobachten: Endlich traten die Mittäter, ohne die das System nicht funktioniert hätte, aus der Anonymität, denn bei der lokalen Forschungsarbeit wurde entdeckt, „daß es ‚nicht irgendwo, sondern hier bei uns' geschehen war, daß dieselben Menschen ‚Nazis und Nachbarn' gewesen waren."[65] Wie sehr diese flächendeckende Erforschung der „normalen" NS-Verbrechen die Schutzschichten von Vergessen und Verdrängen durchstößt, zeigen die lokalen Skandale, die die lokale Spurensuche seit Beginn permanent begleiteten.[66] Widerstände durch Verharmlosen, Verschweigen, Verleugnen wurden aber eher zum Ansporn hartnäckiger Spurensucher.[67]

Die Geschichtswissenschaft entdeckte sich selbst neu als „Indizienwissenschaft" (Ginzburg), die das Individuelle zum Gegenstand hat, eine naturwissenschaftliche Sicherheit nie gewinnen kann, sondern immer in „Spuren" lesen muss. Geschichte und Geschichtsunterricht wurden wieder interessant, weil sie eine persönliche Dimension erhielten: zur eigenen Lebensumwelt und zum eigenen Ich. Dazu trug auch bei, dass „Geschichte" nicht mehr nur aus Büchern, sondern auch aus den Archiven – individuell, konkret, persönlich – geschöpft wurde.

2.2.3 Identität durch Archive? – Von der verklärenden Fürsten- zur aufklärenden Landes- und Regionalgeschichte

Archivdokumente gehören in der Regel einem mehr oder weniger engen geographischen und historischen Raum an, begründen die Identität dieses Raums historisch. Die klassische Figur des „Heimatforschers" hat Friedrich Nietzsche 1874 in dem „antiquarischen" Historiker so ironisch wie liebenswert karikiert. Ihm wird „die Geschichte seiner Stadt ... zur Geschichte seiner selbst", er „fühlt sich selbst als der Haus-, Geschlechts- und Stadtgeist", der beim Blick zurück zum Schluss kommt: „Hier ließ es sich leben, sagt er sich, denn es lässt sich leben; hier wird es sich leben lassen, denn wir sind zäh und nicht über Nacht umzubrechen." Hellsichtig und ideologiekritisch hat Nietzsche aber auch schon eine gewissermaßen „sedierende" Funktion dieser Art einfühlend-unkritischer Geschichtsschreibung erkannt: „Den höchsten Wert hat aber jener historisch-antiquarische Verehrungssinn, wo er über bescheidne, rauhe, selbst kümmerliche Zustände, in denen ein Mensch oder ein Volk lebt, ein einfaches rührendes Lust- und Zufriedenheitsgefühl verbreitet" und die „minder begünstigten Geschlechter und Bevölkerungen abhält, nach dem Besseren in der Fremde herumzuschweifen."[68] Das traf auf die Heimatbewegung seiner Zeit zu. Am Ende des 20. Jahrhun-

43

derts wurde, etwas kühler, aber in gleichem Sinne den Geschichts- wie den übrigen Geisteswissenschaften – definiert als „Dienstleistungsgewerbe für Bürgerethik" – die Funktion zugewiesen, „jene lebensweltlichen Verluste zu kompensieren, die die durch die experimentierenden Naturwissenschaften angetriebenen Modernisierungen herbeiführen". „Bewahrungs- und Orientierungsgeschichten" sollten erzählt werden.[69]

Dies war nicht neu. Eine Landesgeschichte, die derartige identitätsstiftende Funktionen wahrnahm, hatte sich mit der Gründung zahlloser Historischer Vereine Anfang des 19. Jahrhunderts etabliert, wobei gelegentlich ein ausdrückliches Verbot der Erörterung von „politischen Gegenständen der neuesten Zeit" in der Satzung festgeschrieben wurde. Denn diese Landesgeschichte sollte dynastisch orientiert sein und das Staatsbewusstsein der nach dem Wiener Kongress 1815 neu gegründeten deutschen Einzelstaaten stärken helfen.[70] Nach der Gründung des Deutschen Reiches 1871 und den Umstrukturierungen durch die eher anonyme moderne Industriegesellschaft entstand eine um den Begriff „Heimat" zentrierte Bewegung, deren pädagogische Forderungen von Eduard Spranger als „Bildungswert der Heimatkunde" 1923 formuliert wurden: „Wehe dem Menschen, der nirgends wurzelt! [...] Heimat ist erlebbare und erlebte Totalverbundenheit mit dem Boden." Spranger forderte „totale Einwurzelung" und „tiefe[s] Verbundenheitsgefühl mit dem eigenen Volk". Das war gemeint als Antwort auf „rationalistisches und mechanisierendes Denken", konnte aber auch dazu dienen, blinde Loyalität und fraglose politische Folgebereitschaft zu begründen.[71] 1921 schon war – ähnliche Entwicklungen aus dem Kaiserreich fortführend – in den preußischen Schulen das Fach „Heimatkunde" eingeführt worden und auch in anderen Ländern des Reiches wurde der Heimatgedanke im Unterricht betont, was auf einen „unkritischen Heimat- und Volkstumsstolz" und eine Identität, die von intolerantem Nationalbewusstsein geprägt war, hinauslief.[72]

Nach 1945 hatten die so verengte Landesgeschichte und Heimatkunde es schwer, sich von diesem Erbe zu lösen. Neben die durch staatliche Tradition definierte „Landesgeschichte" wurde die Regionalgeschichte gesetzt. Region wird räumlich und sozial definiert und Regionalgeschichte konzentriert sich auf sozialgeschichtliche Forschungsgebiete, zu denen in den betreffenden Archiven dichtes, überschaubares, u.U. auch statistisch auswertbares Quellenmaterial vorliegt (wie zur Geschichte der Industrialisierung, zur Bevölkerungsgeschichte u.Ä.). Heimatgeschichte begreift sich heute als „aufgeklärt", sieht in „Heimat" keinen Zustand, sondern den „Prozess eines Bewusstseins". Die Didaktik der Regionalgeschichte verweist darauf, dass ihre Quellen Unmittelbarkeit

44

und lokalen Bezug haben, die den Schülern selbstständig entdeckendes Lernen ermöglichen; so kann „das Verflochtensein der Schüler in bestimmte sozio-kulturelle Zusammenhänge, ihre sprachliche, gedankliche, emotionale Einbindung in historisch begründete Traditionen, in kollektive Erfahrungen" untersucht und sie dadurch zu „kritischer Loyalität" angeregt werden.[73]

In die Lehrpläne ist davon kaum etwas gedrungen. Nur in wenigen Bundesländern (Schleswig-Holstein, Hamburg, Niedersachsen, Bayern, Baden-Württemberg, Sachsen)[74] finden sich explizit regionalgeschichtliche Themenvorgaben, die gelegentlich (Bayern, Sachsen) auch dazu führen sollen, so etwas wie ein politisches Landesbewusstsein zu schaffen. „Landes- und Regionalgeschichte wird in erster Linie als Konkretisierung und Veranschaulichung von Allgemeingeschichte begriffen", während „Regionalität unserer historischen Entwicklung als solche [...] kaum in das Blickfeld des Geschichtsunterrichts" gerät.[75] Von den Vorgängern der Bundesländer, also den Ländern des Deutschen Reichs, den Staaten des Deutschen Bundes oder den Fürstentümern des Alten Reichs werden in Schulbüchern regelmäßig Preußen, oft Österreich und – selten, aber zunehmend – in entsprechenden Regionalausgaben Bayern, Sachsen oder Württemberg dargestellt, allerdings auch hier wieder als regionales Beispiel einer nationalen Entwicklung.

Als in den 80er-Jahren des 20. Jahrhunderts eine neue Welle von „Heimat"-Filmen und -Büchern erschien (es waren die Jahre, als die 68er, die in den Städten gegen den Heimatfilm-Muff ihrer Eltern rebelliert hatten, nun begannen, sich Häuser auf dem Land zu kaufen), da entdeckte man in den Lehrplänen noch Lernziele, die aus den 20er-Jahren überkommen waren: „Liebe zu Volk und Heimat". Die Rationalität der 80er-Jahre konstatierte kühl: „Liebe kann nicht verordnet werden".[76] Als Lernziel sollte vielmehr gelten, „dass Schüler die geschichtliche Aufklärung ihrer Lebensregion vornehmen können, den Zusammenhang zwischen ihrer Lebensgeschichte und der allgemeinen Erlebensgeschichte erleben können und auf diese Weise ein Stück weit zum Aufbau ihrer Identität beitragen können."[77]

Die Geschichtsdidaktik machte hier Anleihen bei der Psychologie. Im Unterricht soll „bei der Biographie der Beteiligten, bei den im alltäglichen Erfahrungshorizont niedergeschlagenen Formen der ‚Vergesellschaftung'" angesetzt werden. Der Einzelne wird in das soziale Beziehungsgeflecht gestellt, das seine „Regionalität" jeweils ausmacht, d.h. der Unterricht nimmt seinen Ausgang beim Leben der Schüler. Lernen sei dann nicht mehr Anpassung, sondern Bildung lebendiger Beziehungen.[78] Auch eine „historische Verhaltensforschung" wird dafür in An-

45

spruch genommen, von einer staatsbezogenen Geschichte zu einer um das Individuum zentrierten zu kommen: Untersucht werden nicht Gesellschaftsstrukturen, sondern Handlungen von Individuen, die Form des Handelns und die damit verknüpften Erwartungen.[79] Die Gestaltpädagogik wird herangezogen, um Unterrichtsarrangements zu begründen, die ein ganzheitliches Lernen über Identifikationsprozesse von Einzelnen mit historischen Personen ermöglichen, indem historisches Bildmaterial nachgespielt, Gegenstände berührt oder Orte historischer Ereignisse erfahren und erlaufen werden.[80]

Emotionen können und sollen aus einem Geschichtsunterricht nicht mehr verbannt werden, der Identität entwickeln will. Emotionen sind ja auch im Geschichtsunterricht bei den Schülern immer schon da,[81] ohne sie kann die Kluft zwischen den Zielen der „Erziehung zu demokratischer Kompetenz und Empathie" und der Faktenvermittlung nicht geschlossen werden.[82]

Das Prinzip der Individualisierung kommt der Erfahrungswelt der Schülergenerationen am Anfang des 21. Jahrhunderts entgegen. Denn „Heimat" wird heute eher durch ihren Verlust oder die Erfahrung des Wechsels definiert, durch Exil, Emigration, Vertreibung, Migration.[83] Schüler-Identität heute ist sehr fragil. Die folgende Handbuch-Definition:

„Personale Identität erlangt das Individuum, wenn es ihm gelingt, in lebensgeschichtlicher Perspektive eine unverwechselbare Biographie aufzubauen und als handelndes Subjekt die Lebensgeschichte als sinnvoll zusammenhängend zu gestalten",[84]

beschreibt eine Aufgabe, an der heute viele Jugendliche, und zwar nicht nur solche ausländischer Herkunft, scheitern. Jugendliche müssen sich viel früher und häufiger als ältere Generationen in den kulturellen, wirtschaftlichen und sozialen Strukturen, die demokratisiert und individualisiert sind, zurechtfinden und in hohem Maß Flexibilität wie auch Fähigkeit zur Selbststeuerung entwickeln, denn ihre Freiheit, aber damit auch der Zwang zu Entscheidungen sind gewachsen. Soziale wie private Beziehungen, die Schullaufbahn (und damit die Vorbereitung auf den Arbeitsmarkt), aber auch eine sehr differenzierte Freizeitkultur verlangen ständig Orientierung und Positionierung. Die 14. Shell-Jugendstudie „Jugend 2002" beschreibt den „Sozialcharakter der Mehrheit der Jugendlichen" als „Egotaktiker",[85] gekennzeichnet durch eine „abwartende und sondierende Haltung", die im richtigen Moment eine Chance ergreifen will. Wie soll in dieser gegenwartsfixierten Welt die „Kontinuität des Ichs" gewahrt, sie auf eine historisch gewordene soziale (oder: Gruppen-)Identität bezogen werden?[86]

46

Auch wegen der multiethnischen Zusammensetzung der meisten Schulklassen kann Regionalgeschichte heute nicht umstandslos identitätsbildend wirken; zumindest nicht solange, wie die Schulen in Deutschland sich nicht als Integrationsinstrumente eines Einwanderungslandes verstehen. Als sinnvoll könnte man sich eine Information über die historischen Wurzeln der wechselseitigen Fremdheit vorstellen.[87] Die Kategorie „Fremdheit" passt auch auf die Begegnung mit den originalen Dokumenten in den Archiven; in ihnen erscheint die Vergangenheit nicht nur als eine örtliche, sondern auch als zeitliche Fremde. Nicht nur das Mittelalter oder das 19. Jahrhundert, schon die 50er-Jahre des 20. Jahrhunderts sind für die Jugendlichen ein „fremdes Land" oder eine „fremde Kultur". Die historische und kulturelle Fremdheit in den archivischen Quellen gewinnt einen Aufforderungscharakter, weil sie einen konkreten Bezug zum eigenen Ich entwickelt – eine Methode, der sich die Museumspädagogik (Stichwort: „Zeitreise") schon länger bedient. Es ist auch der Weg der Archivpädagogik.

2.2.4 Über Archivdokumente zum reflektierten Geschichtsbewusstsein – der gegenwärtige Stand der Archivpädagogik in Geschichtsdidaktik und Schulpraxis

Das Ziel archivpädagogischer Arbeit ist es, Geschichte sinnlich und persönlich erfahrbar zu machen. Man könnte die Grundidee als „Achtung vor dem Einzelnen, sei es nun Ding oder Mensch"[88] beschreiben oder auch sagen: Den geschichtlichen Vorgängen wird das „menschliche Maß" wiedergegeben durch das Wiedererkennen konkreter Namen und Orte bzw. durch die Möglichkeit der vergleichenden Identifikation mit der eigenen Lebenswelt. Der Zugang zu historischem Wissen ist dabei individuell, da im Unterschied zum Schulbuch Archivquellen vielleicht ähnliche, aber nie gleiche Vorgänge dokumentieren. Sie sind unabgeschlossen, ermöglichen Auslegungen und fordern Phantasie, sie sind widersprüchlich, sie engen nicht von vornherein auf ein vorformuliertes Ziel ein, sie regen zum Austausch innerhalb der Lerngruppe an, sie können auch einen affektiven Charakter haben. Archive bieten Freiraum für Eigeninitiative und autonomes Lernen ohne fertig formulierte Fragestellungen und Impulse. Archivarbeit hat immer einen detektivischen Charakter, der am besten in der Metapher von der „Spurensuche" beschrieben wird.
Allgemeine Lernziele von Archivarbeit sind:
1. Geschichte sinnlich erfahrbar machen.
2. Geschichte entdecken: als offen und widersprüchlich kennen lernen.

3. Geschichte als nah und fremd zugleich erfahren.

All das sind Momente ganz starker Motivation gerade auch für Schülergenerationen, bei denen das Schulbuch gegen außerschulische Medien (Film, Video, PC, CD-ROM) kaum noch konkurrieren kann. Denn den archivierten Original-Dokumenten eignen mehrere Dimensionen, die (auch noch so korrekt und schülerfreundlich) edierten Dokumenten in Schulbüchern und Quellensammlungen fehlen: Sie besitzen die Faszination sinnlich-greifbarer zeitlicher Fremdheit, die zudem oft verknüpft ist mit lebensweltlicher Nähe. Bringt das alte Papier (oder Pergament) doch Botschaften aus fernen Jahrhunderten über die engere Umgebung, schließt an wiedererkennbaren Landschafts-, Orts-, Straßen- oder Personennamen Wege in die eigene Vorgeschichte auf. Im didaktischen Konzept des service éducatif ist die „Handhabung" – „manipulation" – der Archivalien mit Recht die entscheidende Phase beim Archivbesuch.[89] Die Authentizität des originalen Zeugnisses wirkt zugleich als detektivisch ausfindig gemachtes Indiz, hat Beweischarakter und belegt Nachprüfbarkeit jenseits der bloßen Beglaubigung durch den Lehrer. Hier wirkt der „choc par les documents",[90] denn die Historizität dieser Quellen ist nicht durch – normalisierten, gekürzten, in heutigen Lettern gesetzten – Druck „vernichtet",[91] sondern sie springt die Schüler geradewegs an: im brüchigen Papier, mit schwer (anfangs gar nicht) lesbarer Schrift, in der Menge anscheinend ungeordneter Blätter (in der Archivsprache: „Faszikel"; „Büschel"), aus denen erst ein Vorgang, ein Ereignis, eine Entwicklung zusammengesetzt, „rekonstruiert" werden muss.

Schüler machen so die Erfahrung, welch mühsamer Prozess es ist, aus einem Mosaik verschiedenster Quellen einen Vorgang, eine Entscheidung zu (re)konstruieren, immer in der Abwägung, ob die selbstständige Urteilsbildung nun subjektiv oder objektiv genannt werden kann. Was als „unmittelbar" und „nachprüfbar" erscheint, stellt sich als Werden eines „reflektierten Geschichtsbewusstseins" heraus. Um dies zu entwickeln, müssen die Schüler über Kompetenzen verfügen: „Unterschieden werden die Kompetenz, historisch zu fragen, die Methodenkompetenz, die Sachkompetenz, die Kompetenz, mit Präsentationen von Geschichte umgehen zu können, die Kompetenz, Geschichte zur lebenspraktischen Orientierung nutzen zu können."[92] Im Archiv wird natürlich besonders die Methodenkompetenz im Umgang mit Quellen geschult, ohne die anderen Kompetenzen zu vernachlässigen. Dazu gehört, dass bei Archivquellen die Fragekompetenz auf den Prüfstand gestellt werden kann: Welche Fragen sind zu sehr gegenwartsbestimmt und daher nicht sinnvoll? Welche Fragen legen die Materialien aber eher

48

nahe? Vor allem kann in der Archivarbeit erfahren werden, wie die Plausibilität von Geschichtsdarstellungen überprüft werden kann. „Fertige Geschichten de-konstruieren zu können, bedeutet u.a., die quellengestützte Re-Konstruktion als Vergleichsmaßstab zu nutzen. Das Archiv hat für diese Kompetenz demzufolge die Funktion eines Regulativs bzw. Korrektivs."[93]

Ein anderer Aspekt des Lernens im Archiv ergibt sich aus der Tatsache, dass die Rolle des Lehrers als Vermittler zwischen Information und Schüler zurückgedrängt wird, denn zunehmend ist ein direkter Zugang zu Informationen möglich: Die Informationsmedien (Radio, Fernseher, Computer, Telefon, Fax) sind demokratisiert und mit dem Internet ungeheuer erweitert. Daher wird die Fähigkeit, Informationen gezielt suchen und nach ihrer Relevanz bewerten zu können, in Beruf und Freizeit der Informationsgesellschaft eine entscheidende Rolle spielen. Diese „Informationskompetenz" kann im „Informationssystem Archiv" eingeübt werden. Dabei ist nicht nur an die Benutzung traditioneller archivischer Findmittel gedacht, sondern an die in den Archiven weitgehend eingeführten neuen informationstechnischen Geräte (Mikrofilm- oder Mikrofiche-Lesegeräte; archivinterne oder extern vernetzte Datenbanken). An ihnen können zielgerichtete Suchstrategien (retrieval) der modernen Datenverarbeitung eingeübt werden.

Obwohl die institutionelle Verbreitung von „Archivpädagogik" in Deutschland sehr uneinheitlich ist (s. dazu 2.3.), hat generell „die Bedeutung von Archiven in den Lehrplänen [...] in den letzten Jahren deutlich zugenommen."[94] Das liegt an Umstrukturierungen, mit denen die Schulen und Schulverwaltungen auf die geänderte Rolle des Lernens reagieren, die die Institution Schule zu marginalisieren drohen.

1. Schulische Lernziele und Qualifikationen werden zunehmend fachübergreifend und interkulturell definiert, nicht mehr auf Bildungs- und Wissensvermittlung zentriert, sondern auf Problem-, Handlungs- und Diskursorientierung sowie Methoden- und Sozialkompetenzen der Lernenden.

2. Traditionelle Formen schulischer Leistungsüberprüfung (Test, Klassenarbeit, Klausur) verlieren an Bedeutung; dagegen werden mit „Facharbeiten", „Seminarkursen", „Präsentationen" oder „besonderen Lernleistungen" Leistungsnachweise gefordert, die – individuell oder im Team – verstärkt selbstständiges Arbeiten voraussetzen.

3. Die Öffnung von Schule für außerschulische Wirklichkeit fördert das Aufsuchen außerschulischer Lernorte.

Das archivische Material erfordert produktive, kommunikative und forschende Arbeitsformen:

Es müssen selbstständig Fragen entwickelt, erkenntnisleitende Interessen formuliert und Hypothesen gebildet werden. Dabei bietet das vielfältige Archivmaterial oft Gelegenheit, einen Perspektivenwechsel vorzunehmen. Insbesondere Formen der Gruppenarbeit – und damit Sozialkompetenzen – werden dadurch gefördert, dass die „Differenziertheit und Quantität der Archivalien [...] Kooperations- und Verständigungskompetenzen [erfordert]", die für gemeinsames, arbeitsteiliges Handeln nötig sind.[95] Methodisch ist neben Projektarbeit auch Handlungsorientierung in unterschiedlicher Form möglich. Welche Arbeitsform gewählt wird, richtet sich auch nach dem Stellenwert des außerschulischen Lernorts Archiv in der Unterrichtskonzeption: Archivbesuch, Archivunterricht, Projekttage oder -wochen im Archiv sind möglich und werden vielfach realisiert (konkrete Beispiele s. Kap. 4.1 und 4.2).

Schulverwaltungen und Archivpädagogen führen in den letzten Jahren zunehmend Veranstaltungen zur Lehrerfortbildung mit dem Ziel durch, Lehrerinnen und Lehrer mit dem Archiv als Lernort bekannt zu machen. Einführungen in die Arbeitsmöglichkeiten des außerschulischen Lernorts Archiv sind auch in die zweite Phase der Lehrerausbildung übernommen worden. Eine ganze Reihe von Prüfungsarbeiten zum 2. Staatsexamen berichten über erfolgreiche Unterrichtsversuche, wobei die Schülerreaktionen überwiegend positiv sind. Schüler nennen dabei als besondere Erfahrungen des Lernens im Archiv: die von ihnen geforderte Selbstständigkeit bei der Arbeit; den (haptischen und optischen) Reiz des Authentischen (und damit eine Abwechslung vom gedruckten Quelleneinerlei des Unterrichts); die Schwierigkeiten, aber auch wieder den Reiz, aus den Dokumenten verständliche Nachrichten zu „dekodieren"; die Nähe zum eigenen Erfahrungsraum.[96]

2.3 Der kulturelle Auftrag der Archive – Öffentlichkeitsarbeit, Historische Bildungsarbeit, Archivdidaktik und Archivpädagogik

In Frankreich gehört die „animation culturelle" seit über 30 Jahren zu den Aufgaben der Archive,[97] in Deutschland wird immer wieder über den „kulturellen Auftrag" der Archive gestritten. Die Praxis der meisten Archive weist allerdings einen beträchtlichen Anteil an dem auf, was traditionell „Öffentlichkeitsarbeit" genannt wurde. Ob sie zu den archivischen „Kernaufgaben" gehört, wird gelegentlich, aber meist nur in staatlichen Archiven in Frage gestellt. Die Kommunal- und Kreisarchive werden gerade in Zeiten zunehmenden wirtschaftlichen Rechtfertigungszwangs viel selbstverständlicher als kultureller „Standortfaktor" in Anspruch genommen.[98] In den letzten Jahren haben auch staatliche Archive sich an Massenevents wie stadtweiten „Kulturnächten" (Karlsruhe, Frankfurt am Main) oder tageslichten „Festen der offenen Türen" (Darmstadt) beteiligt. Im Jahr 2001 wurde erstmals ein bundesweiter „Tag der Archive" (in Analogie zum „Tag des Denkmals") veranstaltet, der von über 80% der beteiligten Archive als Erfolg gewertet wurde.[99]

Archive haben immer versucht, in die Öffentlichkeit zu wirken: durch Führungen, bei denen die Arbeit des Archivs vorgestellt und prächtige, eindrucksvolle Urkunden („Zimelien") präsentiert wurden, aber vor allem auch durch Ausstellungen, die von einem politischen oder kulturellen Jubiläumsdatum angeregt wurden. Dass Urkunden aus Archiven für Museumsausstellungen ausgeliehen wurden und werden, war immer schon selbstverständlicher, aber eben nur dienender Teil der Archivarbeit. In Archivausstellungen konnten dann zahlreiche Originalzeugnisse der Geschichte fast zum Greifen nah durch Vitrinenscheiben betrachtet werden. Die Verbilligung der Reproduktionstechniken erlaubte es ab den 70er-Jahren, mit Wanderausstellungen einem weitaus größeren Publikum zumindest einen fotografischen Abglanz der Originale vorzustellen. Von Interesse waren diese Veranstaltungen aber doch nur für ein Publikum, das zumindest eine gewisse historische Vorbildung besaß, um den Wert der gezeigten Stücke einschätzen zu können.

Vom aufklärenden Impetus der 70er-Jahre getragen, weiteten dann die Archive ihre Bemühungen auf andere Zielgruppen aus. Die verwendeten Begriffe wandelten sich zwar im Lauf der Jahrzehnte: von „öffentlicher Bildung" (Booms) über „politische Bildung" (Richter) zu „historischer" oder „historisch-politischer Bildungsarbeit" (Wagner, Jakobi), doch die Intention war immer, aktiv und letztlich pädagogisch zu wirken. Über die engen Kreise derer hinaus, die an der wissenschaftlichen und forschenden Arbeit der Archivare interessiert waren,[100] wurden nun neue Zielgruppen auch in nicht professionell aufs Historische ausgerichteten Institutionen wie Volkshochschulen, Vereinen, Stadtteilinitiativen gesucht.[101] Mitwirkung an historischen Exkursionen, thematische Stadtführungen oder oral-history-Veranstaltungen („Erzählcafés"), Organisation von Vorträgen, Seminaren oder auch Geschichtswettbewerben, Mitwirkung bei Landes- oder Stadtfesten gehören mittlerweile ebenso zu den von Archiven übernommenen Aufgaben wie die eher traditionelle Publikation von wissenschaftlichen oder populären Darstellungen oder die Herausgabe von Quelleneditionen. Manche Stadtarchive entwickeln gewissermaßen „tragbare Archive", mit denen ausgewählte Quellen zu den Nutzern, z.B. Schulen oder Volkshochschu-

51

len, gebracht werden können.[102] Vom „Bildungszentrum Archiv" wurde gesprochen oder davon, dass sie zu „großen Geschichtswerkstätten für alle Bürger"[103] werden können, was so weit gehen kann – entsprechende institutionelle Verbindungen vorausgesetzt –, dass Museum und Archiv miteinander verschmelzen. Manche Bundesländer (Bayern, Baden-Württemberg, Brandenburg) haben begonnen, „Häuser der Geschichte" einzurichten, die mit Ausstellungen und Publikationen vor allem Themen der geschichtlichen Landeskunde bearbeiten; die Archive sind dabei zentrale Zulieferer. Andere Bundesländer (z.B. Hessen) definieren schon ihre Archive als „Häuser der Geschichte",[104] um so die Aufgabe, das Archivgut „nutzbar" zu machen, mit der der „Vermittlung" über Öffentlichkeitsarbeit zu verbinden.

Hessisches Archivgesetz vom 18.10.1989
§ 7: Aufgaben der öffentlichen Archive
(1) Die öffentlichen Archive haben die Aufgabe, das Archivgut der in § 6 genannten öffentlichen Stellen nach Maßgabe dieses Gesetzes zu übernehmen, auf Dauer aufzubewahren, zu sichern, zu erschließen und nutzbar zu machen (Archivierung).
(4) Die Hessischen Staatsarchive als Häuser der Geschichte und die anderen öffentlichen Archive wirken an der Erforschung und Vermittlung der von ihnen verwahrten Quellen mit.

Soweit Räumlichkeiten vorhanden sind, bieten diese Archive auch die – rege genutzte – Möglichkeit, nicht nur eigene, sondern auch Ausstellungen anderer Anbieter zu zeigen und gleichzeitig damit sich als „Haus der Geschichte" im gedachten Sinn im Bewusstsein des Publikums zu halten. Wenn Archivpädagogen (wie in den hessischen oder nordrheinwestfälischen Staatsarchiven) dort arbeiten, können sie auch – vor allem jugendliche – Ausstellungsbesucher mit Führungen bzw. schriftlichen Führungsblättern betreuen.

Der in allen Archivgesetzen formulierte Auftrag der „Nutzbarmachung" von archivischen Quellen wird zunehmend so ausgelegt, dass ein „nutzerorientiertes Verständnis vom Archiv" verlangt wird. Der „finale Zweck" der archivischen Arbeit sei „die Öffnung der zu Archivgut mutierten Verwaltungsunterlagen für alle interessierten Nutzer", um die „Nachvollziehbarkeit staatlichen Handelns retrospektiv zu gewährleisten".[105] Wenn man die Aufgaben der Archive so sehr von ihren Zielgruppen her definiert, liegt es nahe, auch eine Ausweitung der Archivierungstätigkeit selbst zu fordern, also eine „gesamtgesellschaftliche Dokumentation des öffentlichen Lebens" von ihnen zu verlangen.[106] Was Hans Booms 1971 formulierte, scheint heute umso dringlicher, als die weitere Globalisierung wie Dezentralisierung staatlichen Handelns einerseits, der Rückzug des Staates aus vielen Handlungsfeldern andererseits und schließlich die Zunahme von „elektronisierten, aber nicht dokumentierten kommunikativen Interaktionen im administrativen und politischen Handeln" (also Techniken wie Telefon, E-Mail, SMS) zusehends dazu führt, dass „die Kontingenz im Prozess der Archivgutbildung" zunimmt, d.h., dass immer weniger relevantes Aktenmaterial vorhanden sein wird.[107]

Archive von der Nutzerorientierung her zu definieren, würde allerdings konsequenterweise bedeuten, schon die Bestandsbildung von der (künftigen) Benutzung her zu organisieren, also das herkömmliche Provenienzprinzip aufzugeben (s. Kap. 3.3). Diese Forderung, eine „Archivdidaktik" (Jakobi) zu entwickeln, der auch die Bestandsbildung unterworfen wäre, hat aber bisher noch nicht zu praktischen Auswirkungen geführt.[107a] Nur wenige Archive – wie etwa diejenigen, die zum Bereich der Bundesbeauftragten für die Unterlagen des Staatssicherheitsdienstes der ehemaligen DDR gehören – verfügen über eigene Abteilungen für Öffentlichkeitsarbeit. In Gedenkstätten, Ausstellungen und Seminaren können hier „Menschen verstehen [lernen], wie Diktaturen funktionieren."[108] Andere Archive müssen sich für ihre Aktivitäten (selbst für Faltblätter mit Informationen zum Archiv) auch um „Fundraising", also um Sponsorengelder von außen bemühen.[109]

Unter den Zielgruppen, deren Nachfrage – ohne dass sie noch stimuliert werden muss – kontinuierlich anwächst, stehen die Schüler an erster Stelle.[110] Dies ist in jedem Fall auch ein Ergebnis der Einrichtung von „archivpädagogischen" Arbeitsstellen an einigen Archiven. Voran gingen Stadtarchive: 1983 Münster/Westf., 1984 Bremerhaven, dann folgten Staatsarchive der Bundesländer Bremen, Hessen und Nordrhein-Westfalen 1986 sowie das Stadtarchiv (Institut für Stadtgeschichte) in Frankfurt am Main 1988. Die Stellen an den Stadtarchiven sind mit Angestellten besetzt. An den Staatsarchiven folgt man dem französischen Modell, indem Lehrer mit einem Teil ihrer Stunden dahin abgeordnet werden. So verfahren auch die Bundesländer Bayern und Baden-Württemberg, allerdings nur projektgebunden und mit weniger Anrechnungsstunden. Trotz der hohen Akzeptanz und des unverkennbar sinnvollen Effekts sowohl für archivische Bildungsarbeit wie für den schulischen Geschichtsunterricht (s.o. Kap. 2.2.3 und 2.2.4) ist die Situation der abgeordneten Archivpädagogen permanent prekär, da die finanzielle Lage die Kultusverwaltungen dazu veranlasst, die Anrechnungsstunden zu reduzieren oder sogar ganz in Frage zu stellen. Noch sind Archivbesuche nicht so selbstverständlich geworden wie Exkursionen in Museen, doch zählen die Schüler, die in Archiven in die Arbeit mit historischen Quellen eingeführt werden oder Ausstellungen besuchen, mittlerweile nach Tausenden. Das Ziel, dass jeder Schüler einmal in seiner Schulzeit ein Archiv aufgesucht hat,[111] liegt noch in weiter Ferne, ist aber nicht utopisch, wenn Bildungsziele wie die Schaffung eines breiten historischen Bewusstseins ernst genommen werden. Auf Seiten der Archive ist in den letzten zehn Jahren das Interesse und die Bereitschaft gewachsen, archivpädagogische Arbeit zu fördern. Dies drückt sich darin aus, dass archivpädagogische Themen auf dem Historikertag in Bochum 1990 wie auf dem Deutschen Archivtag in Hamburg 1999 großen Zuhörerkreisen präsentiert wurden. Die Arbeitsgruppe der Archivpädagogen und Mitarbeiterinnen und Mitarbeiter der Historischen Bildungsarbeit an Archiven, die sich seit 1988 jährlich informell zu Tagungen versammelte, wurde 1999 als „Arbeitskreis Archivpädagogik und historische Bildungsarbeit im Verein deutscher Archivare" institutionalisiert. Die seitdem jährlich stattfindenden Veranstaltungen des Arbeitskreises auf den Archivtagen finden immer größeren Zuspruch bei den Archivaren, denen die Bedeutung dieses Feldes für ihre alltägliche Arbeit wichtiger wird.

Denn an vielen kommunalen und staatlichen Archiven müssen Archivarinnen und Archivare die Betreuung von Schülergruppen übernehmen.[112] Spätestens wenn der bundesweite Geschichtswettbewerb des Bundespräsidenten (früher: Schülerwettbewerb Deutsche Geschichte) alle zwei Jahre ausgeschrieben wird, kommen zahlreiche jugendliche Wettbewerbsteilnehmer in die Archive. „Seit 1973 haben in 17 Ausschreibungen insgesamt rund 100.000 Jugendliche am Geschichtswettbewerb des Bundespräsidenten teilgenommen. Damit hat sich der Geschichtswettbewerb zur größten koordinierten Laienforschungsbewegung in Deutschland entwickelt. Fast 20.000 im Lauf der Jahre eingegangene Beiträge machen das Archiv des Geschichtswettbewerbs in der Körber-Stiftung zu einer Schatzkammer lokalgeschichtlicher Forschung."[113] Fällt die Betreuung der Wettbewerbsteilnehmer noch eher in das traditionelle Gebiet „Auskunft und Beratung" und ist bei den Themen, die von erfahrenen Historikern und Lehrern gestellt werden, auch einfach zu bewerkstelligen, so verhält es sich bei Besuchen von Lerngruppen, deren Themenwünsche aus dem laufenden Unterricht und den Lehrplänen erwachsen, doch anders.

Es stellte sich sehr rasch heraus, dass ein bloßes „Ausstellen" von Archivalien die Aufmerksamkeit dieser Zielgruppe kaum erreichen konnte: Es bedurfte eines beträchtlichen Aufwandes an Erklärung, Einordnung, Zusammenstellung, auch Vereinfachung, der nicht ohne weiteres von Archivaren zu leisten war. Und auch Lehrer können ohne genauere Kenntnis von Archivstruktur und Beständeaufbau (Kap. 3.1 und 3.3.2) und wenigstens ansatzweisen Kenntnissen der Lokal- oder Regionalgeschichte nur mit hohem Arbeitsaufwand fündig werden, zumal bei der Auswahl der Quellen nicht nur thematische, sondern auch motivationale Gesichtspunkte eine Rolle spielen müssen. Nicht jede Akte ist gleich spannend.

Aus all dem ergibt sich ein zunehmend spezialisierter Bedarf an archivpädagogischen Tätigkeiten:

— Führung im Archiv und Einführung in Arbeits- und Aufgabenfelder der Archivmitarbeiter;

— Heraussuchen von Archivalien, die als Quellen für forschendes Lernen an Originaldokumenten geeignet sind; Betreuung der Schülergruppen, die mit diesen Archivalien im Seminar-/Unterrichtsraum des Archivs arbeiten durch Sachauskünfte, Lesehilfen, Nachschlagewerke (Beispiele s. unten Kap. 4);

— Beratung von Lehrerinnen und Lehrern (auch: Referendarinnen und Referendaren für Unterrichtsprojekte im Rahmen der Ausbildung oder des Examens), Schülerinnen und Schülern, die für Unterricht bzw. Referate, Projekttage oder -wochen, Facharbeiten u.Ä. historische Auskünfte bzw. Dokumente suchen;

— Beratung von Schülern bei Wettbewerben, ggf. Mitarbeit in Jurys von Wettbewerben;

— Veröffentlichungen von Unterrichtsmaterial zu häufig nachgefragten Themen: Es handelt sich in der Regel um lokal- bzw. regionalgeschichtliche Veranschaulichungen oder Ergänzungen der Themen aus den Lehrplänen; z.B. Ereignisse an Schlüsseldaten wie 1789–1815, 1848/49, 1918, 1933, 1945; Geschichte der Juden, der Machtergreifung, der Zwangsarbeit; Veranschaulichung von strukturellen und umfassenden Veränderungen: Lehnswesen, Reformation, Industrialisierung;

— Mitarbeit an archiveigenen bzw. fremden Ausstellungen, durch konzeptionelle Beratung der historischen Fachleute („schülerfreundliche Texte, übersichtliche und erklärte Exponate"), Entwicklung von Modulen unterschiedlichster Art zur Ausstellungserschließung (Fragenkataloge, Rätselaufgaben, Kataloge etc.; s.u. 4.3.2)

— Lehrerfortbildung: War sie anfangs nötig, um auf den damals unbekannten „Lernort Archiv" aufmerksam zu machen, so hat sie heute eher den Schwerpunkt, neue Ergebnisse der regionalen Forschung bzw. Geschichtsschreibung bekannt zu machen oder auch im Zusammenhang mit Ausstellungen in deren Themen einzuführen oder mit Universitätsdozenten aktuelle Themen der historischen Forschung an geeignetem Archivmaterial darzustellen;

– Öffentlichkeitsarbeit: Angesichts der permanenten Überflutung der Schulen mit Werbematerial für neue Bücher und Medien, für Ausstellungen und Tagungen, ist es unerlässlich, auch den „Lernort Archiv" durch geeignete Veranstaltungen oder solches Informationsmaterial ins Gedächtnis zu rufen;

– Eigene Fortbildung: Um all diese Aufgaben erfüllen zu können, ist dauernde Lektüre von regionalen Forschungen, evtl. Mitarbeit in Historischen Vereinen oder Kommissionen ebenso nötig wie Weiterbildung in informationstechnischer Hinsicht; denn für Publikationen, sei es für den Druck oder für digitale Medien, können aus Kostengründen kaum noch hausfremde Experten bezahlt werden, daher ist eine gewisse Kenntnis von Editionsprogrammen u.Ä. von Nutzen.

All diese Arbeitsfelder sind natürlich – auch nach Einarbeitung in die jeweiligen archivischen Findmittel (Druck oder als Datenbank) – nur zu bewältigen in engem Kontakt und enger Zusammenarbeit mit dem Personal der Archive.

Anmerkungen

1   Rehm, Clemens: Spielwiese oder Pflichtaufgabe? Archivische Öffentlichkeitsarbeit als Fachaufgabe. In: Der Archivar Jg. 51, 1998, Sp. 205-218; hier Sp. 208; Franz, Eckhart G.: Einführung in die Archivkunde. Darmstadt 1999, 5. Aufl., S. 11.

2   Franz, Einführung, S. 1 f.

3   Franz, Eckhart G.: Archives and Education: A RAMP Study with guidelines. (UNESCO) Paris 1986, S. 5 f.

4   Richter, Gregor: Öffentlichkeitsarbeit, Bildungsaufgaben und Unterrichtsdienste der Archive. In: ders. (Hg.): Aus der Arbeit des Archivars. Festschr. für Eberhard Gönner. (Veröffentlichungen der staatlichen Archivverwaltung Baden-Württemberg, Bd. 44), Stuttgart 1986, S. 23-41; hier S. 24 ff.

5   Vgl.: La situation des services éducatifs dans la région, compte-rendu de Jacky Provence. In: Bulletin de Liaison des Professeurs d'Histoire-Géographie de l'Académie de Reims, Nr. 29-30, mars/avril 2003. *www.ac-reims.fr/datice//bul_acad/hist-geo/default.htm*. Gemeint sind hier auch die services éducatifs bei Bibliotheken und Museen.

6   Die Darstellung der Anfänge folgt: Herberhold, Franz: Der Service Éducatif in Frankreich – seine Möglichkeiten bei uns. In: Geschichte in Wissenschaft und Unterricht, Jg. 4 (1956), S. 280-292.

7   Tapie, Jean-Pierre: Les services éducatifs des Archives. In: Historiens et géographes nr. 282 (dec. 1980), S. 477-481.

56

8 Franz, Archives, S. 7; Ministère de la Culture: Lettre d'information nr. 165 (4 février 1985), S. 3.

9 service éducatif des archives départementales de la Creuse (Guéret): *www.cg23.fr/archives_departementales/service_éducatif.htm*

10 Ministère de la Culture, Lettre d'information nr. 165 (4 février 1985).

11 Gautier-Desvaux, Elisabeth: Services éducatifs et enseignement élémentaire. La solution „Archivobus" aux archives de L'orne. Janvier 1984 (Ms.).

12 Ich verdanke die Auskünfte Philippe Bouet (Archivangestellter) bei einem Besuch in Marseille im April 2000 und der anschließenden Korrespondenz mit Isabelle Debilly (professeur chargé du service éducatif).

13 Fouret, Claude: Résider en Ville. Les Villes du Nord de la France (16. – 18. Jh.). Lille, Archives départementales du Nord 1994. Dazu: Receuil pédagogique (Arbeitsheft für Schüler) und 12 Dias. Ich danke auch dem Kollegen Fouret für Auskünfte über seine Arbeit im „service éducatif" im Frühjahr 1999.

14 Être Enfant entre 1890 et 1940. L'Écomusée de la région de Fourmies Trélon

15 Archives départementales du Nord.

16 Archives départementales des Bouches-du-Rhône.

17 Archives départementales du Loiret.

18 Archives municipales de Douai; dort wurde 1958 der erste „service éducatif" an einem Kommunalarchiv eingerichtet.

19 Archives départementales de la haute-corse und Archives départementales de la corse-du-sud.

20 Den Lehrplänen zugeordnete „Ressources pédagogiques": *http://crdp.ac-reims.fr/cinquieme/default.htm*

21 So die Ausstellung der Archives départementales du Nord über den Ersten Weltkrieg in Nordfrankreich: Le Nord en guerre – *http://www2.ac-lille.fr/patrimoine-caac/lenordenguerre/index.htm* – s. dazu unten Kap. 4.3.

22 Die folgenden Informationen entstammen dem Vortrag von Ariane James-Sarazin auf der Europäischen Tagung für Archivpädagogik, 19.-21. Juni 2003 in Bocholt. S. auch: *www.archivesnationales.culture.gouv.fr/chan/chan/notices/activimusee.html*

23 Ducrot, Ariane/Tapie, Jean-Pierre: La recherche du passé. Le service éducatif des archives. In: Inter-CDI 43. Revue des Centres de Documentation et d'information scolaires, 8. Jg., Jan./Feb. 1980, S. 48-53; hier: S. 52.

24 Informationen: Antoine Sabbagh, professeur responsable de service éducatif et culturel des Archives Nationales: Grand concours archives de France. In: *www.clionautes.org/archives-clio/actuel/concours/archives.html* Die Themen lauten: „Lieux publics, espaces de rencontre, lieux de citoyenneté à travers l'histoire" – „Racontez l'Histoire extraordinaire d'un lieu ordinaire".

25 Gavard, Jean: Le concours de la résistance. In: *www.memoire-net.org/histmem/concours.html*

26 Cheynet, Pierre D.: Les Archives et l'animation culturelle. In: Favier,

57

Jean (Hg.): La pratique archivistique francaise. Paris: Archives Nationales 1993, S. 415-450; hier: S. 444.

27 Ministère de la Culture, Lettre d'information nr. 165 (4 février 1985).

28 Picot, Françoise: Quels documents pour enseigner l'histoire et la géographie. In: Bulletin de Liaison des Professeurs d'Histoire-Géographie de l'Académie de Reims, Nr. 29-30, mars/avril 2003; *www.ac-reims.fr/datice//bul_acad/hist-geo/default.htm*

29 Einseignement de l'histoire-géographie – Utilisation du document. Sommaire. In: *www.ac-nancy-metz.fr/ia54/troisM/annee99/urbanisme/Histoire/enshist.htm*

30 Vgl. Provence, situation des services éducatifs, a.a.O.

31 Stein, Wolfgang Hans: Archivbericht Frankreich, 1998-2000. In: Der Archivar, Jg. 54, 2001, S. 31-36; hier: S. 34.

32 Arnauld, Marie-Paule, Directrice du Centre historique des Archives nationales: Action culturelle et action éducative: le point sur la réflection en France. In: *www.archivesdefrance.culture.gouv.fr/fr/international/citraarnauld.htm* (14.8.2003); dies.: Action culturelle et action éducative: le point sur la réflexion en France. In: Comma 2003, 2-3, S. 177-181.

33 Cheynet, Les Archives, S. 441-447.

34 Zit. nach Franz, Archives, S. 9.

35 Herberhold, Der Service éducatif, S. 287 f.

36 Franz, Archives, S. 7.

37 Einzelbeispiele aus den USA, Kanada, England bei Franz, Archives, S. 11 ff.

38 Vgl. das Protokoll *www.archivpaedagogen.de/europa/Protokoll.pdf* und Klose, Dieter; Link, Roswitha; Pieper, Joachim; Rehm, Clemens; Rohdenberg, Günther: Archivpädagogische Perspektiven – eine europäische Bilanz. Tagung für Archivpädagogik in Bocholt. In: Der Archivar 3/2004, S. 208-216.

39 Franz, Archives, S. 15.

40 Vgl. Pandel, Hans-Jürgen: Quelleninterpretation. Die schriftliche Quelle im Geschichtsunterricht. Schwalbach/Ts. 2000, S. 10 ff.

41 Borries, Bodo von: Geschichtslernen in offenen Lernformen und an außerschulischen Lernorten. In: Rohdenburg, Günther (Hg.): Öffentlichkeit herstellen – Forschen erleichtern! 10 Jahre Archiv-pädagogik und historische Bildungsarbeit. Vorträge zur Didaktik. (Bremen 1996). 2. Aufl. Hamburg 1998, S. 78-96; hier: S. 80-83.

42 Pandel, Quelleninterpretation, S. 74.

43 Diese Darstellung folgt Pandel, Quelleninterpretation, S. 78 ff.

44 Teubners Quellensammlung für den Geschichtsunterricht, Leipzig-Berlin, S. 110 ff.

45 Rohlfes, Joachim: Geschichtsunterricht und Geschichtsdidaktik von den 50er bis zu den 80er Jahren. In: Leidinger, Paul u.a. (Hg.): Geschichts-unterricht und Geschichtsdidaktik vom Kaiserreich bis zur Gegenwart. Festschrift des Verbandes der Geschichtslehrer Deutschlands zum 75jährigen Bestehen. Stuttgart 1988, S. 154-170; hier: S. 164.

46 Vgl. Jeismann, Karl-Ernst: „Geschichtsbewusstsein" als zentrale Kategorie

der Didaktik des Geschichtsunterrichts. In: ders.: Geschichte und Bildung. Beiträge zur Geschichtsdidaktik und zur Historischen Bildungsforschung. Paderborn 2000, S. 46-72.

47 Die antisemitischen und nazistischen Vorfälle, Weißbuch und Erklärung der Bundesregierung, Bonn 1960.

48 Behandlung der jüngsten Vergangenheit im Geschichts- und gemeinschaftskundlichen Unterricht in den Schulen. Beschluss der Kultusministerkonferenz v. 11./12.2.1960. Zit. n. Kuhn, Hans-Werner/ Massing, Peter/Skuhr, Werner (Hg.): Politische Bildung in Deutschland. Opladen 1993, S. 231.

49 Lissek, Manfred: Geschichte und Politische Bildung. Fachunterricht zwischen Integration und Kooperation. In: Leidinger, Geschichtsunterricht, S. 186-203; hier: S. 191.

50 Der Hessische Kultusminister: Rahmenrichtlinien Sekundarstufe I: Gesellschaftslehre. Wiesbaden 1973, S. 28 ff.

51 Jeismann, Karl-Ernst/Schönemann, Bernd: Geschichte amtlich. Lehrpläne und Richtlinien der Bundesländer. Analyse, Vergleich, Kritik. Frankfurt 1989 (= Studien zur internationalen Schulbuchforschung Bd. 65. Schriftenreihe des Georg-Eckert-Instituts), S. 14.

52 Einen Überblick über die Vielfalt der Themen und Methoden bei: Heer, Hannes/Ullrich, Volker (Hrsg.): Geschichte entdecken. Erfahrungen und Projekte der neuen Geschichtsbewegung. Reinbek 1985.

53 White, Hayden: Das Problem der Erzählung in der modernen Geschichtstheorie. In: ders.: Die Bedeutung der Form. Erzählstrukturen in der Geschichtsschreibung. Frankfurt/M. 1990, S. 40-77; hier: S. 41.

54 Grundsätzlich: Zang, Gert: Die unaufhaltsame Annäherung an das Einzelne. Reflexionen über den theoretischen und praktischen Nutzen der Regional- und Alltagsgeschichte. Konstanz 1985; Geertz, Clifford: Dichte Beschreibung. Beiträge zum Verstehen kultureller Systeme. Frankfurt/M. 1987 (stw 696); Medick, Hans: „Missionare im Ruderboot"? Ethnologische Erkenntnisweisen als Herausforderung an die Sozialgeschichte. In: Lüdtke, Alf (Hrsg.): Alltagsgeschichte. Zur Rekonstruktion historischer Erfahrungen und Lebensweisen. Frankfurt/New York 1989, S. 48-84.

55 Zusammenfassend: Lüdtke, Alltagsgeschichte, S. 9-47.

56 Vgl. zur Etablierung der Historischen Anthropologie in Deutschland: Vogel, Jakob: Historische Anthropologie. In: Cornelißen, Christoph (Hg.): Geschichtswissenschaften. Eine Einführung. Frankfurt/M. 2000, S. 295-306.

57 Vgl. die Buchausgabe der Studienbegleitbriefe: Nitschke, August/ Schmoock, Peter (Hg.): Grundkurs Geschichte. Der Mensch in elementaren Situationen. Weinheim und Basel 1993

58 Schneider, Gerhard: Die Entwicklung der Geschichtsdidaktik seit den frühen siebziger Jahren. In: Niemetz, Gerold (Hg.): Aktuelle Probleme der Geschichtsdidaktik. Stuttgart 1990, S. 12-43; hier: S. 26; s.a.: Sauer, Michael: Geschichte unterrichten. Eine Einführung in die Didaktik und Methodik. Seelze-Velber 2001 (S. 32 ff.: Neue Inhalte und Forschungsansätze).

59 Vgl. dazu: Daniel, Ute: Clio unter Kulturschock. Zu den aktuellen Debatten der Geschichtswissenschaft. In: GWU 4/1997, S. 195-219.

60 Ulbricht, Otto: Mikrogeschichte: Versuch einer Vorstellung. In: GWU 6/1994, S. 347-367.

61 Heuer, Klaus: Lexikon der Erfahrungen. In: Alltagsgeschichte leicht gemacht. (Organisationsmodelle kirchlicher Erwachsenenbildung, hrsg. von der Arbeitsstelle für Erwachsenenbildung der Evangelischen Kirche in Hessen und Nassau, Heft 25). Darmstadt 1989, S. 11.

62 Titel des sehr erfolgreichen Jugendbuches von Horst Burger; Untertitel: Vier Fragen an meinen Vater. Reinbek 1978.

63 Febvre, Lucien: Der Historiker prüft sein Gewissen. Antrittsvorlesung am Collège de France 1933. Zit.n. Braudel, Fernand u.a.: Der Historiker als Menschenfresser. Über den Beruf des Geschichtsschreibers. Berlin 1990, S. 15-29; hier: S. 24.

64 Naumann, Bernd: Auschwitz. Bericht über die Strafsache gegen Mulka u.a. vor dem Schwurgericht Frankfurt. Frankfurt/M. 1965, S. 302.

65 Borries, Bodo von, Deutsche Geschichte. Spuren suchen vor Ort im Schülerwettbewerb um den Preis des Bundespräsidenten. Frankfurt/M. 1990, S. 56.

66 Wallraf, Günther: „Baun wir doch aufs Neue das alte Haus" oder die Judenehrung von Paderborn. In: ders.: 13 unerwünschte Reportagen. (1969) Reinbek 1975, S. 92-102. Erfahrungen solcher lokalen Blockaden fasst Katja Behrens in einer semidokumentarischen Erzählung zusammen: Arthur Mayer oder das Schweigen. In: dies.: Salomo und die andern. Jüdische Geschichten. Frankfurt/M. 1993, S. 67-152.

67 Vgl. den Spielfilm „Das schreckliche Mädchen" von Michael Verhoeven (1984); Vorbild ist die – übrigens im Rahmen des Schülerwettbewerbs 1980 begonnene – unerschrockene Heimatforschung von Anja Rosmus seit 1980 in Passau. Rosmus, Anja: Widerstand und Verfolgung – Am Beispiel Passau, 1984; Exodus – im Schatten der Gnade. Aspekte zur Geschichte der Juden im Raum Passau. Passau 1988; Wintergrün – verdrängte Morde. Konstanz 1993.

68 Nietzsche, Friedrich: Vom Nutzen und Nachteil der Historie für das Leben (1874); zit.n.: Friedrich Nietzsches Werke in 2 Bdn., ausgewählt und eingeleitet von August Messer. 1. Bd. Leipzig: Alfred Kröner 1930, S. 29-40; hier S. 36 f.

69 Marquardt, Odo: Verspätete Moralistik. Bemerkungen zur Unvermeidlichkeit der Geisteswissenschaften. In: Kursbuch 91, 1988, S. 13-18.

70 Franz, Eckhart G.: Landesgeschichte und regionale Identität. In: Heidenreich, Bernd/ders. (Hg.): Die Hessen und ihre Geschichte. Wege-Weiser durch die hessischen Landes- und Regionalgeschichte. Wiesbaden 1999, S. 9-18.

71 Spranger, Eduard: Der Bildungswert der Heimatkunde (1923). Stuttgart 1952 (Reclam 7562), S.15, 50.

72 Ditt, Karl: Die deutsche Heimatbewegung 1871-1945. In: Heimat. Analysen, Themen, Perspektiven. Hrsg. von der Bundeszentrale für politische Bildung. Bonn 1990, Bd. 1, S. 135-154.

60

73 Vgl. Leidinger, Paul: Landes- und Regionalgeschichte in Geschichtswissenschaft und Geschichtsunterricht. Begriff, Möglichkeiten und Grenzen. In: Geschichte, Politik und ihre Didaktik, 1984, H.1/2, S.36-48; Kuropka, Joachim: Eine Wiederentdeckung: Heimatgeschichte. In: ebd., S. 49-57; s.a.: Hinrichs, Ernst: Regionalgeschichte, bei Hauptmeyer, Carl-Hans (Hrsg.): Landesgeschichte heute. Göttingen 1987, S.16-34.

74 Vgl. Jeismann/Schönemann: Geschichte amtlich, S. 66 f.; Kuss, Horst: Landes- oder Regionalgeschichte? Über den Zusammenhang von geschichtswissenschaftlicher Theorie, geschichtsdidaktischer Konzeption und praktischer Anwendung im Unterricht. In: GWU, 7/8, 2000, S. 388-405; zu Hessen: Lange, Thomas: Landesgeschichte in der Schule, in: Heidenreich/Franz, Die Hessen, S. 133-141.

75 Hinrichs, Ernst: Zur Einführung. In: ders.: Regionalität. Der „kleine Raum" als Problem der internationalen Schulbuchforschung. Frankfurt 1990 (Studien zur Internationalen Schulbuchforschung Bd. 64), S. 13.

76 Helbig, Ludwig: Kulturelle Krise und Regionalgeschichte. In: Knoch, Peter/Leeb, Thomas (Hrsg.): Heimat oder Region? Grundzüge einer Didaktik der Regionalgeschichte. Frankfurt/M. 1984, S. 44-51; hier: S. 49. S. dort auch: Jooß, Rainer: Landes- und Regionalgeschichte in der Schule, S. 81-89.

77 Knoch, Peter: Überlegungen zu einer Didaktik der Regionalgeschichte. In: Knoch/Leeb, Heimat oder Region?, S. 3-16; hier: S. 15.

78 Leeb, Thomas: Vorbereitende Überlegungen zu einer Didaktik der Regionalität des Menschen. – Selbstorganisierendes Lernen der Individuen im gesellschaftlichen Kontext. In: Uffelmann, Uwe (Hrsg.): Didaktik der Geschichte. Aus der Arbeit der Pädagogischen Hochschulen Baden-Württembergs. Für die Landesfachschaft Geschichte in Verbindung mit der Landeszentrale für politische Bildung. Villingen-Schwenningen 1986, S. 121-139.

79 Uffelmann, Uwe: Was kann die historische Verhaltensforschung für die Geschichtsdidaktik leisten? In: ders.: Didaktik der Geschichte, S. 51-72.

80 Knoch, Peter: Geschichte und Gestaltpädagogik. Einige experimentelle Erfahrungen. In: Uffelmann, Didaktik der Geschichte, S. 73-105.

81 Empirisch weist das nach: Borries, Bodo von: Von gesinnungsbildenden Erlebnissen zur Kultivierung der Affekte? Über Ziele und Wirkungen von Geschichtslernen in Deutschland. In: Mütter, Bernd/Uffelmann, Uwe (Hg.): Emotionen und historisches Lernen. Forschung – Vermittlung – Rezeption. Frankfurt/M. 1992, S. 67-92.

82 Kößler, Gottfried: Didaktische und methodische Grundlagen. In: ders./Mumme, Petra/Giere, Jacqueline: Konfrontationen. Bausteine für die pädagogische Annäherung an Geschichte und Wirkung des Holocaust. Heft 1: Identität. Frankfurt am Main 2000, S. 5-15. – Diese „Annäherungen" des Fritz-Bauer-Instituts in Frankfurt am Main gehen auf US-amerikanische Konzepte zurück; vgl.: Resource Book: Facing History and Ourselves. Holocaust and Human Behaviour. Facing History and Ourselves National Foundation, Inc. Brookline, Mass., 1994.

83 Treml, Manfred: Wieviel Heimat braucht der Mensch? Überlegungen für den schulischen Unterricht. In: Bundeszentrale für politische Bildung, Heimat, Bd. 1, S. 70-75.
84 Bergmann, Klaus: Identität. In: ders./Fröhlich, Klaus/Kuhn, Annette/ Rüsen, Jörn/Schneider, Gerhard (Hg.): Handbuch der Geschichtsdidaktik. Seelze-Velber 1997, S. 23-29.
85 Deutsche Shell (Hrsg.): Jugend 2002. Zwischen pragmatischem Idealismus und robustem Materialismus. Konzeption und Koordination: Klaus Hurrelmann und Mathias Albert. Frankfurt/M. 2002, S. 33 f.
86 Noch skeptischer Bernd Schönemann: „inhaltlich vorgeprägte Identität [kann] nicht Ziel, sondern nur Gegenstand von Unterricht" sein. Ders.: Geschichtsdidaktische Dimensionen der Identität. In: Raisch, Herbert/ Reese, Arnim (Hg.): Historia Didactica. Geschichtsdidaktik heute. Uwe Uffelmann zum 60. Geburtstag. Idstein 1997, S. 221-231; hier: S. 226.
87 Schneider, Gerhard: Heimat und Region in Geschichtsdidaktik und Geschichtsunterricht. In: Hauptmeyer, Landesgeschichte, S. 97-123; hier: S. 116.
88 Zang, Annäherung, S. 110.
89 Ministère des affaires culturelles/Direction des archives de France (Hrsg.): Manuel d'Archivistique. Paris 1970, S. 678 f.
90 So eine zuerst 1963 von Hans Booms gebrauchte Formulierung, die Titel eines wegweisenden Aufsatzes von Maria Würfel wurde (s. Literaturliste im Anhang).
91 Pandel, Quelleninterpretation, S. 132.
92 Schreiber, Waltraud: Die Kooperation Schule – Archiv als Beitrag zur Entwicklung von reflektiertem Geschichtsbewusstsein. In: Die Archive am Beginn des 3. Jahrtausends – Archivarbeit zwischen Rationalisierungsdruck und Serviceerwartungen. Referate des 71. Deutschen Archivtages 2000 in Nürnberg. (Der Archivar, Beiband 6) Siegburg 2002, S. 375-391; hier: S. 387.
93 Schreiber, Kooperation, S. 391.
94 Klose, Dieter: Archive in den schulischen Curricula der Bundesrepublik Deutschland. In: Die Archive am Beginn des 3. Jahrtausends, S. 393-402; hier: S. 396. Ich fasse seine Ergebnisse zusammen.
95 Pieper, Joachim: Die Archivpädagogik im Nordrhein-Westfälischen Hauptstaatsarchiv Düsseldorf zwischen Tradition, Kontinuität und Moderne. In: Der Archivar, Jg. 53, 2000, S. 304-314; hier: S. 307.
96 Vgl. „Examensarbeiten" http://www.archivpaedagogen.de/allgemei/literat.htm
97 Manuel d'Archivistique (1970), S. 655 ff.; Pratique archivistique (1993), S. 415 ff. – Arnauld, Action culturelle (Comma 2003). Zur etwas anderen Situation in den USA, wo Archive, Museen und Bibliotheken seit je stärker miteinander verzahnt sind: Reininghaus, Wilfried: Archive und Geschichtskultur in Amerika. Beobachtungen und Eindrücke aus den Jahren 1999 und 2002. In: Der Archivar, 2003, S. 121-128.
98 Betz-Wischnath, Irmtraud/Kramer, Wolfgang/Sannwald, Wolfgang: Kulturarbeit – eine Kernaufgabe für Kreisarchive? In: Der Archivar 2003, S. 220-224.

99 Wahl, Volker: Der Tag der Archive 2001 – Ein Erfahrungsbericht. In: Archive und Herrschaft. Referate des 72. Deutschen Archivtags 2001 in Cottbus. (Der Archivar, Beiband 7) Siegburg 2002, S. 351-365; hier: S. 361.

100 Kahlenberg, Friedrich P.: Vom soziokulturellen Auftrag der Archive – Zur geschichtlichen Erinnerung in der Gegenwart. In: Archive und Herrschaft. Referate des 72. Deutschen Archivtages 2001 in Cottbus. Siegburg 2002, S. 397-408.

101 Link, Roswitha: Archivpädagogik im Rahmen Historischer Bildungsarbeit im Stadtarchiv Münster. In: Der Archivar, Jg. 42 (1989), Sp. 513-517.

102 „Lockung und Zwang" – Projektkoffer zur Geschichte des Nationalsozialismus in Lüdenscheid. Der aus einer Zusammenarbeit von Stadtarchiv und Museum in Lüdenscheid entstandene Projektkoffer wurde am 30. Januar 2002 der Presse vorgestellt (Pressemitteilung in der Mailingliste H-SOZ-U-KULT, 28.1.2002).

103 Wagner, Johannes Volker: Archiv und Öffentlichkeit. In: Handbuch der Geschichtsdidaktik, S. 702-706.

104 Kahlenberg, Vom soziokulturellen Auftrag, S. 405 f.

105 Kretzschmar, Robert: Staatliche Archive als bürgernahe Einrichtungen mit kulturellem Auftrag. In: Der Archivar, 2003, S. 213-220. Ganz ähnlich von der Seite der Kommunalarchivare: Bräunche, Ernst Otto/Diefenbacher, Michael/Reyer, Herbert/Wisotzky, Klaus: Auf dem Weg ins Abseits? Zum Selbstverständnis archivarischer Tätigkeit. In: Der Archivar, 1995, Sp. 433-446.

106 Schockenhoff, Volker: Historische Bildungsarbeit – Apercu oder „Archivische Kernaufgabe". Die gegenwärtige Diskussion um die zukünftige Rolle öffentlicher Archive. In: Rohdenburg, Günther (Hrsg.): „Öffentlichkeit herstellen – Forschen erleichtern!" 10 Jahre Archivpädagogik und historische Bildungsarbeit – Vorträge zur Didaktik. Hamburg 1998 (Zuerst: dass: Kleine Schriften des Staatsarchivs Bremen, H. 24. Bremen 1996), S. 15-26; hier: S. 22.

107 Lübbe, Hermann: Die Zukunft der Vergangenheit. Kommunikationsnetzverdichtung und das Archivwesen. In: Archive und Kulturgeschichte. Referate des 70. Deutschen Archivtags 1999 in Weimar. (Der Archivar, Beiband 5) Siegburg 2001, S. 5-23; hier: S. 22 f.

107a Jakobi, Franz-Josef: Zur didaktischen Dimension der Archivarbeit. In: Schönemann, Bernd/Uffelmann, Uwe/Voit, Hartmut (Hg.): Geschichtsbewußtsein und Methoden historischen Lernens. Weinheim 1998, S. 227-237.

108 Donner, Heide: Die Aufarbeitung von Zeugnissen der Diktatur am Beispiel der Bestände des Ministeriums für Staatssicherheit in der Außenstelle Rostock – Erfahrungswerte für die Gegenwart. In: Archive und Herrschaft. Referate des 72. Deutschen Archivtags 2001 in Cottbus. (Der Archivar, Beiband 7) Siegburg 2002, S. 424-428.

109 Stüber, Gabriele: Qualitätsparameter archivischer Arbeit – Überlegungen zur Dienstleistung und Ressourcengewinnung. In: Der Archivar, 2003,

S. 203-213; Rehm, Clemens: Vom Haushaltstropf zur Sponsorenquelle: Spenden – Freunde – Fördervereine. In: Archive und Herrschaft, a.a.O., S. 366-381.

110 Das geht aus den archivalischen Mitteilungsblättern – meist: „Archiv-Nachrichten" o.Ä. genannt – hervor, die in fast allen Bundesländern existieren.

111 Rehm, Clemens: Zauberwort „Archivpädagogik" (Deutscher Archivtag in Nürnberg, 12.10.2000) – *www.archivpaedagogen.de/allgemei/archiv.htm*

112 Als Beispiele: Lahrtz, J.U.: Gymnasialunterricht im Archiv. Ein Erfahrungsbericht. In: Archive in Thüringen, Mitteilungsblatt 18/2000, S. 24-25; (Scho): Archiv und Schule: Geschichte hautnah erleben. In: Nachrichten aus den staatlichen Archiven Bayerns Nr. 42, München, Mai 2000, S. 14.

113 *www.stiftung.koerber.de/wettbewerbe/geschichtswettbewerb/portrait/ index.html* (25.8.2003).

3. Archive sind aufregend – das Universum der Akten und der Weg hindurch

3.1 Archive spiegeln die Geschichte – was findet man wo?

Archive sind einerseits „Datenspeicher der Geschichte" und somit Teil der Wissensgesellschaft, andererseits sind sie in der Regel Organisationen zugeordnet, in denen und für die sie tätig werden. Archive existieren in diesem Sinne also nicht aus sich heraus. Sie haben vielmehr stets einen Archivträger und sind auf das engste mit den Zielen und der daraus resultierenden Aufgabenerfüllung ihrer Bezugsorganisationen verknüpft.

Archive verwahren das historische wie das aus der laufenden Verwaltung ausgeschiedene archivische Schriftgut sowie sonstige Informationsmedien ihres Archivträgers und machen dies nutzbar. Der Zugang zu den so archivierten Informationen ist auch heute noch stark von der rechtlichen Stellung des Archivträgers und von speziellen Vorschriften abhängig, die wiederum ihren Grund in der Verfassungswirklichkeit der Bundesrepublik haben.

Demnach lassen sich öffentliche, öffentlich-rechtliche und private Archive unterscheiden.

3.1.1 Parlaments-, Partei- und Verbandsarchive[1]

Unabhängig von den der Exekutive zugeordneten Staatsarchiven unterhalten die gesetzgebenden Körperschaften (Bundestag und Landtage) eigene Parlamentsarchive und Dokumentationsstellen. Sie archivieren in der Regel die beim Gesetzgebungsprozess anfallenden Unterlagen und die für historisch wertvoll erachteten Akten der Bundestagsverwaltung bzw. Landtagsverwaltungen. Die Bestände beginnen aber in der Regel erst mit der Gründung der Länder nach 1945 bzw. nach 1990. Die Akten der historischen Länderparlamente werden von den jeweiligen Staatsarchiven verwahrt; die des Paulskirchenparlaments und des Reichstages von 1871 befinden sich im Bundesarchiv. Lediglich in Bayern wurden nach 1945 die historischen Landtagsakten dem neuen Landtagsarchiv übergeben. Schwerpunkt der Arbeit der Parlamentsarchive bildete jedoch vor allem die formale Erfassung und inhaltliche Auswertung der stenographischen Sitzungsberichte, aller Parlamentsdrucksachen, Plenar- und Ausschussprotokolle und Vorlagen, die in Datenbanksystemen anhand sachsystematischer Thesauri erfasst werden und auch im Internet recherchierbar sind. Der vom Nordrhein-Westfälischen Landtag betriebene „Parlamentsspiegel" (Internet) informiert zu bundesweit relevanten Themen. Nahezu alle Parlamentsarchive bündeln Archiv, Dokumentation und Bibliothek zu einer Einheit. Im Rahmen der Öffentlichkeitsarbeit der Parlamente sind sie öffentlich zugänglich.[2]

Die größeren Parteien unterhalten direkt keine eigenen Archive. Vielmehr sind die Parteiarchive den Parteistiftungen zugeordnet. Ihre Bestände dokumentieren die Arbeit der verschiedenen Parteigremien, darunter die der Fraktionen des Bundestages und der Länderparlamente. In den Parteiarchiven finden sich auch zahlreiche Nachlässe von Politikern und Politikerinnen. In den Stadt- und Staatsarchiven sind allerdings auch Zeugnisse parteipolitischer Arbeit vor Ort anzutreffen. Plakatsammlungen, Wahlkampfbroschüren und auch Politikernachlässe werden von Archiven, aber auch von Bibliotheken gesammelt.

Altunterlagen aufgelöster und verbotener Parteien finden sich dagegen – wenn überhaupt, in den Archiven der Parteien, in denen sie aufgegangen sind oder in öffentlichen Archiven. Zuweilen verstecken sich solche Bestände oder Bestandsplitter auch in Nachlässen der Politiker solcher Parteien.[3] Die erhaltenen Registraturen der NSDAP bilden ebenfalls in den Staatsarchiven eigene Bestände.

Auch die großen Verbände und Gewerkschaftsorganisationen unterhalten teilweise Archive. Das Archiv des Deutschen Gewerkschaftsbundes wird seit 1995 vom „Archiv der sozialen Demokratie" der Friedrich-Ebert-Stiftung in Bonn verwahrt.[4]

3.1.2 Staatsarchive

Als Staatsarchive werden die öffentlichen Archive des Bundes und der Länder bezeichnet. In Deutschland ist es aufgrund der geschichtlichen Entwicklung und der föderalen Tradition nie zur Entstehung eines großen Nationalarchivs gekommen. Selbst in der DDR mit ihrer zentralistischen Staatsverfassung blieben neben dem Zentralen Staatsarchiv Potsdam die überkommenen Landesarchive mit neuen regionalen Kompetenzen bestehen.[5] Das Bundesarchiv mit Sitz in Koblenz und Berlin archiviert die Überlieferung des Bundes, der DDR, des Deutschen Reichs bis 1945 sowie des Norddeutschen Bundes (1867–1870). Die regionale Überlieferung von Bundesbehörden wie der Finanzverwaltung oder der Bundesanstalt für Arbeit werden jedoch aus praktischen Überlegungen heraus und zurückgehend auf eine Abma-

66

chung aus dem Jahre 1931 von den Staatsarchiven der Länder archiviert.[6]

Das Bundesarchiv ist auch das zentrale deutsche Militärarchiv für die Bundesrepublik, die DDR und das Reich. Darüber hinaus gibt es aber auch in den Staatsarchiven von Bayern, Baden-Württemberg für Württemberg sowie im Sächsischen Hauptstaatsarchiv Dresden militärgeschichtlich relevante Bestände, die bis zum Ende des 1. Weltkrieges reichen. In den übrigen Staatsarchiven können sich dementsprechend noch Unterlagen, die bis zum staatlichen Ende bzw. bis zum Ende der militärischen Autonomie der jeweiligen Bundesstaaten 1866 bzw. 1870 reichen, befinden.[7] Dem Bundesarchiv inkorporiert ist die Stiftung „Archiv der Parteien und Massenorganisationen der DDR" (SAPMO).

Von den Dienststellen des Bundes unterhält lediglich das Auswärtige Amt mit seinem Politischen Archiv ein Behördenarchiv, das dem Bundesarchiv nicht unterstellt ist.

Eine besondere Rolle nimmt das Geheime Staatsarchiv Preußischer Kulturbesitz ein, das die archivalische Überlieferung der zentralen Behörden des am 25. Februar 1947 aufgelösten preußischen Staatsverbandes und die Überlieferung des Staatsarchivs Königsberg verwahrt.[8] Es handelt sich somit im Wesentlichen um ein „historisches Archiv", weil der ursprüngliche Archivträger nicht mehr existiert und es – sieht man von der eigenen Tätigkeit und der Sicherung verstreuter Bestände und Dokumente mit preußischem Bezug nach 1945 ab – auch keine regelmäßigen Zuwächse an Archivalien mehr gibt.[9]

Ebenfalls ein historisches Archiv, aber ungleich mehr im Fokus einer breiteren Öffentlichkeit stehend, ist das Archiv der „Beauftragten für die Stasi-Unterlagen", die nach ihren Leitern als „Gauck"- und zur Zeit (2004) als „Birthler"-Behörde bekannt ist (s.o. Kap. 1.3.).

Da das Archivwesen unter die grundgesetzlich garantierte Kulturhoheit der Bundesländer fällt, unterhalten diese ausnahmslos Staatsarchive, die die Unterlagen von Behörden, Gerichten und sonstigen Dienststellen „ihres" Bundeslandes archivieren. Daneben spiegelt sich in ihrer Überlieferung die bunte Vielfalt der deutschen Kleinstaaten und Kleinstterritorien sowie der diversen staatlichen Gebilde aus den Verwerfungen der Modernisierungsschübe nach 1800 und schließlich der nationalen Katastrophen nach 1918. Ein Beispiel: Das Hessische Staatsarchiv Darmstadt umfasst die Epochen der Landgrafschaft von Georg I. (1567–1596) an über das Großherzogtum Hessen und bei Rhein (1806–1918) sowie den Volksstaat Hessen (1918–1945). Seit 1945 ist es das regionale Archiv für den Regierungsbezirk Darmstadt. Die Zuständigkeit muss sich allerdings nicht auf die heutigen Länder-

und Verwaltungsgrenzen beschränken. Aufgrund der teilweise völlig ahistorischen Bildung von „neuen" Bundesländern nach 1945 stößt man auf „historische Zuständigkeiten", die beim Recherchieren zu größeren Verwirrungen führen können. So finden sich im Hessischen Staatsarchiv Darmstadt auch zahlreiche Bestände mit Bezug auf jenen Teil von Rheinland-Pfalz, der auch heute noch als Rheinhessen bekannt ist und bis 1945 zum Volksstaat Hessen gehörte. – Das im Landeshauptarchiv Magdeburg verwahrte preußische Oberbergamt Halle greift weit über die vormalige preußische Provinz Sachsen oder das heutige Bundesland Sachsen-Anhalt hinaus, weiter finden sich dort zahlreiche Relikte aus der preußischen Gewinnmasse des Wiener Kongresses, hierzu zählen insbesondere Behörden des ehemaligen Mainzer Erzstifts für Erfurt und das obere Eichsfeld, sowie die Lokalbehörden der bis 1815 kursächsischen Gebiete um Wittenberg, Merseburg und Naumburg, für die die Bestände der zuständigen Oberbehörden im Hauptstaatsarchiv in Dresden zu finden sind.[10]

Die Bundesländer organisieren ihre Staatsarchive unterschiedlich: Sie können als unmittelbar nachgeordnete Behörde bei der Staatskanzlei (Niedersachsen), beim Innenministerium (Sachsen) oder beim Wissenschaftsministerium (Hessen) ressortieren; in Bayern und Baden-Württemberg sind mit der Generaldirektion der staatlichen Archive Bayerns und mit der Landesarchivdirektion Oberbehörden geschaffen worden. Schleswig-Holstein, Sachsen-Anhalt und das Saarland sowie die Stadtstaaten Bremen, Hamburg und Berlin unterhalten mit ihren Landes- bzw. Landeshauptarchiven in Koblenz, Schleswig und Magdeburg Einheitsarchive, denen einzelne Archivstandorte als nicht selbstständige Einheiten zugeordnet sein können. Allerdings stehen diese verschiedenen Organisationsformen im Rahmen der allgemeinen Haushaltsknappheit und den Vorgaben des „New Public Management" unter einem ständigen Veränderungsdruck. Nordrhein-Westfalen als bevölkerungsreichstes Bundesland unterhält zudem beim Hauptstaatsarchiv Düsseldorf mit Sitz in Brühl und beim Staatsarchiv Detmold zwei Personenstandsarchive, die personenstandsrechtliche Überlieferung in Form von Zivilstandsregistern, Kirchenbuchduplikaten und -abschriften, Juden- und Dissidentenregistern und den Zweitschriften der Standesamtbücher (ab 1874/76) für die Rheinlande und Westfalen verwahren.[11]

3.1.3 Kommunalarchive

Die Archive der Gemeinden, Städte und Kreise sind die wichtigsten nicht-staatlichen öffentlichen Archive. Sie sind auch aufgrund ihrer

68

örtlichen Nähe für die meisten an historischen Quellen Interessierten häufig die erste Kontaktstelle. Die Spannbreite reicht von ehrenamtlich geführten oder nebenamtlich betreuten Kleinstarchiven bis zu Großarchiven, deren Wurzeln in das hohe Mittelalter zurückreichen können (z.B. Historisches Archiv der Stadt Köln oder das Stadtarchiv Frankfurt, als Teil des „Instituts für Stadtgeschichte") und deren zahlreiche Bestände in Umfang sowie thematischer Breite mit denen eines Staatsarchivs direkt vergleichbar sind.[12] In den kommunalen Archiven findet sich dementsprechend das aus der Praxis der kommunalen Selbstverwaltung mit ihren Beschlussgremien und ausführenden Ämtern und Betrieben entstehende Schriftgut. Die zunehmende Übertragung von Aufgaben im Rahmen der „Daseinsfürsorge" und der modernen Sozialpolitik spiegelt sich auch in den Beständen wider. Vereinzelt sind auf der kommunalen Ebene vom klassischen Typ des Einzelarchivs abweichende Organisationsformen anzutreffen: Das Stadtarchiv Bautzen kooperiert bei der Archivierung des Standesarchivs für die Oberlausitz mit dem Hauptstaatsarchiv Dresden; in Wertheim gibt es einen regionalen Archivverbund; in der Pfalz bilden Landau, Anweiler und Bad Bergzabern einen Südpfälzischen Archivring, während sich in Nordrhein-Westfalen die Städte Heiligenhaus und Velbert eine Archivstelle teilen.[13]

3.1.4 Kirchliche Archive

In Deutschland wurde die Masse der kirchlichen Archive, die ja den Grundstock aller organisierten Schriftlichkeit in Europa legten, bereits im Zuge der Reformation bzw. mit dem Ende der alten Reichskirche durch die Säkularisation 1803 aufgehoben und in die Staatsarchive der Nachfolgestaaten überführt. Das alte Erzbistum Mainz ist hierfür ein typisches Beispiel: Teile der Überlieferung liegen heute im Hessischen Staatsarchiv Darmstadt, im Bayerischen Staatsarchiv Würzburg und in Wien sowie im Landeshauptarchiv Magdeburg. Mit der endgültigen Trennung von Staat und Kirche in der Weimarer Verfassung übernahmen die Staatsarchive gelegentlich auch die ältere Konsistorialüberlieferung (Landeshauptarchiv Magdeburg).

Heute verfügen die evangelischen Landeskirchen über eigene Archive, denen bereits 1853 das Provinzialkirchenarchiv in Koblenz voranging, gefolgt von der „bahnweisenden" (Franz) Errichtung des thüringischen Landeskirchenarchivs (1922) und des landeskirchlichen Archivs in Nürnberg (1939/31). Die heutigen Diözesan- bzw. Bistumsarchive der katholischen Kirche wurden zumeist in den 1930er-Jahren auf der Basis der Generalvikariatsregistraturen eingerichtet. Zuweilen wurden ihnen auch die noch bestehenden Archive der Domkapitel zugeordnet.[14]

Da die Sprengel der Landeskirchen und Diözesen häufig nicht mit den Landesgrenzen der Bundesländern übereinstimmen, in denen sie ihren Hauptsitz haben, gilt dies folglich auch für ihre Archive. Das Archiv der Evangelischen Landeskirche der Provinz Sachsen mit Sitz in Magdeburg ist auch für den Erfurter Bereich, das Mainzer Diözesanarchiv ist auch für große Teile Hessens zuständig. Auch in diesen Fällen haben sich historische Zuständigkeiten, die auf die Neuordnungen im 19. Jahrhundert zurückgehen, gehalten. Die für die Ortsgeschichte zum Teil sehr wertvollen Pfarrarchive, die bis ins Mittelalter zurückreichen können, werden von Kirchenarchiven im Rahmen der Archivpflege überwiegend vor Ort belassen und betreut. Die Benutzung erfolgt daher meistens in der Pfarrei. Nur in Ausnahmefällen werden sie in die landeskirchlichen oder Diözesan-Archive übernommen.

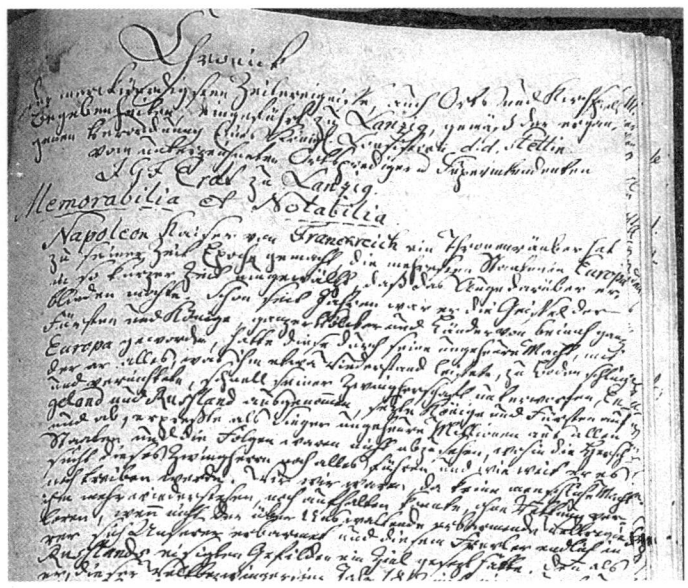

Abb. 5: „Chronik Der merckwürdigsten Zeitereignisse, auch Orts- und Kirchspiels Begebenheiten, eingeführt zu Lanzig gemäß der ergangenen Verordnung Eines Königl. Consistorii d. d. Stettin vom unterzeichneten Ortsprediger u. Superintendenten J.G.F. Erdt zu Lanzig. – Memorabilia et Notabilia". Chronik der Kirchengemeinde Lanzig/Lacko, ehemals Kreis Schlawe in Pommern, nach 1815 (Foto: T. Lange)

3.1.5 Archive zur jüdischen Geschichte

„Der Aufbau des jüdischen Archivwesens in Deutschland wurde zweimal in Angriff genommen, einmal zu Beginn des 20. Jahrhunderts und einmal an seinem Ende."[15] 1904 wurde mit dem Aufbau eines Gesamtarchivs der deutschen Juden in Berlin begonnen. Daneben entwickelten sich Regionalarchive im Elsass und in Schlesien, während viele Gemeinden großer Städte ihre Archivalien selbst verwahrten.[16] Das Schicksal dieser Archive in der NS-Diktatur war sehr unterschiedlich. Die Bestände des Gesamtarchivs wurden von den NS-Behörden beschlagnahmt, im Krieg verschiedentlich verlagert und danach teils nach Jerusalem gegeben, teils in der DDR aufbewahrt. Die Archivalien anderer Gemeinden wurden teils durch die Bomben des 2. Weltkriegs vernichtet (Frankfurt am Main), teils wie das der Hamburger Gemeinde dadurch gerettet, dass sie an das örtliche Staatsarchiv übergeben wurden, wo sie die Schrecken der Gewaltherrschaft und des Krieges überlebten.

Von dem Kontinuitätsbruch, den der Nationalsozialismus in organisatorischer wie personeller Hinsicht für das jüdische Archivwesen bedeutete, hat es sich erst im Zuge der allmählichen Stabilisierung der jüdischen Nachkriegsgemeinschaft in den 1980er Jahren erholt. In den 50er-Jahren gelangten fast alle in der Bundesrepublik noch überlieferten Archivalien der Gemeinden und jüdischen Organisationen an die Central Archives for the History of the Jewish People in Jerusalem. Von New York aus bemühte sich das Leo-Baeck-Institut vor allem um Nachlässe. 1987 wurde in Heidelberg das Zentralarchiv zur Erforschung der Geschichte der Juden in Deutschland gegründet, das sich der Aktenüberlieferung der Gemeinden und Organisationen, darunter auch der des Zentralrats der Juden in Deutschland, nach 1945 annimmt.[17] Daneben besteht in Berlin das Centrum Judaicum, das das Archivgut der Berliner Gemeinde sowie die Reste des Gesamtarchivs verwahrt.[18] Schließlich seien auch die lokalen jüdischen Museen erwähnt, die sich um den Aufbau von Nachlass- und Archivgutsammlungen bemühen.

3.1.6 Wirtschaftsarchive

Wirtschaftsarchive entstanden erst sporadisch im 20. Jahrhundert. 1905/07 gründeten Krupp und Siemens die ersten Unternehmens- oder Konzernarchive. Dem Beispiel schlossen sich noch zahlreiche Unternehmen an. Die Spannbreite reicht heute von kleinen, nebenamtlich betreuten Einrichtungen bis hin zu großen, professionell geführten Organisationseinheiten mit umfangreichen Beständen zu bedeutsamen wirtschaftlichen und sozialen Entwicklungen.[19] Besonders die Archive großer Konzerne oder örtlich bedeutsamer Unternehmen sind für die Ortsgeschichte unentbehrlich. Häufig sind die Unternehmensarchive fest in die Öffentlichkeitsarbeit eingebunden, sie fungieren als Dokumentationsstellen, und die Grenzen zum Museum werden dabei fließend. Aber auch mittelständische Traditionsunternehmen können über alte und aussagekräftige Bestände verfügen. Die schriftliche Überlieferung kleinerer und mittelständischer Unternehmen ist erfahrungsgemäß sehr stark von der Vernichtung bedroht, weil bei Unternehmensverkäufen, Fusionen und beim Ende der Geschäftstätigkeit historische Belange keine Rolle spielen, allenfalls die gesetzlich vorgeschriebenen Aufbewahrungsfristen beachtet werden. Bereits 1906 hatte man für solche Fälle das Rheinisch-Westfälische Wirtschaftsarchiv gegründet, das Vorbild für die von zuständigen Industrie- und Handelskammern initiierten und als Stiftungen oder Vereine begründeten regionalen Wirtschaftsarchive war und ist.[20] Im Ruhrgebiet führte der drastische Rückgang des Steinkohlenbergbaus und der generelle Strukturwandel zur Gründung eines Bergbau-Archivs, das seinen Sitz in Bochum hat.

In den öffentlichen Archiven finden sich eher sporadisch Archivalien aus dem Bereich der Wirtschaft, sieht man von der Gewerbepolizei und den Staatseisenbahnen des 19. Jahrhunderts einmal ab. Das Firmenarchiv der 1850 in Salzuflen gegründeten Hoffmann's Stärkefabriken hat als Folge des Firmenuntergangs als Dauerleihgabe im Stadtarchiv Bad Salzuflen seine Heimstatt gefunden.[21] Seit 1998 befindet sich das Material des bekannten deutschen Getränkeherstellers „Sinalco" im Staatsarchiv Detmold.[22]

Ganz anders stellt sich dagegen die Situation in den „neuen" Bundesländern dar. Die meisten „volkseigenen" Betriebe überlebten das Ende der zentral gelenkten DDR-Wirtschaft 1989/90 nicht. Die für die Abwicklung notwendigen Unterlagen werden von einem aus der Treuhand ausgegründeten Unternehmen (DISOS GmbH, Berlin) in verschiedenen Landesdepots verwaltet. Die Staatsarchive haben bereits seit den 60er-Jahren die archivwürdige Überlieferung der volkseigenen Kombinate und Betriebe sowie „wirtschaftsleitender Organe" übernommen.[23] Diese Bestände enthalten vielfach auch Überlieferungen aus der Zeit vor 1945.

3.1.7 Adelsarchive

Neben traditionellen Einzelarchiven, die auch immer vom Wohl und Wehe ihrer Familie abhängig sind, existieren auch regionale und

72

überregionale Adels- und Ritterschaftsarchive, wie das Deutsche Adelsarchiv in Marburg oder die Vereinigten Westfälischen Adelsarchive e.V. in Münster, die eng mit dem Archivamt des Landschaftsverbands Westfalen zusammenarbeiten. Im Hohenlohe-Zentralarchiv ist die archivalische Überlieferung der verschiedenen Familienzweige zusammengeführt; die Verwaltung wird seit 1971 von der baden-württembergischen Archivverwaltung wahrgenommen. Daneben bemühen sich v.a. die Staatsarchive der Bundesländer darum, Adelsarchive als Depositum zu gewinnen oder sie anzukaufen. Für das 1976 von Baden-Württemberg angekaufte Archiv der Fürsten Löwenstein wurde eigens das Staatsarchiv Wertheim eingerichtet, das heute Bestandteil des dortigen Archivverbundes ist.

Unterschiedlich ist die Stellung der 1866 und 1918 aufgrund der Trennung von Staats- und Familienvermögen entstandenen Haus- und Familienarchive, die meistens in den zuständigen Staatsarchiven liegen und dort verwaltet werden. So wurde das sogenannte Hausarchiv im Hessischen Staatsarchiv Darmstadt 1919 gebildet und zwar durch Zusammenfassung der älteren Hausarchiv-Bestände (persönliche Archive der Landgrafen von Hessen-Darmstadt und Großherzöge von Hessen und bei Rhein bis zu Großherzog Ludwig III., †1877) mit dem ehemaligen Kabinettsarchiv, den Akten des Hofmarschallamts und dem ehemaligen Hessen-Homburgischen Hausarchiv. Nach dem zuletzt 1968 erneuerten Vertrag ist das Archiv gemeinsames Eigentum des Landes Hessen und des Hauses Hessen bzw. der Hessischen Hausstiftung.[24]

Anders gestaltet sich die Situation in den Ländern der ehemaligen DDR. Hier wurden nach 1945 unter teilweise großem persönlichen Einsatz der Archivmitarbeiter zahlreiche Archive geflohener Familien, die längst nicht alle unbedingt adlig sein mussten, in die Staatsarchive übernommen. Allein in das Landeshauptarchiv Magdeburg gelangten auf diese Weise mehr als 100 Bestände (Gutsarchive, Rittergüter). Aufgrund des Einigungsvertrages insbesondere des Gesetzes zur Regelung offener Vermögensfragen[25] haben die sog. Alteigentümer bei diesen Archiven einen Rechtsanspruch auf Rückerstattung. Die Situation gestaltet sich dementsprechend unübersichtlich: Die Staatsarchive können noch im Rahmen eines öffentlich-rechtlichen Nießbrauchs über die Bestände verfügen; später werden einige davon ihren Eigentümern übergeben werden müssen. Es ist aber aus praktischen Gründen davon auszugehen, dass die große Masse als Deposita weiterhin der öffentlichen Benutzung zugänglich bleiben wird.

3.1.8 Hochschul- und Universitätsarchive

Die Universitäten verwalten sich als Körperschaften des öffentlichen Rechts weitgehend selbst. Sofern sie ihre archivwürdigen Unterlagen nicht an ein Staatsarchiv abgeben, haben sie eigene Archive eingerichtet bzw. sind nach der Archivgesetzgebung dazu angehalten, solche einzurichten. Nicht alle deutschen Universitäten und Hochschulen verfügen jedoch über eigene Archive, oder aber unter dem Namen „Archiv" verbirgt sich keine im Sinne unserer Definition handlungsfähige Einrichtung. Dies kann im Einzelfall auch auf sog. Traditionsuniversitäten zutreffen. Als Beispiele für gut ausgestattete Archive sei hier auf die Archive der Universitäten Heidelberg, Tübingen und Jena verwiesen. Die Archive eingegangener Universitäten des Alten Reichs wie Duisburg und Helmstedt sind heute in den zuständigen Staatsarchiven zu finden.[26] Zu typischen Beständen zählen Matrikelbücher bzw. -listen, Nachlässe von Professoren sowie die Akten der Hochschulverwaltung, Unterlagen aus den Fakultäten und Instituten.

3.1.9 Medienarchive

Den Archiven der Zeitungen, der Fernseh- und Rundfunkanstalten kommt im Medienzeitalter besonders große Bedeutung zu. Der Schwerpunkt ihrer Arbeit liegt in der Aufbereitung und kurzfristigen Bereitstellung von Informationsmaterial für die laufende Berichterstattung und den aktuellen Programmbedarf. Bei den TV-Sendeanstalten und TV-Unternehmen dominiert die Archivierung der eigenen Sendungen. Hörfunk- und Fernseharchive sammeln und erschließen als Dokumentationsstellen ihre Beiträge für die teilweise oder vollständige Wiederverwertung. Neben dem Nachweis der eigenen Tätigkeit erfüllen sie auch den Auftrag, die Beiträge für Bildung und Wissenschaft zugänglich und verfügbar zu machen.[27] Die dauerhafte Sicherung audiovisuellen Quellenguts bringt erhebliche technische Probleme mit sich, wenn man die noch sehr geringen Erfahrungswerte für die Erhaltung von Filmen, Tonbändern, Videokassetten oder CDs bedenkt; vielfach müssen Ton- oder Bildträger umkopiert werden.[28]

Im Vordergrund steht immer die Nutzung durch die Sender selbst, aber viele Medienanstalten geben gegen entsprechende Kostenerstattung auch Kopien von Mitschnitten an die interessierte Öffentlichkeit ab. Neben diesen Dokumentations- und Archivabteilungen, die quasi als Unternehmensarchive arbeiten, archiviert das Deutsche Rundfunk-Archiv in Frankfurt/Main und Berlin die Überlieferung des Reichsrund-

74

funks vor 1945, die Archive des Hörfunks und des Deutschen Fernsehfunks der DDR sowie der Deutschen Welle.

Historische Redaktionsarchive wie das der „Augsburger Allgemeinen Zeitung" aus dem 19. Jahrhundert sind relativ selten. Die Sicherung von Zeitungsbeständen – wegen der durchweg schlechten Papierqualität eine technische wie finanzielle Herausforderung – erfolgt vor allem auf dem Weg der Mikroverfilmung und wird im Wesentlichen von den Bibliotheken und Archiven wahrgenommen. Eine Vielzahl von historischen Zeitungen kann im „Mikrofilmarchiv der deutschsprachigen Presse" in Dortmund eingesehen werden.[29]

Die meisten Zeitungen unterhalten eigene Pressearchive, von denen die bekanntesten das der Frankfurter Allgemeinen Zeitung und das Spiegel-Archiv mit ihren umfassenden zeitgeschichtlichen Dokumentationen sind. Sie sind über Datenbanken im Internet – meist kostenpflichtig – abrufbar. Aber auch die regionalen und lokalen Zeitungen verfügen über aussagekräftige Dokumentationsstellen. Die Archive der Bildagenturen bergen eine Fülle auch unveröffentlichten Bildmaterials für die zeitgeschichtliche Forschung. Grundsätzlich ist allerdings davon auszugehen, dass der Zugang zu diesen Informationen nicht kostenlos ist und gegebenenfalls auch mit Auflagen verbunden sein kann.

Als Archivaliengattung sind audiovisuelle Medien natürlich auch in den übrigen Archiven anzutreffen. Über große Fotosammlungen verfügen beispielsweise das Bildarchiv Preußischer Kulturbesitz (Berlin), das Landesarchiv Berlin oder das Landesmedienzentrum Westfalen-Lippe (Münster). Traditionell verfügen auch Stadtarchive über wichtige Fotobestände, die durch systematische Sammlungen, Nachlässe und Deposita ergänzt werden.[30]

In diesem Zusammenhang muss auch auf das Internet verwiesen werden, das die AV-Medien seit einigen Jahren ergänzt. Die Archivierung dort erscheinender Beiträge ist kaum gesichert, andererseits erfolgt über dieses Medium der Zugriff auf zahlreiche Fotosammlungen und sonstige Medien.

3.1.10 Sonstige Archive

Eine Auswirkung der reichen kulturellen Tradition Deutschlands ist eine Vielzahl von Archiven, die dem hier vorgestellten traditionellen Schema nicht folgen. Dies gilt vor allem für Archive der Kunst, Literatur und Wissenschaft. Gerade die Nachlässe von Künstlern oder herausragenden Wissenschaftlern wurden v.a. von Bibliotheken und Museen gesammelt. Im Zuge der Professionalisierung des Archivwesens im 19.

Jahrhundert trat daneben die Ansicht, dass auch solche Überlieferungen Archivgut sind.[31] Die bekanntesten Beispiele sind das Goethe- und Schiller-Archiv in Weimar und das Deutsche Literaturarchiv in Marbach am Neckar. Auch besondere Einrichtungen, die keinem Ablieferungszwang an ein öffentliches Archiv unterliegen und ihre historische Überlieferung selbst verwalten wollen, haben eigene Archive eingerichtet. Die Stiftung Bauhaus-Archiv in Dessau oder das Archiv zur Geschichte der Max-Planck-Gesellschaft in Berlin können als typisch hierfür gelten. Häufig wird die Bezeichnung „Archiv" auch von Einrichtungen verwendet, die eigentlich als Dokumentationsstellen zu bezeichnen sind, da sie nach vorgegebenen Themen Informationsmaterial unterschiedlicher Herkunft beschaffen und inhaltlich auswerten.

3.2 Archive strukturieren (nicht nur) die Vergangenheit – ihre Aufgaben in der Verwaltungspraxis

Die Archivgesetze des Bundes und der Länder enthalten „Legaldefinitionen", die, wenn auch im Detail nuanciert, die wesentlichen Aufgaben der Archive benennen und erläutern. Demnach lassen sich folgende „Kernaufgaben" benennen:
- Beratung bei der Schriftgutverwaltung in den Einrichtungen des Archivträgers
- Bewertung und Übernahme des Archivguts
- Ordnung und Erschließung des Archivguts
- Erhaltung und Sicherung des Archivguts sowie dessen technische Bearbeitung
- Nutzbarmachung und Auskunftserteilung gemäß den gesetzlichen Vorschriften
- Auswertung durch quellenbezogene Forschung
- Öffentlichkeitsarbeit (Ausstellung, Archivpädagogik)

Darüber hinaus hat fast jedes Archiv für seinen Archivträger weitere Aufgaben zu erfüllen, die sich indirekt aus ihrer Funktion als Wahrer von Kultur und als Stätte historischer Kompetenz ergeben. Solche Aufgaben, die hauptsächlich bei den Staatsarchiven anfallen, sind die Erstellung heraldischer Gutachten für die Wappen der Kommunen, die Begutachtung und Einziehung von Siegeln der Landesbehörden sowie die Erstellung von Ersterwähnungsgutachten, mit denen die erste schriftliche Erwähnung eines Orts festgestellt wird. Kommunalarchive können auch die Kreis- oder Gemeindechronik führen; als Schwerpunkt ist hier auch der Aufbau und die Pflege einer zeitgeschichtlichen Sammlung v.a. in Form einer Pressedokumentation anzutreffen, die insbeson-

76

dere durch Quellen privater Herkunft und Flugschriften ergänzt wird.

Fast alle Archive unterhalten für ihre Aufgabenerfüllung eigene Dienstbüchereien, die in den meisten Staatsarchiven und Kommunalarchiven zu umfangreichen Bibliotheken herangewachsen sind, in denen neben der zur Archivarbeit notwendigen historischen Literatur auch die so genannte „graue" Literatur zur Landes- und Ortsgeschichte enthalten ist. Vielfach wird der Bibliotheksbestand durch Amtsdrucksachen oder spezielle Druckschriften (z.B. Leichenpredigten) ergänzt. Die Benutzungsvorschriften sehen bei fast allen Archiven die Ablieferung von „Beleg-" oder „Pflichtexemplaren" von Arbeiten vor, die aus der Benutzung von Archivbeständen erwachsen sind. Ihrem Zuschnitt als Dienstbibliotheken entsprechend ist eine Ausleihe in der Regel nicht möglich. Eine Einsicht im Lesesaal sollte dagegen problemlos möglich sein.

3.2.1 Beratung der Verwaltung – keine Ordnung in den Büros

Die Beratung bei der Schriftgutverwaltung, die traditionelle Registraturberatung, steht in engem Zusammenhang mit der Vorbereitung der Bewertung und Übernahme von Archivgut aus den Behörden und Einrichtungen des Archivträgers. Immer wieder stoßen die Archivarinnen und Archivare, wenn sie in den Entstehungsstellen Aktenaussonderungen (s.u. Kap. 3.2.2) vorbereiten wollen, auf eklatante organisatorische Fehler bei der Schriftgutorganisation. Dies muss eigentlich verwundern, gilt doch sowohl für staatliches wie privates Verwaltungshandeln die Maxime: „Die Verwaltung lebt von der Schriftlichkeit ihres Handelns" (Hoffmann). Beim Ablegen, Ordnen und Bilden von Akten entstehen jedoch immer wieder Fehler, die keine vom Umfang und Zeitaufwand her angemessene Aktenaussonderung zulassen. Dies erschwert die archivische Bewertung und führt in den Archiven zu nachträglichen, sehr zeitaufwendigen Ordnungsarbeiten, die die traditionell eher dürftige Personaldecke der Archive entsprechend strapazieren.[32]

3.2.2 Bewertung und Übernahme – was wird aufgehoben und was nicht?

Bei einem Besuch eines Archivmagazins wird angesichts der in Tausenden von Kartons sauber verpackten und signierten Aktenmassen die Frage laut: Was steckt drin und warum wird es im Archiv aufbewahrt? Historikerinnen/Historiker werden diese Frage vor allem dann verzweifelt stellen, wenn sie bei ihren Forschungsfragen die – nicht seltene –

Antwort vom Archiv erhalten: „Das haben wir aber nicht übernommen."

Sieht man von den historischen Beständen ab, die ihre archivalische Existenz dem Zufall oder „Wendepunkten" der nicht nur deutschen Geschichte verdanken,[33] so ist Grundlage für die (Nicht-)Übernahme die archivische Bewertungspraxis und -theorie. Die Antizipation möglicher zukünftiger wissenschaftlicher Forschungsfelder ist – um es vorwegzunehmen – kein Thema für die traditionelle archivische Bewertung.

Spätestens der Übergang von der traditionellen „Ordnungsverwaltung" zur „Leistungsverwaltung" des modernen Sozialstaats im 20. Jahrhundert brachte eine ungeheure Ausdehnung der öffentlichen und privaten Bürokratie mit sich. Eine Vielzahl von staatlichen und halbstaatlichen Einrichtungen stellt sicher, dass auch jeder Bürger von den Segnungen der „Daseinsfürsorge" erreicht wird. Die Folge ist eine stetige Spezialisierung und Verrechtlichung. Die großen privatwirtschaftlichen Konzerne und Konglomerate stehen ihnen – wenn auch nicht so augenfällig – in dieser Hinsicht kaum nach. Eine solche Differenzierung kann als typisches Merkmal hochkomplexer Industrie- und Dienstleistungsgesellschaften und deren Systeme gelten. Und wie alle sozialen Systeme produzieren und reproduzieren sie sich durch Kommunikation, die auch das Verstehen und Verstandenwerden beinhaltet.[34] Ein greifbares Ergebnis dieser Ausdifferenzierungsprozesse und der Versuche des politischen Systems, diese zu steuern, ist eine zunehmend spezialisierte Verwaltung, die eine wachsende Schriftgutproduktion zur Folge hat.[35] Die Einführung der Schreibmaschine, des Durchschlagpapiers, des Umdrucks, des Fotokopierers und dann des Bürocomputers mit seiner papierspeienden Druckerperipherie waren die technischen Voraussetzungen für diese ständig wachsenden Papierberge. Das „papierlose Büro" ist bis jetzt noch eine nicht eingelöste Versprechung der Informationstechnikhersteller, wie die folgenden Zahlen belegen. Bereits 1972 wurde für das Bundesland Hessen ein jährlicher Aktenanfall von 16.000 Regalmetern errechnet, 1979 gab es im Bundesland Baden-Württemberg 1.700 ablieferungspflichtige Dienststellen, von denen die Staatsarchive im Durchschnitt 2.100 m Akten pro Jahr übernahmen; das Stadtarchiv Chemnitz übernimmt jährlich 250 bis 300 m Schriftgut und andere Informationsträger. 1997 entfielen auf jedes Mitglied des Bundestages durchschnittlich ca. 2,2 Tonnen Altpapier pro Jahr, auf Bundesebene existieren 2003 rund 5.300 Gesetze und Rechtsverordnungen mit fast 86.000 Einzelvorschriften. Das Bundesgesetzblatt hatte 1950 einen Umfang von 826 Seiten, 2000 waren es

78

2.096, und im Jahre 2003 schließlich sind es 4.744 Seiten.[36] Bei dem Planfeststellungsverfahren für den Ausbau des Frankfurter Flughafen-ausbaus fielen Akten mit rund 10.000 Textseiten, 750 Plänen und Karten sowie 34 Gutachten zur technischen Planung an; ein Aktenberg, den die Betreibergesellschaft publikumswirksam mit einem LKW beim zuständigen Regierungspräsidium Darmstadt ablieferte.[37]

Mit diesem rapiden Schriftgutwachstum wurden die Archivare in massiver Form seit den 20er-Jahren des letzten Jahrhunderts konfrontiert. Das Ende des Ersten Weltkriegs und der Untergang des wilhelmi-nischen Reiches führte zur Auflösung nicht mehr gebrauchter Kriegs-behörden und obsolet gewordener Einrichtungen der alten Ordnung. Vor allem die Behörden zur staatlichen Lenkung der Kriegswirtschaft, aber auch die nicht mehr gebrauchten Heeresdienststellen hatten als typische Vertreter moderner Großbehörden eine gewaltige Schriftgut-menge hinterlassen, die schon aufgrund der benötigten Magazinkapazi-täten nicht mehr in toto zu archivieren war. Das neu gegründete Reichs-archiv versuchte sich in einer systematischen Ausdünnung dieser Akten-massen, indem man unwichtiges und ephemeres Schriftgut aktengrup-penweise identifizierte und gezielt vernichtete. Diese Vorgehensweise wurde in „Motivenberichten" detailliert festgehalten.[38] Die so betriebe-ne systematische Ermittlung des dauernd aufzubewahrenden und so-mit archivwürdigen Schriftguts wird seit den 1950er-Jahren als „Bewer-ten" bezeichnet. Diese Bezeichnung hat in der archivischen Fachspra-che den älteren und engeren Begriff der „Kassation/des Kassierens" ab-gelöst, der vor allem auf das Ausscheiden alter Akten und deren Ver-nichtung abhob.[39] „Das Bewerten ist sicherlich die schwierigste und ver-antwortungsvollste Aufgabe der Archive, deren unsachgemäße Aus-übung nicht mehr rückgängig zu machende Fehler verursacht."[40]

Die Frage, ob durch eine Bewertungsentscheidung ein nicht mehr rückgängig zu machender Fehler verursacht wurde, kann im Einzelfall zu heftigen kulturpolitischen Auseinandersetzungen führen. Zwischen 1987 und 1996 ließ das Hamburger Staatsarchiv Gerichtsakten aus der Zeit des Nationalsozialismus vernichten, darunter auch Verfahren nach §§ 175, 175a des alten Strafgesetzbuches, die gegen homosexuelle Männer geführt wurden. Eine repräsentative Auswahl, jede 15. Amts-gerichts-, jede 10. Landgerichtsakte und ab 1940 jeder Vorgang, wurde jedoch archiviert.[41] Dieses archivische Standardverfahren, das auf eine Überlieferung von 169.000 Akten angewandt wurde und mit verschie-denen Forschungseinrichtungen abgestimmt war, stieß jedoch auf heftige Kritik der historischen Forschung, die darin eine willkürliche Vernichtung eines einmaligen Bestandes sah, mit der die Erforschung der schweren nationalsozialistischen Homosexuellenverfolgung zunichte gemacht worden sei. In anderen Städten sei die Überlieferung bereits durch Kriegsverluste und Vernichtungsaktionen bei Kriegsende so ausgedünnt worden, dass der Hamburger Verlust doppelt schwer wiege.[42] Noch in einer Stellungnahme zu einem Gesetzentwurf zur Errichtung einer „Magnus-Hirschfeld-Stiftung"[43] verbreitete das Aktionsbündnis „Magnus-Hirschfeld-Stiftung" die völlig unbegründete Behauptung: „In Hamburg wurden noch vor kurzem die vollständig erhaltenen einschlägigen Gerichtsakten aus der NS-Zeit vom Staatsarchiv unwiederbringlich vernichtet – angeblich bestand an ihnen kein historisches Interesse. In wie vielen anderen regionalen und lokalen Archiven ähnlich unsägliche Dinge gerade passieren, weiß niemand."[44]

Bei der Bewertung verließen und verlassen sich auch heute noch viele Archivarinnen und Archivare im Arbeitsalltag vor allem bei der traditionellen Einzelaktenbewertung in den Altregistraturen der Entstehungsstellen auf ihr „Fingerspitzengefühl", trotz der daran bereits in den 30er-Jahren heftig geübten Kritik.[45] Und meistens liegen solchen Entscheidungen auch keine rein willkürlichen Entscheidungskriterien zugrunde, sondern langjährige Erfahrungen und genaue Kenntnisse über die Arbeitsweise der Entstehungsstelle. Daneben werden Aspekte der Zeitgeschichte berücksichtigt und es wird versucht, gesellschaftliche Kräfte und Prozesse abzubilden, indem Akten zu wichtigen Einzelereignissen, Entwicklungen und Persönlichkeiten archiviert werden. Aus den meistens massenhaft anzutreffenden Standardvorgängen wird eine repräsentative Auswahl getroffen, in denen sich typische Prozesse und gesellschaftliche Veränderungen und Konstanten spiegeln. In der Regel werden so lediglich 5 bis 10 Prozent der vorhandenen Akten archiviert; die verbleibende Masse wird nach Freigabe durch das Archiv von der Entstehungsstelle vernichtet.[46]

Einsetzend mit der Kritik an der traditionellen Einzelaktenbewertung und ihrer Konzentration auf den Inhalt der Akten ist eine Vielzahl von Methoden und Bewertungskriterien entwickelt worden. Hierzu zählen: Alter und Inhalt des Schriftguts, Stellung und Aufgaben der Behörde im Verwaltungsaufbau, die Frage nach der „Federführung"[47] von Organisationseinheiten, die Versuche bei ähnlich organisierten Entstehungsstellen Akten „gruppenweise" zu bewerten, in „vertikaler" und „horizontaler" Sicht die Aufgabenverteilung zwischen den Ministerien, Konzernspitzen und dem Geflecht von „Federführungen", „Mitwirkungen" und „Kenntnisnahmen" von gleichrangigen operativen Organisationseinheiten zu entschlüsseln. In jüngerer Zeit sind auch statistische und zufallsgesteuerte Auswahlverfahren angeregt worden. Bei personenbezogenem Schriftgut, das üblicherweise in umfangreichen Serien vorliegt, wird in vielen Fällen auf Buchstabensample zurückgegriffen.

Grundsätzlich ist bei den Bewertungsmethoden eine Entwicklung festzustellen, die inhaltliche Kriterien nicht vernachlässigt, aber ihren Schwerpunkt auf die „vorgegebenen Strukturen der Verwaltung"[48] ausrichtet. Die Entwicklung dieser Standardverfahren war und ist eingebunden in eine lebhafte Bewertungsdiskussion, die sich an der Berücksichtigung gesellschaftspolitischer Faktoren entzündete. Ausgangspunkt war die Entwicklung in dem gänzlich anders organisierten zentralgeleiteten Archivwesen der DDR. Auch hier hielt man zunächst weiter am Provenienzprinzip (s. Kap. 3.3) und der Bewertung von Schriftgutgruppen und Behörden fest. Aber auf dem Boden der marxistisch-leninistischen (Staats-)Ideologie erhielt die Arbeit der Archive eine gesellschaftliche und politische Aufladung. Danach entstand in der DDR „eine einheitliche, auf die Prinzipien des demokratischen Zentralismus gegründete Archivorganisation"[49] Die Archive hatten daher auch ihre speziellen „Funktionen und Aufgaben bei der Gestaltung der entwickelten sozialistischen Gesellschaft in der DDR". Auch Archivarbeit war Klassenkampf: „Bis in unser Jahrhundert hinein nutzten die herrschenden Klassen den dokumentarischen Reichtum der Archive ... zur Unterdrückung und Manipulierung der Volksmassen."[50] Auf diesen ideologischen und organisatorischen Grundlagen entstand ein „ausgefeiltes gesamtstaatliches Bewertungssystem" (Dumschat), für das eine Vielzahl von Hilfsmitteln wie vor allem Bewertungskataloge, Musterlisten für ausgewählte Verwaltungsbereiche und Registraturbildnerlisten entwickelt wurde. Ziel war es, letztlich alle aktenführenden Stellen, das heißt zentrale Staatsorgane, Bezirke, Kreise, Städte, Kombinate, Massenorganisationen usw. zu erfassen, bereits im so genannten archivischen „Vorfeld" bei der Schriftgutverwaltung zu beraten und einer von drei Wertkategorien zuzuordnen.[51] Kodifiziert wurde dieses System in „Grundsätzen der Wertermittlung" (1965), das zu einem Rahmendokumentationssystem ausgebaut werden sollte. Dem Historischen Materialismus folgend wurden auf der gesellschaftspolitischen Ebene dabei vier historische Perioden und 14 Grundtendenzen der gesellschaftlichen Entwicklung unterschieden, die den „Rahmen" für die „Dokumentationsprofile" der Staats-, Kreis- und Stadtarchive ergaben.[52] In der Praxis konnten diese standardisierten Vorgaben die Bewertungsarbeiten vereinfachen und verwiesen somit auch auf Rationalisierungspotenziale. Trotz gewisser Schwächen wie dem inhärenten Schematismus eines solchen übergreifenden Systems, zu dem auch die Herausnahme der Überlieferung der SED und der Staatssicherheit gehörte, war dieser Ansatz eine

Herausforderung für die konventionelle, auf Behördenorganisation und Schriftgutstruktur fixierte Bewertungspraxis in der Bundesrepublik.

Auf dem Dortmunder Archivtag 1971 reagierte schließlich der Präsident des Bundesarchivs Hans Booms mit einem für die bundesdeutsche Praxis nahezu revolutionären Impetus auf die bislang mehrheitlich verfolgten strukturalistischen und funktionalistischen Formalkriterien in der Bewertungspraxis. Er forderte vielmehr eine „gesamtgesellschaftliche Dokumentation des öffentlichen Lebens". Die Archive sollten „Dokumentationsziele" entwickeln, mit denen die gesellschaftliche Realität und nicht nur die Behördenpraxis abgebildet werden sollte. In seiner Skepsis gegenüber dem traditionellen Staatsbegriff und einer sich objektiv gebenden Wissenschaft griff er auch die Forderungen der Studentenbewegung von 1968 auf. Booms Vorstellungen konnten sich wegen der traditionellen archivarischen Skepsis und praktischer Anwendungsprobleme nicht durchsetzen, aber der Stachel, „dass keine Bewertung gänzlich ohne inhaltliche Grundorientierungen auskommen kann",[53] ist bis heute geblieben.

Erst nach 1990 wurde die Diskussion um die archivische Bewertungspraxis wieder belebt, wobei vor allem mit dem Rückgriff auf das „Evidenzprinzip" des US-amerikanischen Archivars Theodore R. Schellenberg aus dem Jahre 1956 versucht wurde, die traditionelle funktionalistische und strukturalistische Bewertungspraxis zu reanimieren.[54] Die gegenwärtige Diskussion ist durch eine gewisse Offenheit gekennzeichnet. So wird versucht, beide Ansätze zu kombinieren oder auch durch Rekurs auf soziologische, v.a. systemtheoretische Ansätze die Bewertungspraxis besser zu fundieren und zu reflektieren. Die zunehmende elektronische Datenverarbeitung wirkt sich auch auf die Bewertungsdiskussion aus, ohne jedoch allgemein akzeptierte Bewertungsmodelle hervorgebracht zu haben.

Trotz ausgefeilter Bewertungsmodelle und einer auch die gesellschaftliche Dimension berücksichtigenden Theorie zeigt die Erfahrung, dass in der archivischen Praxis eine gewisse Subjektivität nicht zu verhindern ist.[55] Der Spannungsbogen zwischen der Bewertung und zukünftigen Forschungen wird bleiben.

3.3 Archive bewahren und erschließen – wie wird eine Akte zur Archivalie?

Nach der Übernahme des Archivguts erfolgt dessen Ordnung sowie die inhaltliche und formale Erschließung. Der zentrale Begriff archivischer Ordnung ist das „Provenienzprinzip", der die Grundlage sowohl für die

Bewertung und Übernahme als auch für die innerarchivische Struktur bildet.

Das Provenienz-/Herkunftsprinzip besagt, dass das Archivgut nach den Stellen, in deren Registraturen oder Sachbearbeiterablagen es entstanden ist, gruppiert wird. Für jede Entstehungsstelle wird ein archivischer Bestand gebildet. Die 1891 im Großherzogtum Darmstadt errichtete „Prüfungskommission für Dampfkessel", 1900 verkürzt zur Bezeichnung „Dampfkesselinspektion", bildet im Hessischen Staatsarchiv Darmstadt einen eigenen, bis 1953 reichenden Bestand.[56] Die Vereinigten Stahlwerke AG und Bergbau- und Industriewerte GmbH bilden entsprechende Bestände im Archiv der Thyssen AG heute.[57] Auf diese Art werden Einheitsbestände (Enders) gebildet, die nicht mit Schriftgut anderer Herkunft angereichert sind.[58]

Das Provenienzprinzip wurde im 19. Jahrhundert vor allem in Frankreich („respect des fonds", Natalis de Wailly, 1841) begründet und 1896/97 sowohl in der niederländischen als auch in der preußischen Archivverwaltung verbindlich eingeführt.[59] Die Vorteile des Provenienzprinzips liegen in der Abgrenzung und Bildung eindeutiger, in sich geschlossener Bestände, in denen die ursprünglichen Entstehungszusammenhänge (Organisation und Registraturordnung) erhalten bleiben und so eine inhaltliche Erschließung von den Zuständigkeiten her ermöglicht wird.[60] In der Praxis bedeutet dies, dass auf Aktenpläne, Aktenverzeichnisse und/oder Ablieferungslisten der Entstehungsstellen zurückgegriffen werden kann. Auf diesem Weg ist noch vor der archivischen Erschließung eine schnelle vorläufige Benutzbarkeit möglich.

Die Anwendung dieses grundlegenden Ordnungsmodells bedeutet allerdings nicht, dass die Tätigkeit der Archivarinnen und Archivare auf eine quasi automatische Aktenübernahme beschränkt ist. Häufig genug werden Aktenpläne in den Entstehungsstellen nur unzureichend eingesetzt oder erweisen sich als veraltet; ferner gelangt immer wieder auch völlig ungeordnetes Schriftgut ins Archiv, das dann erst zu einem Bestand formiert werden muss und mit einer inneren Ordnung versehen wird.

Bevor sich das Provenienzprinzip durchsetzte, wurden die Urkunden und Akten in der Tradition der frühneuzeitlichen Kanzleien, deren Archive sie waren, nach dem Pertinenz- oder Sachprinzip geordnet. Ähnlich wie in einem Bibliothekskatalog werden dabei die Urkunden und Akten nach dem Inhalt und nach topographischen Bezügen geordnet und verteilt.[61] In einer Urkundenabteilung wurden dementsprechend die einzelnen Stücke ohne Rücksicht auf ihre Entstehungs- oder

Empfängerumstände nach dem Ortsalphabet verteilt.[62] Ganze Aktenbände fielen einer solchen Aufteilung zum Opfer, indem sie aufgeschnitten wurden und einzelne Schriftstücke an die jeweilige Betreffstelle gelegt wurden. Eine solche Ordnung wird beispielsweise von der traditionellen Heimatgeschichtsforschung goutiert, liegen die Vorteile eines raschen und – scheinbar – vollständigen Zugangs doch auf der Hand.

Die archivische Praxis kam, nicht zuletzt aus arbeitsökonomischen Gründen, im 19. Jahrhundert zu dem Ergebnis, dass die Nachteile dieser Betreffsordnung überwiegen. Die Folgen der Französischen Revolution und des Reichsdeputationshauptschlusses (1803) sowie des Wiener Kongresses (1815) führten zur Auflösung zahlreicher geistlicher und weltlicher Herrschaften, deren Archivalien nun in die Archive der neu entstandenen Staaten gelangten. Die wenigen Archivare sahen sich außerstande, diese Mengen in das traditionelle Pertinenzprinzip einzuordnen.[63]

Im Laufe der Zeit wurden die Vorteile dieser pragmatischen Lösung deutlicher, denn das Provenienzprinzip erlaubt die Vergleichbarkeit der Bestände und macht eine rationalisierte Erschließung möglich, indem wichtige und viel nachgefragte Bestände zuerst verzeichnet werden, während im Pertinenzprinzip alle Betreffe grundsätzlich auf der gleichen Ebene stehen. Die Bildung von Beständen lässt die alten Zusammenhänge bestehen, das Fehlen von Akten oder Aktengruppen ist feststellbar, die Kontrolle, ob einzelne Stücke entwendet wurden, ist leichter, alte Hilfsmittel wie Journale, Indices oder die Ablieferungslisten sind weiter verwendbar und nicht zuletzt entstehen so begrenzte, überschaubare Arbeitsfelder, während das Pertinenzprinzip das ganze archivische Schriftgut betrifft und insofern niemals zum Abschluss gebracht werden kann. Heute trifft man das Pertinenzprinzip im Wesentlichen nur noch bei alten Pertinenzbeständen an, die sich nicht mehr oder nur mit großem Aufwand auflösen lassen.

Ein weiterer, überaus praktischer Vorteil des Provenienzprinzips war seine Anwendung auf die Lagerung der Archivalien. In den Archivmagazinen bildeten und bilden die Bestände räumlich genau lokalisierte Einheiten, die selbst bei Großbeständen schnell auf Vollständigkeit zu kontrollieren sind, da die innere Ordnung der äußeren Ordnung entspricht.[64] Bei abgeschlossenen, historischen Beständen ist dies nur von Vorteil, während Bestände aktueller Entstehungsstellen ein genaues Magazinmanagement erzwingen, da für den Zuwachs entsprechende Regalfläche vorgehalten werden muss. Bei in dieser Hinsicht besonders „anfälligen" Ministerialbeständen werden dann auch die Ablieferungen separat gelagert und in eigenen Findbüchern ausgewiesen.[65]

84

Ein Blick in die Beständeübersichten verschiedener Archive zeigt aber auch, dass diese Prinzipien immer wieder durchbrochen wurden. Aus lagerungstechnischen und konservatorischen Gründen wurden Überformate in Selektbeständen aufgestellt, Kartenbeigaben in Akten in Kartenbestände gegeben, Mischbestände aus gleichartigen Serien, z.B. Amtsbüchern und Rechnungen gebildet.[66]

Neben diese Ungereimtheiten tritt die relative Unbeweglichkeit des Provenienzprinzips. Dies wird manifest, wenn Behörden oder Unternehmen umorganisiert werden, einem beliebten Spiel der Verwaltung und der Politik folgend, bei dem Kompetenzen und Aufgaben gegebenenfalls lange „Märsche durch die Institutionen" machen müssen. Betroffen davon sind in der öffentlichen Verwaltung vor allem die Ministerien, die immer wieder neu zugeschnitten oder neu gegründet werden. Ein gutes Beispiel ist der Bundesbeauftragte für Kultur, eine Art ministerielle Kummergründung, dessen Aufgaben jahrzehntelang vom Bundesinnenministerium wahrgenommen worden waren. Im Bereich der Wirtschaft sind in den großen Konzernen die zahlreichen Beteiligungen zu nennen; die Vereinigten Stahlwerke hatten bis zur ihrer Demontage 1945 rund 700 in- und ausländische Beteiligungen unterschiedlicher Intensität.[67] Die ständigen An- und Verkäufe von Firmen, die vom Markt und der Geschäftspolitik, aber auch von den jeweiligen Managementmoden diktiert werden, erschweren die Bestandsbildung.[68] Auf diese Art und Weise entstehen je nach Sichtweise Vor- und Nachakten beziehungsweise -provenienzen, die die Bestandsabgrenzung zu einem diffizilen Unternehmen machen und für die Recherche beim Benutzer gute Kenntnisse der Verwaltungs- und Institutionengeschichte voraussetzen.

Auch der archivische Einsatz der elektronischen Datenverarbeitung scheint das Provenienzprinzip zu erschüttern, erlauben die Möglichkeiten von Datenbanksystemen Abfragen und Auswertungen, die einzelnen Betreffen gelten und damit unabhängig von der Beständegliederung funktionieren.[69]

Die traditionelle archivische Erschließung geht grundsätzlich vom Bestand aus, so wie er im Magazin lagert.[70] Die eigentliche Erschließung oder Verzeichnung besteht aus der Titelaufnahme und der Vergabe einer Signatur, die mit der laufenden Nummer identisch sein kann, aber nicht muss. Ziel ist es, die einzelnen Archivalien identifizierbar und somit zitierbar zu machen. Der Titel einer Archivalie gibt den Inhalt der Archivalie möglichst genau wieder. Ist der vorgefundene Titel korrekt und verständlich formuliert, so wird er übernommen. Ansonsten wird geprüft, ob er erweitert, enger gefasst oder gekürzt werden muss. Ist kein entsprechender Registraturvermerk vorhanden oder weicht der Inhalt völlig ab, so wird der Aktentitel vollständig neu formuliert. Neben dem Titel und der Signatur ist die Laufzeit ein unverzichtbares Merkmal einer archivischen Verzeichnung. Die Laufzeit wird in Jahren angegeben, wobei das letzte Jahr durch den letzten „zu den Akten"-Vermerk, mit dem der Bearbeiter den Vorgang abgeschlossen hat, bestimmt wird. Lücken von mehr als 10 Jahren werden angeführt (1885–1893, 1908–1915), Jahre aus Abschrift stehen in runden, erschlossene Jahre in eckigen Klammern. Diese grundlegende Erschließung wird durch einen Enthältvermerk ergänzt, der den Aktentitel inhaltlich ergänzt und präzisiert. Der Darin- oder Intusvermerk nennt schließlich abweichende Archivalientypen, die zu der verzeichneten Akte gehören. Wurden solche Karten, Pläne, Drucksachen usw. aus konservatorischen Gründen entfernt, so muss dies hier durch einen Querverweis vermerkt werden. Die Verzeichnung wird durch Restaurierungshinweise fortgeführt. In Zeiten des Datenschutzes kommt dem Sperrvermerk für die Benutzung eine große Bedeutung zu.

Während der Verzeichnungsarbeiten werden die Archivalien auch technisch bearbeitet. Sie werden oberflächlich gereinigt und alle oxidierenden Metallteile wie Büro- und Heftklammern entfernt – ein teilweise mühseliges und nicht immer sauberes Vergnügen („Entmetallisieren").

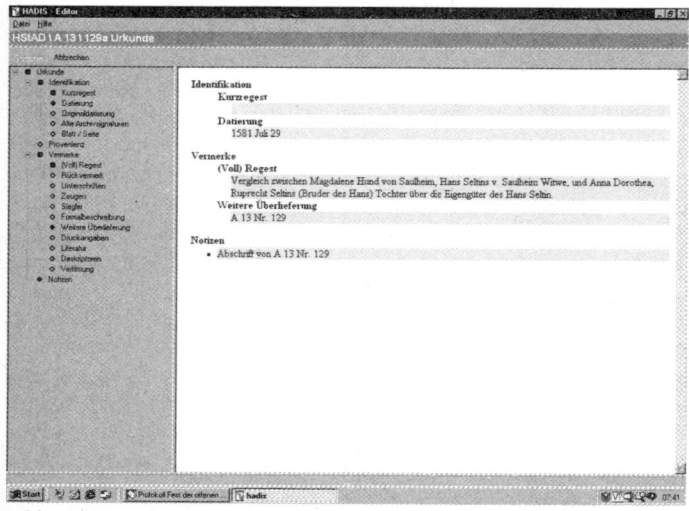

Abb. 6: Verzeichnungsmaske aus dem Hessischen Archiv-, Dokumentations- und Informationssystem (HADIS)

86

Je nach den Usancen des Archivs werden die so „befreiten" Akten in Archivmappen mit oder ohne Bindung gelegt. Diese Umbettung wird mit Einlagerung in Archivkartons abgeschlossen, in denen die Archivalien vor Licht und Verschmutzung bewahrt werden. Anschließend treten die signierten Kartons den Weg ins Magazin an.[71]

Ist die Verzeichnung abgeschlossen, so wird der Bestand endgültig nach systematischen Gesichtspunkten gegliedert. Diese Gliederung (Klassifikation) versucht den ursprünglichen Zusammenhang, und wenn dieser nicht mehr erkennbar ist, zumindest den sachlichen Kontext herzustellen. Je nach Umfang und Komplexität des Bestands kann die Gliederung sehr fein aufgespalten werden. Akten mit dem gleichen Sachverhalt werden dann chronologisch geordnet; handelt es sich um Personenbetreffe, so wird dem Alphabet gefolgt. Anschließend wird ein Vorwort zum eigentlichen Findbuch (Archivrepertorium) verfasst, mit dem die Benutzung erleichtert werden soll. Hier wird mit knappen Stichworten die Geschichte der Institution in Hinblick auf deren Verfassung, Organisation und Zuständigkeit beschrieben. Weitere Elemente eines solchen Vorworts sind eine Liste der Leiter der Entstehungsstelle, eine Geschichte des Archivbestands, ein Arbeitsbericht mit Hinweisen auf vorgenommene Kassationen, Hinweise für die Benutzung und vor allem auf eventuell zu berücksichtigende Sperrfristen. Es sollte ferner Hinweise auf weitere Bestände, die inhaltlich relevant sind, enthalten. Zitiervorschriften und die Bestellvorschrift beschließen in der Regel das Vorwort. Ein Findbuch kann dann noch durch ein ausführliches Inhaltsverzeichnis und ein Personen-, Orts- und Sachregister erschlossen sein. Die Findbücher sind im Lesesaal des Archivs einsehbar, sie werden aber auch in Buchform publiziert.[72]

Verzeichnung von anderen Archivaliengattungen erfordert in der Regel entsprechend angepasste Verzeichnungsmethoden. Die Urkundenbestände werden mit der in den historischen Hilfswissenschaften üblichen Regestentechnik erschlossen. Auch für Karten, Pläne, Fotos und audiovisuelle Medien sind jeweils eigene Erschließungsformen entwickelt worden.[73] Daneben werden gerade durch den verstärkten EDV-Einsatz auch internationale Standards wie ISAD–G[74] diskutiert und bei der Gestaltung von archivischen Datenbanksystemen wie etwa dem Hessischen Archiv-, Dokumentations- und Informationssystem (HADIS) zur Geltung gebracht.

Trotz dieses grundsätzlichen Standardisierungpotenzials stößt man bei der Benutzung auf eine Vielzahl unterschiedlicher Verzeichnungstechniken. Teilweise sind es handschriftliche Behördenfindbücher, die im Einzelfall bis ins 17. Jahrhundert zurückreichen können. Die Verzeichungstechniken haben sich im Laufe der Zeit entwickelt und reflektieren so auch immer den Stand der archivischen Fachdiskussion; sie sind aber auch Zeugnisse von Personal- und Mittelknappheit und dem Bemühen der Archivarinnen und Archivare, teilweise sehr umfangreiche Bestände in möglichst kurzer Zeit benutzbar zu machen. Für eine fortlaufende Neuverzeichnung auf dem aktuellen Niveau der Verzeichnungstechnik fehlt im normalen Archivalltag häufig die Zeit. Doch um den Benutzern möglichst umfassende Informationen zur Verfügung zu stellen, werden auch ältere Findmittel durch Scannen und manuelle Dateneingabe digitalisiert und in die Archivprogramme eingestellt (Retrokonversion).

3.3.1 Konservierung und Restaurierung – Schimmel, Mäusefraß und andere Aktenfeinde

Archivgut ist in vielerlei Hinsicht gefährdet. Man denke an Katastrophen wie Brände, auch als Kriegsfolgen oder Überschwemmungen, wie sie im Sommer 2002 vor allem Sachsen heimsuchten und in einigen Kommunalarchiven verheerende Folgen zeitigten. Aber auch die normalen Umwelteinflüsse und natürlich die Benutzung – auch die sachgerechte – hinterlassen Spuren am Material.

Zu den großen Problemen der Archivierung zählt die Erhaltung und Sicherung des Archivguts. Ursprünglich stand allein die Vermeidung des Missbrauchs von Archivgut im Vordergrund. Dementsprechend wurden die Archivalien in Türmen, Kellern und sonstigen sicheren Orten geschützt. „Trese" ist ein Synonym für diese seit Jahrhunderten geübte Praxis, die auch das Bild der Archivare bestimmt, die in verstaubten Magazinen die Geheimnisse der Regierenden hüteten, um nicht zu sagen, versteckten (vgl. Kap. 1.1). Grundsätzlich ist der Schutz der Archivalien vor dem unbefugten Zugriff auch heute noch eine zentrale archivarische Aufgabe. Das „Jus archivi" spielt dabei jedoch eher eine untergeordnete Rolle: Es sind der Status der Archivalien als Kulturgut sowie die Anforderungen des Datenschutzes und der Wahrung der Persönlichkeitsrechte Betroffener, denen es gerecht zu werden gilt.

Aber auch andere „Feinde" des Archivguts sind seit jeher zu bemerken. In alter Zeit waren es vor allem Mäuse und anderes Getier, das Gefallen und Geschmack an den aufbewahrten Schätzen der Tresen und Archivkammern fand. Ein beliebte Abwehrmethode bestand darin, die Archivalien in Säcken aufzuhängen.[75]

Weithaus häufiger sind jedoch Feuchtigkeitsschäden, die sowohl die Pergament- als auch die Papierüberlieferung stark schädigen können.

Das Lagern in zu feuchten Räumen, Überschwemmung oder Wasser-rohrbrüche lassen die Archivalien so stark vermodern, dass die Papier-struktur und damit der Träger der Information sich zersetzt. Bei Rohr-brüchen und Überschwemmungen sowie den Folgeschäden von Lösch-

Abb. 7: Akte mit Moderschäden (StAD E 13 Nr. 817. Foto: M. Bernhardt)

wasser wird heute ein sofortiges Tieffrieren der geschädigten Archivalien empfohlen und praktiziert.

Selbst wenn die Wasserschäden nicht so stark sind, dass die Papierstruktur direkt angegriffen wird, bietet ein solch feuchtes Medium ideale Bedingungen für die Besiedlung mit Schimmelpilzsporen, die unbehandelt ebenfalls zur Zerstörung der Papierstruktur führen. Selbst wenn die Schädigung noch nicht weit fortgeschritten ist, ist bei einem Schimmelpilzbefall eine Benutzung kaum noch möglich, da die Pilze beim Menschen Allergien und bei langfristiger Belastung auch chronische Erkrankungen z.B. der oberen Atemwege zur Folge haben können. Moder- und Schimmelschäden sind daher die häufigsten Versagensgründe für eine Benutzung. Eine Ersatzmöglichkeit besteht in der Herstellung und Vorlage von Mikrofilmen. Sind die technischen Möglichkeiten vorhanden, so ist in Ausnahmefällen auch eine Benutzung unter einer Absauganlage (Reine Werkbank) möglich. Weiter ist auch eine isolierte Lagerung notwendig, um eine Verseuchung des Magazins zu verhindern. Es ist im Übrigen recht schwierig zu bestimmen, ob die Schimmelpilze noch aktiv sind. Wird zum Beispiel bei einem Aktenband inaktiver Schimmel mit einem Wischtester festgestellt, können der nächste Band oder sogar schon die unteren Lagen der getesteten Vorlage mit aktivem Schimmel befallen sein. Neben der sehr aufwändigen Einzelblattbehandlung sind bei der Schimmelpilzbekämpfung entsprechend teure Massenverfahren üblich. So werden die Archivalien mit Ethylenoxid oder durch Einsatz von radioaktiver Bestrahlung (Kobalt 60) desinfiziert. Nach einer gründlichen manuellen Reinigung ist dann eine gewisse Sicherheit gegeben.

Zu den traditionellen Schädigungen mittelalterlicher und frühneuzeitlicher Archivalien zählt auch der sogenannte Tintenfraß, bei dem die verwendete Eisengallustinte mit zu viel sauren Bestandteilen angesetzt wurde. Die sauren Bestandteile des Farbstoffes zersetzen das beschriebene Papier, so dass die Buchstaben und Zeilen gleichsam aus dem Blatt herausfallen und klar umgrenzte Löcher hinterlassen.

Papierüberlieferung nach 1840 unterliegt in Archiven und in Bibliotheken gleichermaßen einem strukturellen Problem, das sich mit Fug und Recht als kulturelle Katastrophe bezeichnen lässt. Um die Papierherstellung zu rationalisieren und somit eine industrielle Herstellung zu ermöglichen, wurden zwei Verfahren entwickelt: zum einen die saure Leimung der Papiermasse mit einer Mischung aus Alaun (Aluminiumsulfat) und Baumharz, zum anderen die Verwendung von billigem Holzschliff und später auch von Zellulose. Solches Papier – und das ist grundsätzlich bis heute so – vergilbt und versprödet innerhalb von

90

wenigen Jahrzehnten. Bei der geringsten mechanischen Belastung zerfällt es zu Staub.[76] Es handelt sich hierbei um einen endogenen Prozess, der grundsätzlich unumkehrbar verläuft. Bei Cellulosenitratfilmen ist ein vergleichbarer Prozess zu verfolgen, der aufgrund der großen Brennbarkeit des Materials doppelt gefährlich ist.[77] Bislang versuchen die Archive solchermaßen zunächst das bedrohte Archivgut zu verfilmen. Der Mikrofilm als preiswerte und bewährte Konversionsform rettet zumindest die Informationen und das Erscheinungsbild der Dokumente, dennoch werden die Vorlagen und damit unersetzbare Unikate verloren gehen, und die Benutzung von Mikrofilmen wird auch immer den Hautgoût eines „Surrogats" haben. In den letzten 20 Jahren wurden darüber hinaus mehrere Verfahren zur Massenentsäuerung von papiergestützten Überlieferungen geschaffen, von denen gegenwärtig zwei von gewerblichen Anbietern in Deutschland zur Einsatzreife entwickelt wurden. Allerdings übersteigen die Kosten dieser Verfahren die finanziellen Möglichkeiten der meisten Archive bei weitem, so dass nur ein Bruchteil der bedrohten Bestände behandelt werden kann.

Bei der Erhaltung steht daher die Prävention im Vordergrund. Dies beginnt bereits bei der Planung von Archiv- und Magazingebäuden, die möglichst feuersicher gebaut und vor Hochwasser geschützt stehen sollten. In den Magazinen wird ein möglichst weitgehender Schutz vor der ebenfalls schädlichen Lichteinwirkung angestrebt. Für das Raumklima lautet eine Faustformel für Archive, dass es sowohl für Papier, aber auch für Filme möglichst trocken und möglichst kühl sein sollte und keine extremen Schwankungen auftreten. Für die Papierüberlieferung sind 55% relative Luftfeuchtigkeit (± 5%) und 18 °C (± 2°) optimale Werte. Aus Kostengründen und auch aus ökologischen Gründen hat man bei den deutschen Archivbauten der letzten Jahre auf Klimaanlagen verzichtet und versucht, durch bauliche Maßnahmen solche Werte zu erreichen. Hierzu verwendet man atmungsaktive Baustoffe und Verblendungs- und Verputzmaterialien, die durch gezieltes Lüften und rechtzeitiges Beheizen einen gleichförmigen Klimaverlauf in den gewünschten engen Grenzwerten ermöglichen.[78] Häufig genug müssen Archive aber mit notdürftig adaptierten Gebäuden oder Räumen auskommen, die eigentlich ungeeignet sind.

Einen weiteren zentralen Punkt stellt die Lagerung und Verpackung dar, die hilft, viele strukturelle Probleme abzuschwächen. In erster Linie sind hier Archivkartons, -schachteln und -mappen zu nennen, in die das Archivgut eingelegt wird. Sie sollten möglichst holzfrei, zumindest aber mit Calciumcarbonat gepuffert sein, wenn die Archivalien in holzfreien

Umschlägen aus Papier oder Pappe eingeschlagen sind. Die Archivkartons bieten auch bei Wasserschäden einen ersten Schutz und halten auch schädliche Umwelteinflüsse ab. Die zahlreichen Archivaliengattungen mit ihren spezifischen stofflichen Eigenschaften verlangen eine Vielzahl von Lagerungs- und Verpackungstechniken, die schließlich auch der grundlegenden Forderung des Provenienzprinzips nach einer bestandsbezogenen Lagerung zuwiderlaufen.

Größere Archive unterhalten meistens eine Werkstatt, die je nach technischer Ausstattung und Qualifikation der Restauratoren auch komplizierte Schäden beheben oder zumindest die noch vorhandene Restsubstanz stabilisieren kann. Grundsätzlich gelten für die Restaurierung immer noch die Ellis-Jenkinson-Regeln (1951), nach denen keine Restaurierung den Wert eines Stückes als Dokument verändern, verringern, verfälschen oder verdunkeln darf; es dürfen keine Verfahren benutzt werden, die das Material schädigen oder verschlechtern, auch darf das vorliegende äußere Aussehen eines Dokumentes nicht gestört, vor allem aber nicht zerstört werden, wenn es eben vermeidbar ist.[79] Über allem aber steht der große Vorbehalt, dass es sich bei Archivalien immer um in der Regel nicht zu ersetzende Unikate handelt.

Zu den einfachen Arbeiten zählt die Trockenreinigung mit Pinsel, Bürste, Radiergummi und Skalpell, um die Archivalien vom Staub und Dreck der Jahrhunderte zu befreien. Chemische Reinigungsmittel werden heute nur sehr zurückhaltend verwendet, während sich Wasser als „Wundermittel"[80] bewährt hat. Wasser reinigt die meisten Archivalien, es schwemmt Schadstoffe aus und ist geeignet, säureneutralisierende Stoffe einzutragen. Die gängigen Schreibstoffe wie Druckerschwärze und Eisengallustinte der älteren Schriftstücke lösen sich nicht auf, während andere zuvor fixiert werden müssen. Risse und Löcher werden mit Weizenkleister und Japanpapier geschlossen; größere Substanzverluste werden mit Hilfe von Anfaserungstechniken ersetzt, um das ramponierte Blatt zu stabilisieren. Etwaige Textverluste können durch diese Methoden selbstverständlich nicht wieder ausgeglichen werden. Eine weitere Methode, die Papiersubstanz zu stabilisieren, ist die Papierspaltung, bei der Vorder- und Rückseite eines Blattes abgezogen werden. Zwischen die Hälften wird ein hauchdünnes Blatt Spezialpapier mit einem Kleber gelegt, auf das die beiden Hälften dann gepresst werden. Eine weitere Aufgabe ist die Bearbeitung von Pergamentblättern, die eine große Erfahrung voraussetzt. Dies gilt auch für die Restaurierung von Wachs- und Lacksiegeln. Die Auflistung der vielfältigen Tätigkeiten einer Archivrestaurierungswerkstatt ließe sich noch um weitere, sehr spezielle Arbeitsgebiete fortsetzen. Grundsätzlich handelt es sich um

92

sehr aufwändige und arbeitsintensive handwerkliche Einzelverfahren, mit denen nur eine begrenzte Stückzahl bearbeitet werden kann.

Neben diesen klassischen und modernen Verfahren werden im Rahmen der Bestandserhaltung und Schonung die Archivalien verfilmt. Typischerweise handelt es sich dabei um eine Mikroverfilmung mit sog. Schrittschaltkameras auf monochromen 16 oder 35 mm Rollfilmen mit 30,5 bis 65,5 m Länge oder Mikrofiches in Postkartengröße. Solche Filme gelten, optimale Entwicklung und Wässerung vorausgesetzt, als langlebig und robust. Neben einem Masterfilm für die Langzeitaufbewahrung werden Arbeitsfilme entwickelt, die dann im Lesesaal vorgelegt werden. Außer den geeigneten Lesegeräten mit Ausdruckmöglichkeiten (Readerprinter) und geeigneten, kühlen Lagermöglichkeiten für die Filme sind keine umfassenden technischen Bedingungen zu schaffen. Unbestritten ist, dass die Arbeit mit verfilmten Archivalien bei den Archivbenutzern nicht gerade beliebt ist; dies macht es erforderlich, mit qualitätsvollen Arbeitskopien und guten Lesegeräten akzeptable Arbeitsbedingungen zu schaffen.[81] Sicher lässt sich durch die Verfilmung nicht mehr der unmittelbare Eindruck des Originals wiedergeben, doch bleibt zumindest ein Abbild des äußeren Erscheinungsbildes und der Inhalt erhalten und mit einem begrenzten, weitgehend standardisierten technischen Verfahren reproduzierbar.

Digitale Reproduktionstechniken haben sich aufgrund der immer noch nicht geklärten Frage nach der Alterungsbeständigkeit von digitalen Datenträgern und ihrer zukünftigen technischen Lesbarmachung noch nicht durchgesetzt. Einige Archive und Quellengruppen sind jedoch bereits digitalisiert. Das Stadtarchiv Duderstadt hat einen Teil seiner Bestände digitalisiert, und im Internet geben die Regesta Imperii online[82] einen Eindruck von den Möglichkeiten digitalisierter Schriftquellen.

Im Rahmen der Haager Konvention zum Schutz von Kulturgut bei bewaffneten Konflikten (1954), in der sich die bitteren Erfahrungen des Zweiten Weltkrieges niederschlugen, finanziert die Bundesrepublik seit 1960 eine breit angelegte Verfilmung von Archivalien, die in hermetisch abgeschlossenen Stahlbehältern im Oberrieder Stollen (Schwarzwald), einem ehemaligen Silberstollen, eingelagert werden, um auch noch nach einer tief greifenden Katastrophe eine Geschichtsschreibung und -deutung zu ermöglichen. Die rund 600 Millionen Aufnahmen in 1400 Edelstahlzylindern sollen einen repräsentativen Querschnitt in zeitlicher, regionaler und sachlicher Hinsicht abdecken. Nach dem Ende der DDR sind auch 8.200 Meter Mikrofilm übernommen worden, mit denen eine Quellenauswahl aus den neuen Ländern den vorhandenen Bestand ergänzt.[83]

3.3.2 Benutzerdienst und Aktenschutz – wer was lesen darf – und wann?

Die Auskunftserteilung gehört zu den typischen Serviceleistungen eines Archivs. In den öffentlichen Archiven ist es eine gesetzlich geregelte Aufgabe, die nicht nur dem Archivträger, sondern vor allem dem interessierten Bürger zugute kommen soll. Bei den Privatarchiven der Wirtschaft oder in Adelsarchiven stehen die Interessen des Archivträgers als Eigentümer eindeutig im Vordergrund.[84] Die Anfragen werden mündlich oder schriftlich gestellt, wobei mit dem Medium der elektronischen Post ein flexibles Instrument bereitsteht, das in der qualitativen Spannbreite von einer quasi der Mündlichkeit verpflichteten, lockeren Anfrage des Typs „Hallo, ich bin der-und-der … und möchte …" bis zu einem traditionellen Anschreiben reichen kann. Bei telefonischen Anfragen wird häufig noch um ein Anschreiben, Fax oder E-Mail gebeten, damit Übertragungsfehler vor allem bei Personen- und Ortsnamen oder Jahreszahlen vermieden werden können. Das Spektrum der Anfragen reicht von der Ersterwähnung eines Orts in mittelalterlichen Quellen bis zu Grundstücks- und Rechtsangelegenheiten der jüngsten Vergangenheit.[85] Im Archiv wird zunächst geprüft, ob es überhaupt zuständig ist. Wenn dies gegeben sein sollte, wird eine Gewichtung nach der Bedeutung einer Anfrage vorgenommen. Sie entscheidet, wann und mit welcher Intensität die Bearbeitung vorgenommen wird. Dass die Anfrage eines Gerichts zu einem laufenden Rechtsstreit Vorrang vor sonstigen Recherchen hat, liegt auf der Hand. Die Spannbreite der Antwort erfolgt in einem dienstlich vertretbaren Maß, das heißt „so knapp wie möglich, so ausführlich wie nötig".[86] Bei einfach zu klärenden Faktenfragen wird dann auch schon telefonisch geantwortet. Liegen Ermittlungsergebnisse vor, wird bei der Konzipierung der Antwort in der Regel der Schwerpunkt darauf gelegt, *über* die Bestände oder einzelne Beständeteile, deren Umfang und Erschließungszustand Angaben zu machen, die durch Faktenzusammenstellungen und Belegsammlungen ergänzt werden. Vorweg werden der Datenschutz und archivische Sperrfristen geprüft. Werden aber Informationen *aus* den Beständen notwendig, kann die Antwort auch den Charakter einer umfangreichen gutachterlichen Stellungnahme annehmen. Voraussetzung für eine erfolgreiche Auskunftstätigkeit sind archivarische Fachkenntnisse, Kenntnisse der Verwaltungs- oder Institutionengeschichte, der Landesgeschichte und der historischen Hilfswissenschaften. Entscheidend ist aber der Erschließungszustand der heranzuziehenden Bestände sowie die Aussagekraft der Findmittel. Handelt es sich um lediglich summarische

94

Verzeichnungen und fehlen in klassischen Findbüchern die Register, ist es häufig genug notwendig, die wahrscheinlich infrage kommenden Archivalien durchzusehen.[87]

Auf die schriftliche Anfrage folgt häufig die persönliche Einsichtnahme in die ermittelten Archivalien. Größere Archive verfügen über einen Lesesaal, in einem kleinen Archiv kann das auch im Dienstzimmer der Archivarin oder des Archivars geschehen. Die Benutzung für wissenschaftliche Zwecke (denen Schülerarbeit gleichgestellt wird) ist in der Regel kostenfrei. Das Ausfüllen des Benutzerantrages dient einmal statistischen Zielen, zum andern soll auch für künftige Forschungen festgehalten werden, wer sich mit welchem Thema beschäftigt (hat). Meistens wird der Benutzer auch verpflichtet, ein Exemplar der von ihm mit Hilfe des Archivmaterials erstellten Veröffentlichung als Beleg dem Archiv zukommen zu lassen. Diese Belegexemplare finden dann ihren Platz in der Dienstbibliothek und können für spätere Anfragen herangezogen werden. Eine in den Privatarchiven der Wirtschaft übliche Klausel verlangt darüber hinaus, dass das Manuskript noch vor der Veröffentlichung zur inhaltlichen Prüfung vorgelegt wird.[88]

Grundsätzlich hängen Erfolg und Effizienz eines Archivbesuchs sehr von den Fähigkeiten der Benutzer beim Umgang mit den archivischen Ressourcen und den historischen Quellen ab.[89] Nach einem kurzen Beratungsgespräch, das mit dem Ziel einer möglichst selbstständigen Ar-

Abb. 8: Benutzersaal des Hessischen Staatsarchivs Darmstadt (Foto: T. Lange)

95

chivarbeit des Benutzers geführt wird, kann dieser anhand der vorgelegten Findmittel ihn interessierende Archivalien bestellen (s. Kap. 3.3.3). Diese werden ihm nach einer Prüfung des Erhaltungszustands, möglicher Datenschutz- und archivischen Sperrfristen (s.o. Kap. 1.3) dann im Original oder als Mikrofilm vorgelegt.

Heute ist die Benutzung eines mobilen Computers im Lesesaal selbstverständlich und wird von den Archivaren lieber gesehen als die Verwendung von Kugelschreibern und sonstigem Schreibgerät, vom unproblematischen Bleistift einmal abgesehen, die die unangenehme Eigenschaft haben, nahezu irreversible Spuren auf den Archivalien zu hinterlassen. In Archiven, die eine Fotowerkstatt betreiben, können dann Fotoaufträge gestellt werden; Aufnahmen mit einer eigenen Kamera sind meistens nur in Ausnahmefällen gestattet.

In einem mittelgroßen Staatsarchiv werden im Jahresdurchschnitt etwa 3.000 bis 3.500 Anfragen bearbeitet. Beim Hessischen Staatsarchiv Darmstadt beziehen sich etwa 10 % der persönlichen Einsichtnahmen auf wissenschaftliche Themen, 20-25 % auf sonstige landesgeschichtliche Forschungen, 40 % auf Fragen der Heimat- und Ortsgeschichte, 30 % auf familiengeschichtliche Nachforschungen und 5 % auf Rechts- und Verwaltungsfragen.[90]

3.3.3 Ordnung und Erschließung – wie findet man, was man sucht?

Für die Frage, wie finde ich für mein Thema aussagekräftiges Archivmaterial, gilt nach wie vor die Antwort Raul van Caenegems: „Um sich zum Archivmaterial Zutritt zu verschaffen, braucht der Historiker zwei Dinge: eine Übersicht der bestehenden Archivdepots und Inventare ihres Inhalts." Und auch heute noch ist die Feststellung des belgischen Historikers zutreffend: „In Deutschland und in der Schweiz ist die Zersplitterung des Archivwesens auf die Spitze getrieben."[91]

An dem zur Zeit aktuellen Thema der Zwangsarbeiterinnen und Zwangsarbeiter im Zweiten Weltkrieg lassen sich die typischen (Um-)Wege einer Archivrecherche aufweisen. Wenn sich Lehrer und Schüler auf diese Thematik verständigt haben und die Geschichte der Zwangsarbeit in ihrem Ort oder Kreis untersuchen wollen, sollte der erste Weg nicht ins Archiv führen, sondern in die nächste Bibliothek. Gerade die ortsgeschichtliche Literatur, aber auch die Berichterstattung der lokalen Presse vermag erste Hinweise auf mögliche Quellen und deren Archivierung geben. Um archivische Quellen ausfindig zu machen, muss man sich die Lebensverhältnisse dieser Menschen vergegenwärtigen: Wodurch kamen sie mit registrierenden Ämtern oder Behörden in

Berührung? – Die etwa 7,5 Millionen ausländischen Arbeitskräfte aus ganz Europa[92] wurden an allen nur erdenklichen Stellen eingesetzt: Gemeindeverwaltung, Reichsbahn, Unternehmen, Handwerksbetriebe, landwirtschaftliche Betriebe, Haushalte, kirchliche Einrichtungen, Krankenhäuser. Die ins Deutsche Reich verschleppten Menschen erhielten einen Pro-forma-Lohn, von dem Krankenversicherungsbeiträge abgezogen wurden, sie erhielten Kennkarten und sie wurden bei Heirat, Geburt und Tod standesamtlich registriert. Sie mussten, wenn auch nicht ausschließlich, in Lagern leben und wurden aufgrund ihrer extrem beschränkten Lebensverhältnisse und einer hysterisch xenophoben Vorschriftenlage schnell das Opfer der drakonischen nationalsozialistischen Unrechts-Justiz. Aber auch nach dem Ende des NS-Regimes entstanden vor allem in der öffentlichen Verwaltung Vorgänge, die im Zusammenhang mit der Erfassung und Registrierung für die Rückkehr in die Heimatländer, die Pflege von Grabstätten und ähnlichen Vorgängen stehen. Nicht zu vergessen ist natürlich die aktuelle Entwicklung im Zusammenhang mit den Entschädigungsleistungen, in denen die deutschen Archive als auskunftserteilende Stellen selbst archivwürdige Unterlagen produzieren. Allein die Tausende Briefe von Betroffenen, die ihre Schicksale schildern und häufig das Geschriebene mit Fotos, Ausweisen und anderen Erinnerungsstücken ergänzen, dürften für die Zukunft eine archivalische Quelle sui generis ergeben.

Aus diesem kurzen thematischen Aufriss ergeben sich die ersten Hinweise auf archivalische Quellen. Erster Anlaufpunkt ist, sofern vorhanden, das Stadtarchiv und/oder das Kreisarchiv. Grundsätzlich kann diese erste Kontaktaufnahme bereits mit einer großen Enttäuschung beginnen: Durch Zerstörungen während des Kriegs und durch wilde Vernichtungsaktionen in den letzten Kriegsmonaten kann die Überlieferung sehr schmal sein oder ist sogar zur Gänze vernichtet worden. Selbst wenn eine erste Beratung durch die Archivmitarbeiter ein positives Ergebnis zeitigt, ist jedoch damit die zweite Enttäuschung vorprogrammiert: Es gibt keinen eigenen Bestand „Zwangs-" oder „Fremdarbeiter", wie er analog zum systematischen Katalog der Orts- oder Schulbücherei zu erwarten wäre; vielmehr ist man gezwungen, sich durch eine Vielzahl von Beständen hindurchzuarbeiten.

Der übliche Weg der Archivaliensuche beginnt stets mit der ersten Überlegung, welche Behörden und sonstigen Einrichtungen mit Zwangsarbeitern befasst waren und der Frage, wo diese eingesetzt wurden. Der verwaltungsmäßige und strukturelle Zusammenhang ist also die zentrale Leitfrage jeder archivischen Recherche. Der zweite Schritt besteht nun darin, diese historische, unter dem Führungsdurcheinander des NS-Regimes[93] schon sehr undurchsichtige Situation auf die heutige, ebenfalls sehr zersplitterte „Archivlandschaft" zu übertragen.

Auf kommunaler Ebene müssten zu Rate gezogen werden: die Bestände der Stadtverwaltung, vor allem des Hauptamts oder Generalbüros, des Gesundheitsamts, der Stelle für Kriegssachschäden (hier finden sich in den Akten von antragstellenden Firmen häufig Hinweise auf Zwangsarbeiter und Lager); ferner sind die städtischen (Eigen-)Betriebe zu berücksichtigen, die selbst Zwangsarbeiter beschäftigten.

Die staatliche Überlieferung z.B. der Kreise oder der Arbeitsverwaltung liegt in der Regel beim Staatsarchiv. Auch die archivalischen Überreste der nächsthöheren Ebene, die Behörden und Dienststellen der „gleichgeschalteten" Länder, finden sich in den Landesarchiven. Das gilt insbesondere für die Justizbehörden mit den Strafanstalten, die Reichsbahndirektionen, (Ober-)Postdirektionen, Polizeipräsidien und/oder -direktionen. Gestapounterlagen können sich ebenfalls in den Beständen der Regierungs- und Oberpräsidenten befinden. – Für die Reichsebene ist schließlich das Bundesarchiv zuständig. – Sofern noch Schriftgut der NSDAP überliefert ist, ist auch dieses zu berücksichtigen, da die Partei in allen relevanten Fragen eingebunden war.

Für die kirchlichen Organisationen, vor allem die Krankenhäuser, sind für die Evangelischen Kirchen deren Landeskirchliche Archive und für die Katholische Kirche deren Diözesanarchive zu berücksichtigen. Die Pfarrarchive müssen dagegen in der Regel vor Ort besucht werden. In Städten, in denen vor 1945 eine Universität existierte, kann deren Archiv ebenfalls interessantes Material enthalten, wenn beispielsweise Krankenhäuser und andere größere Forschungseinrichtungen oder umfangreicher Grundbesitz zu unterhalten war.

Bei großen Unternehmen finden sich ebenfalls teilweise sehr umfangreiche Bestände mit Hinweisen auf die Beschäftigung von Zwangsarbeitern.[94] In den neuen Ländern finden sich vergleichbare Unterlagen in den Landesarchiven.

Welche Hilfsmittel stehen für die Recherche zur Verfügung? Einen wenn auch veralteten Überblick über die buntscheckige deutsche Archivlandschaft gibt das „Minerva Handbuch Archive", das auch einige Grundinformationen über die Geschichte der aufgeführten Archive und ihrer Bestände enthält. Etwas aktueller ist der Archivführer „Archive in der Bundesrepublik Deutschland, Österreich und der Schweiz", der mittlerweile auch als elektronisches Adressbuch vertrieben wird und neben den Anschriften die Namen der Mitarbeiterinnen und Mitarbeiter enthält.[95] Eine Zwischenform nehmen die „Archive im Freistaat Sachsen" ein, ein Werk, das sich selbst als „Archiv- und Beständeführer" bezeichnet. Es enthält neben den Anschriften kurze Archiv-geschichten, Listen mit den Beständen der einzelnen Einrichtungen, die nur die nötigsten Grunddaten (Bezeichnung, Laufzeit, Umfang) enthalten.[96]

Einen Einblick in den Aufbau der ermittelten Archive liefern deren Beständeübersichten, sofern solche in halbwegs aktueller Form vorlie-gen. Die Beständeübersicht oder die wesentlich detailliertere Gesamt-übersicht oder das Inventar[97] eines Archivs geben einen Einblick in den inhaltlichen und strukturellen Aufbau (auch Tektonik genannt) des Archivs, indem kurze Beschreibungen der vorhandenen Bestände auf-geführt werden. Sie enthalten Hinweise über Herkunft, Zusammenset-zung, Umfang und die abgedeckte Zeitspanne. Ferner wird genannt, ob eine Ablieferungsliste, eine Kartei, eine Datenbank oder ein Find-buch existieren. Beständeübersichten liefern somit wichtige Hinweise, ob sich ein Archivbesuch lohnt. Sie liegen häufig in gedruckter Form vor und sind entsprechend leicht in öffentlichen Büchereien oder im Buch-handel zugänglich. In den Dienstbibliotheken größerer Archive kön-nen Beständeübersichten anderer Archive vorhanden sein, vor allem, wenn sie im gleichen Bundesland liegen oder zu ihnen aufgrund lan-desgeschichtlicher Traditionen und Notwendigkeiten enge Beziehun-gen bestehen. Seitdem sich das Internet auch als Medium ernst zu neh-mender Forschung etabliert hat, stellen viele Archive ihre Übersichten ins Netz. Dies hat außerdem den Vorteil, dass sie stets den aktuellen Bearbeitungsstand bieten (sollten) (s. dazu auch unten Kap. 5.2).

Nach Auswahl möglicherweise infrage kommender Bestände müssen deren Findbücher (im archivischen Jargon ist auch der veraltete Begriff „Repertorium", abgekürzt Rep. noch üblich) konsultiert werden. Ne-ben den im 19. Jahrhundert entwickelten Findbüchern finden sich aber auch noch Karteien und moderne Datenbanken. Allen gemeinsam ist, dass sie die Titelaufnahmen von Archivalien eines Bestands in der Form einer Gliederung (Klassifikation) wiedergeben, die sich an der Organi-sationsstruktur und den Aufgaben der Entstehungsstelle orientiert. Mit Indices, die nach Personen, Orten und Sachen getrennt sein können, kann man hier auch gezielter suchen. Zu den einzelnen Titeln sind die Bestellnummern aufgeführt, die zusammen mit der Bestandsbezeich-nung für die Bestellung benötigt wird. Daneben existieren jedoch auch alle denkbaren Zwischenstufen, die bis zu handgeschriebenen Behör-denfindbüchern und reinen Ablieferungslisten reichen, in denen nur die allernötigsten Angaben zur Unterscheidung der einzelnen Archiva-lien erscheinen. Gerade bei noch nicht vollständig erschlossenen Be-ständen sollte in der Benutzerberatung gezielt nach archivinternen

Hilfsmitteln gefragt werden. Ebenso wie die Beständeübersichten werden Findbücher zentraler und wichtiger Bestände auch veröffentlicht. Einige Archive haben damit begonnen, ihre Findmittel ins Internet zu stellen. Sie sind dann in der Regel mit Hilfe von Suchmaschinen recherchierbar. Zwar bleibt die Klassifikation in der Regel sichtbar, praktisch werden entsprechende Suchbegriffe eingegeben, die dann direkt zum einzelnen Datensatz und damit zum Aktentitel führen. Letztlich entspricht dies den traditionellen Indices. Bei der Benutzung von Datenbanken, aber auch schon von Indices traditioneller Findmittel ist zu beachten, dass die archivische Titelaufnahme in der Regel nicht vereinheitlicht oder an einen Thesaurus gebunden ist, sondern vielmehr die vorgefundenen Begriffe parallel verwendet. Neben dem Stichwort „Zwangsarbeiter" muss nach „Fremdarbeiter", „Ostarbeiter" und „ausländische Arbeiter" sowie nach „Ausländer" gesucht werden.[98]

3.3.3.1 Spezialinventare

Spezial- oder sachthematische Inventare werden sowohl von Archiven als auch von sonstigen historischen Forschungsstellen angefertigt. Ausgangspunkte sind beständeübergreifende sach- oder auch gebietsbezogene Auswahlkriterien, die sich auf mehrere Bestände eines Archivs oder aber auch auf die Bestände mehrerer Archive erstrecken können. Für die Zwangsarbeiterfrage legten u.a. das Landesarchiv Berlin ein gedrucktes „Spezialinventar: Quellen zur Geschichte der Zwangsarbeit im Landesarchiv Berlin (1939–1945)" vor;[99] vom Hessischen Staatsarchiv Darmstadt ist ein ähnliches Inventar im Internet eingestellt.[100] Grundsätzlich handelt es sich hierbei um die „Wiederbelebung des einst verfemten Sach- und Pertinenzprinzips",[101] das aber einen direkten und benutzerfreundlichen Zugriff auf die archivalischen Quellen erlaubt. Letztlich sind gerade im Bereich der Spezialinventare die Übergänge zu historischen Quellenpublikationen, wie sie auch von den Archiven traditionell z.B. bei der Herausgabe der regionalen Urkundenbücher oder der Rekonstruktion von zerstreuten Archiven mitbetrieben wurden, fließend.[102]

3.3.3.2 Internet

Das Internet, das durch seine „stabreimenden Worte"[103] als Abbreviatur für die vernetzte Welt der Gegenwart und Zukunft steht, hat auch für die Archivrecherche eine tiefgreifende Wandlung zur Folge.[104] Grundsätzlich ist für eine strukturierte Recherche und eine effiziente Planung der auch hier noch beschriebene traditionelle Weg zu beschreiten, denn längst stehen aus grundsätzlichen Erwägungen heraus, aber auch aus

100

rein praktischen Gründen (Haushaltsmittel, Personalausstattung) nicht alle Archive, Bestände und Findbücher recherchierbar im Internet. Wie bei anderen Recherchen kann man auf die üblichen allgemeinen Suchmaschinen wie „Google" oder „Metager" zurückgreifen. Es ist aber zu berücksichtigen, dass man unter Umständen in einer Flut wenig hilfreicher Ergebnisse unterzugehen droht.[105] In vielen Fällen wird man aber besonders unter Verwendung von Verknüpfungsbefehlen (Bismarck AND Reichskanzler (OR Fürst)) und Angabe von Zeiträumen die Ergebnismengen sinnvoll zu beschränken wissen.[106] Ein weiterer Schritt sind Kataloge mit strukturierten Linksammlungen, die entsprechend vorsortiert sind und auf diesem Weg einen direkteren Zugang ermöglichen. Wichtige Zugänge ergeben sich aus dem Portal der Archivschule Marburg, die ein umfassendens Linkverzeichnis bietet, das in erster Linie deutsche Archive aller Sparten erfasst und auch Links zu europäischen und außereuropäischen Archiven enthält.[107] Auf regionaler Ebene erweisen sich Portale wie „Archive in NRW" oder die Präsentation der Archive im Rhein-Neckar-Dreieck[108] als hilfreich. Im Hessischen Archiv-, Dokumentations- und Informationssystem (HADIS) kann eine archivische Datenbank mit mehr als einer Million Datensätzen aus den drei hessischen Staatsarchiven genutzt werden, die sich aus gescannten, eingegebenen und neu verzeichneten Beständen zusammensetzt. Der Zugang erfolgt über die Homepage des Hessischen Staatsarchivs Darmstadt.[109]

3.4 Archive sichern Schätze – der Blick in die Magazine

In allen Archiven finden sich im weitesten Sinne schriftliche Zeugnisse, die ursprünglich für rechtliche und geschäftliche Zwecke geschaffen worden waren. Neben klassischen Zeugnissen auf Pergament und Papier tritt heute aber auch eine Vielzahl moderner Medien und Datenträger. Grundsätzlich unterscheidet man Urkunden, Amts- und Geschäftsbücher, Akten sowie archivalische Karten und Pläne. Fotografien und Bilder dürfen ebenfalls zu den traditionellen Archivalien gezählt werden. Daneben finden sich vor allem in den neuen Beständen auch verschiedenartige Tonträger, Filme, Videoaufzeichnungen und ebenfalls Datenträger, die aus der elektronischen Datenverarbeitung stammen und somit den Einbruch der digitalen Zeit in die grundsätzlich analoge archivalische Überlieferung markieren. In den meisten Archiven wird die Bestandsorganisation und die Lagerung in den Magazinen durch die Archivaliengattungen geprägt. Die Urkunden werden in eigenen Sammlungen aufgestellt, Karten und Pläne den Akten, zu

Abb. 9: Blick in das Magazin des Hessischen Staatsarchivs Darmstadt (Foto: A. Arnold)

denen sie gehören, entnommen. Mit Fotografien geschieht häufig das Gleiche mit dem Ergebnis einer „an gattungsspezifischen Gesichtspunkten gebildeten Ordnung".[110] Nimmt man das Provenienzprinzip jedoch ernst, so handelt es sich bei dieser traditionellen Praxis um einen eindeutigen Systembruch, der mit den spezifischen Materialerfordernissen bei der Verpackung (Siegelurkunden) und Klimatisierung (Fotografien) sowie den Schwierigkeiten, Überformate zu lagern (Karten), begründet wird. Durch die Möglichkeiten der EDV-gestützten Erschließung lassen sich solche „Provenienzbrüche" jedoch „virtuell" wieder heilen.

3.4.1 Urkunden

Die Urkunden stehen paradigmatisch für die Schriftlichkeit des Mittelalters, ungeachtet der sonstigen erzählenden Quellen, die ebenfalls in großer Zahl überliefert sind. Kannte die Spätantike als Zeit einer relativ allgemeinen Schriftlichkeit sowohl Urkunden als auch Akten,[111] verödete diese mit dem Ende des römischen Imperiums im Westen Europas und es zog eine Zeit herauf, in der die Schriftlichkeit massiv zurückging, „denn die Gesellschaft funktionierte so gut wie in allen Lebensbereichen ohne Schrift."[112] Doch wurden die spätantiken Wurzeln nicht völlig verschüttet, so dass sich eine formenarme, „sporadische Schriftlichkeit"[113] herausbildete. Ausgehend vom spätantiken Notariatswesen entwickelte sich die Urkunde der mittelalterlichen Herrschafts- und Rechtspraxis. Sie dokumentiert den Abschluss eines Rechtsgeschäfts und stellt einen Rechtstitel dar. Sie tritt zum einen als (ältere) Beweisurkunde auf, die einen zusätzlichen, rechtskräftigen schriftlichen Beweis für einen mündlich und rechtssymbolisch vollzogenen Rechtsakt darstellt, bei dem der eigentliche Beweiswert über die Zeugen, die in solchen Urkunden in standesgemäßer Reihenfolge aufgezählt werden, hergestellt wird.

In jüngeren Urkunden wird der Rechtsakt in die Ausfertigung des beglaubigten Schriftstücks selbst gelegt. Als dispositive Urkunde schafft sie somit Recht.[114] Die Siegel der Aussteller, die Zeugen und gegebenenfalls der Beglaubigungsvermerk des Schreibers garantieren ihre rechtschaffende und beweisende Kraft. Als Tempusform ersetzt das Präsens das Perfekt der reinen Beweisurkunde. Grundsätzlich sind Urkunden aus sich heraus verständlich, da in der Regel alle Aufzeichnungen und auch die eventuell vorhandenen Konzepte vernichtet wurden, so dass keine „Akten", die den Entscheidungsweg dokumentieren könnten, entstanden; Urkunden haben demnach einen „autarken Charakter".[115] Üblicherweise unterscheidet man zwischen Papst-, Königs- und sonstigen öffentlich-rechtlichen Urkunden sowie Privaturkunden, deren Aussteller eben keine öffentlich-rechtlichen Funktionen ausüben. Ein weiteres Unterscheidungsmerkmal ist die angestrebte Dauer des Rechtsgeschäfts. Aus dem Mandat mit zeitlich begrenzter Geltung entwickeln sich bis zum Spätmittelalter schlichte Geschäftsurkunden (litera, brief), während das Diplom (Privileg, Praezept) dauerhafte oder sogar Ewigkeitswert beanspruchende Rechtsakte verkörpert. Die Verbindung mehrerer Urkunden kann als Insert (Vidimus, Transumpt) oder als Transfix auftreten. Als Überlieferungsformen trifft man im Archiv auf die Ausfertigung, das Original, typischerweise als Pergamenturkunde mit Siegel. Seit dem 14. Jahrhundert wird das Pergament durch Papier ersetzt, ohne es bis zum Ende des Ancien Regime vollständig verdrängen zu können. „Die Urkunden, die im Original erhalten sind, sind in der Minderzahl";[116] die meisten sind nur in abschriftlicher Form in Kopialbüchern und Registern, die dann aber schon zu Amts- und Geschäftsbüchern rechnen, überliefert.

3.4.2 Amts- und Geschäftsbücher

Der Name ist bereits die Erklärung für die augenfällige Erscheinung dieser Archivaliengattung. Es handelt sich um fest eingebundene

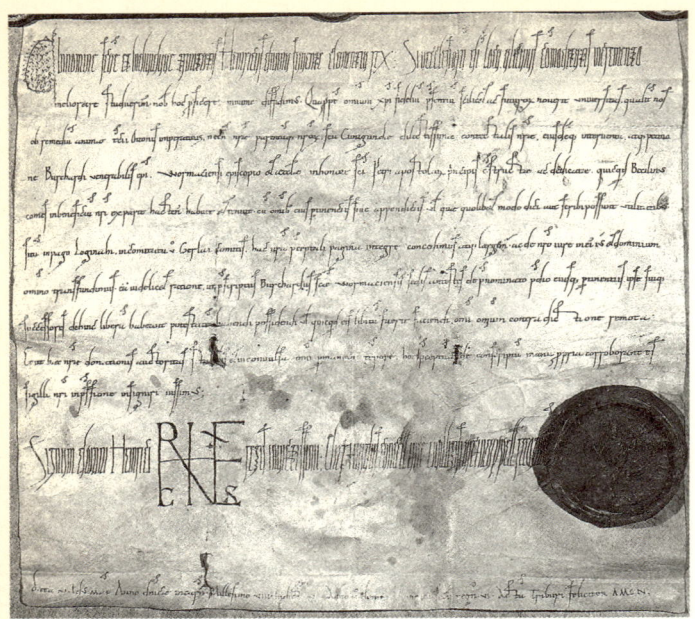

Abb. 10: Urkunde (StAD, A 2 Nr. 255/6 = MGH, DH II Nr. 176)

Transkription:

Heinrich schenkt der bischöflichen Kirche zu Worms das Lehen des Grafen Becelin im Lahngau. Trebur, 1008 Mai 11

Im Namen der heiligen und unteilbaren Dreifaltigkeit. Heinrich, durch die günstige Gnade Gottes König. Auch wenn wir uns bemüht haben werden, die den Kirchen Gottes zugehörigen Güter zu deren Vorteil zu verbessern, so bezweifeln wir doch, ob dies genügend bewirkt.

Deswegen möge die Gemeinschaft der Christgläubigen, sowohl die gegenwärtigen als auch die zukünftigen, wissen, daß wir für das Seelenheil des Kaisers Otto des Dritten und auch für unseres und das unserer Eltern als auch für das unserer geliebten Gemahlin Kunigunde sowie auf Fürsprache derselben und auf Bitte Burchards, des ehrwürdigen Bischofs zu Worms, für das Bistum und für die Kirche, die zu Ehren des Heiligen Petrus, des ersten der Apostel, erbaut und gewidmet ist, gleichsam zu ihrem Vorteil, bestimmen, daß das, was auch immer der Graf Becelin von unserer Seite als Lehen bisher erhalten und gehalten hat, mit allem seinem Zubehör oder Einkünften und mit allen seinen Nutzbarkeiten, in welcher Weise die auch immer benannt oder beschrieben werden können, und die im Lahngau zur Grafschaft des Grafen Gerlach gehören, und, die wir durch unsere (Königs-)

104

Urkunde vollständig schenken und von unserem Recht in ihr Recht und ihre Gewalt vollständig übertragen, so daß der vorgenannte Burchard, Vorsteher des heiligen Wormser Stuhls das vorgenannte Gut mit seinem Zubehör selbst und seine Nachfolger von nun an ungehindert haben mögen, um es zu haben, um es zu besitzen oder was sonst immer ihnen beliebt, dies sei frei von allem Widerspruch.

Und damit die Autorität dieser unserer Schenkung für alle Zeit fest und unverbrüchlich bleibe, haben wir befohlen, daß nach [unserer] eigenhändigen Unterschrift dieser Urkunde unser Siegel aufgedrückt werde.

Zeichen des Herrn Heinrich, des unbesiegbaren Königs.

Eberhard, Vizekanzler des Erzkaplans Willigis hat beglaubigt.

Gegeben in den 5. Iden des Mai, im Jahre der Fleischwerdung des Herrn tausend 8, in der fünften Indiktion, aber im 6. Herrschaftsjahr des Herrn Heinrichs des zweiten, geschehen zu Trebur;

Feliciter Amen

Lateinischer Urtext:

(c.) In nomine sanctae et individuae trinitatis.

Heinricus divina favente clementia rex. Si aecclesiarum dei loca alicuius commoditatis incremento meliorare studuerimus, nobis hoc proficere minime diffidimus. Quapropter omnium Christi fidelium presentim scilicet ac futurum noverit universitas, qualiter nos ob remedium animae tercii Ottonis imperatoris nec non nostrae parentumque nostrorum seu Cunigundae dilectissimae contectalis nostrae eiusdemque interventu atque petitione Burchardi venerabilis episcopo Wormaciensi episcopio et aecclesiae in honore sancti Petri apostolorum principis constructae ac dedicatae, quicquid Becilinus comes in beneficium nostri ex parte hactenus habuit et tenuit, cum omnibus eius pertinenciis sive appendiciis vel quae quolibet modo dici aut scribi possunt utilitatibus, situm in pago Loginahi in comitatu vero Gerlai comitis, hac nostra preceptali pagina integre concedimus atque largimus ac de nostro iure in eius ius et dominium omnino transfundimus, ea videlicet ratione ut prescriptus Burchardus sanctae Wormaciensis sedis antistes de prenominato predio eiusque pertinentiis ipse suique successores dehinc liberam habeant potestatem habendi possidendi vel quicquid eis libitum fuerit faciendi, omni omnium contradictione remota.

Et ut haec nostrae donationis auctoritas stabilis et inconvulsa omni permaneat tempore, hoc preceptum [in]de conscriptum manu propria corroborantes sigilli nostri impressione insigniri iussimus.

Signum domini Heinrici (M.) regis invictissimi.

Eberhardus cancellarius vice Uuilligisi archicappellani recognovit. (SI 2)

Data V. idus mai. anno dominicae incarnationis millesimo VIII, indictione V, anno vero domni Heinrici secundi regnantis VI;

actum Triburi; feliciter amen.

Erläuterung des Aufbaus:

Protokoll (Einleitung)

Chrismon – Beginn der Gitterschrift (Elongata) – Invocatio (Anrufung Gottes)

105

Intitulatio (Aussteller)

Arenga (allgemein gehaltene Begründung)

Kontext (Hauptteil)

Publicatio (Verkündigungsformel)

Narratio (erläuternder Kurzbericht zu Gründen für die Ausstellung der Urkunde)

Dispositio (Anordnung)

Corroboratio (Bekräftigungsformel)

Eschatokoll (Schlußteil)

Subscriptio (Unterzeichnung) – Monogramm des Herrschers

Rekognitionszeile (Beglaubigung des Kanzlers) – Siegel des Herrschers

Datum (Geschehen am ... als Ausstellungstag)

Verhandelt zu ... (Ausstellungsort)

(C.) – verziertes großes C = Chrismon. Symbolische Anrufung des Namens Christi

... – Kennzeichnet Beginn und Ende der sog. Gitterschrift, einer verlängerten Zierschrift (Elongata)

(M.) – Monogramm, setzt sich aus den Buchstaben des Namens des ausstellenden Königs zusammen. Beinhaltet mit dem Querstrich den sog. Vollziehungsstrich als eigenhändiger Mitwirkung des Königs.

(SI 2) – Siegel, hier durchgedrücktes rundes, naturfarbenes Wachssiegel mit dem Porträt des thronenden Herrschers, in der Rechten das Zepter, in der Linken den Reichsapfel mit Kreuz haltend. Umschrift: + HEINRICHUS DEI GRATIA REX; Durchmesser ca. 7 cm

Anm.: rechts und links sind hier heraldisch gemeint, d.h. rechts entspricht beim Betrachter links und umgekehrt.

Bücher, in die von einer Entstehungsstelle fortlaufende, gleichartige Einträge gemacht wurden. Solche Bücher konnten als Gerichtsprotokoll, Grundbücher, Kirchenbücher Rechtskraft haben, während andere wie zum Beispiel Geschäftstagebücher und Formularbücher als reine Gedächtnisstütze, Kanzlei- und Verwaltungshilfsmittel dienten. Rechnungsbücher konnten eine Zwischenposition einnehmen: Der bestätigten, „abgehörten" Rechnung kam durchaus Rechtskraft zu. Zu den frühen schriftlichen Überlieferungen (ab 10. Jh.) zählen Urbare, Güterverzeichnisse v.a. geistlicher Einrichtungen (z.B. die Werdener Urbare), Traditionsbücher geistlicher Einrichtungen, in denen Traditionsnotizen oder Abschriften von Privaturkunden über Schenkungen von Gütern oder sonstigen Zuwendungen eingetragen wurden (z.B. der Lorscher Codex). In Kopiaren wurden von den Empfängern die ihnen zugedachten Urkunden eingetragen, in Registern wurden dagegen bei den Ausstellern die ausgehändigten Urkunden niedergeschrieben. Die Eintragungen wurden in vorgebunden Büchern gemacht,

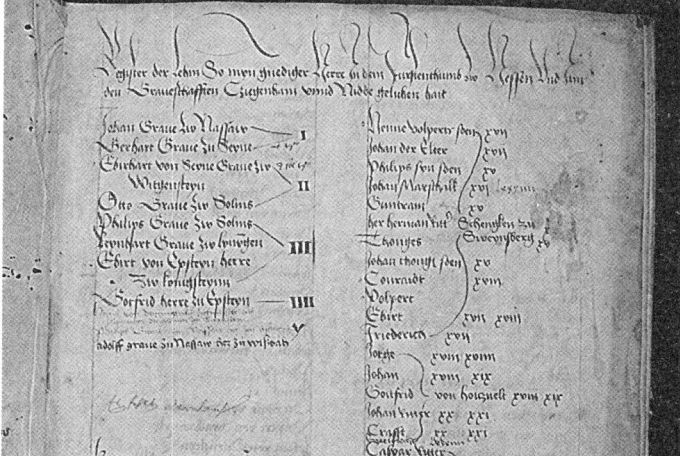

Abb. 11: Kopialbuch Landgraf Wilhelms von Hessen, 15. Jahrhundert. – StAD E 14 G Nr. 2/1 (oben) und eine Seite aus dem Buch (unten) (Fotos: M. Bernhardt)

aber die nachträgliche Bindung von Lagen und Einzelblättern war ebenfalls allgemein verbreitet. Quellenkritisch nicht unproblematisch sind auch v.a. im 19. Jahrhundert entstandene „archivische" Amts- und Geschäftsbücher, die als unhistorisch und anachronistisch zu gelten haben. Neben schlichten Heften finden sich auch aufwändige Holzde-

107

ckel- und Pergamenteinbände, in denen auch ungültige Urkunden, Blätter aus liturgischen Büchern, Notenschriften usw. Verwendung fanden. Vor allem im Geschäftsleben haben sich die sprichwörtlichen Bücher des Kaufmanns gehalten. Die Vielfältigkeit und der teilweise enorme Umfang hat zur Konsequenz, dass die Amts- und Geschäftsbücher häufig nur formal, auf der Ebene des einzelnen Bands erschlossen sind. Wenig mehr als Provenienz, „Typ", und Laufzeit wird in den archivischen Findmitteln kaum ausgewiesen; im besten Fall liegt ein Personen- und Ortsregister vor. Daneben werden sie gelegentlich im Rahmen beständeübergreifender Projekte (Urkundenbücher, Spezialinventare) mit Vollregesten der einzelnen Urkunden erschlossen.[117]

3.4.3 Akten

Akten stellen die große Masse der Archivalien in den Archiven. Während Urkunden und Amtsbücher heute eine Randerscheinung sind oder nur noch dem Namen nach existieren (elektronisches Grundbuch), stellte die Akte vom Spätmittelalter bis heute das Instrument der Verwaltungs- und Geschäftspraxis dar. „Sie dokumentieren das, was geschehen, ‚gehandelt' worden ist (acta)".[118] Es handelt sich in der Regel um eine zusammengefasste Mehrzahl von Einzelschriftstücken verschiedener Herkunft. Sie stammen aus dem Eingang bei der aktenführenden Stelle (Anfragen, Aufträge, Bestellungen, Eingaben, Berichte, Erlasse), ferner handelt es sich um bei der aktenführenden Stelle entstandene Vermerke, Telefon-/Gesprächsnotizen, Entwürfe, Denkschriften, Protokolle, Listen (Innenlauf) und schließlich um die Konzepte, Durchschriften, Kopien und Mehrfertigungen (Ausdrucke von Dateien) der versandten Schreiben (Ausgang). In einer für die deutsche Verwaltung seit der frühen Neuzeit typischen Sachakte finden sich alle diese Elemente wieder. In politischen Korrespondenzakten oder in privaten Briefsammlungen fehlt der Innenlauf meistens, weil keine nachgeordnete Stelle zugearbeitet hat. Serien von Gesandtschaftsberichten oder die Berichte einer internen Revision können ganz dem Innenlauf zugeordnet werden. Im Gegensatz zur Urkunde und den meisten Amtsbüchern (z.B. Kopiare) dokumentieren die Akten die Entwicklung einer Entscheidung. Sie sorgen somit für eine gewisse Transparenz, aber sind gewiss nicht Garant für eine objektive Darstellung. In der öffentlichen Verwaltung Deutschlands herrscht traditionell der Typ der Sach- oder Betreffakte vor. In Wirtschaftsunternehmen trifft man diesen Typ ebenfalls an, daneben finden sich hier stärker chronologisch aufgebaute Serien oder auch alphabetisch geordnete Korrespondenzakten.

108

Abb. 12 a-c (S. 109-111): Eine Akte aus der landgräflichen Verwaltung des 18. Jahrhunderts: Landgraf Ernst Ludwig fordert einen Bericht über die verweigerte Fronarbeit seiner Untertanen am Schlossbau in Darmstadt an (12 a) und entscheidet aufgrund des Berichts (Abb.12 b) in einem Erlass vom 18. November 1715 (Abb. 12 c), dass u.a. wegen der fortgeschrittenen Jahreszeit den Untertanen diese Arbeit zu erlassen sei. (StAD E 14 A Nr. 70/3 u. 71/2. Fotos: M. Bernhardt)

Mit der Entstehung einer modernen wohlfahrtsstaatlichen Leistungs-verwaltung und dem Aufbau eines modernen Justizsystems entstanden massenhafte, nach Einzelfällen (Personen oder topographisch) geord-nete Parallelakten.[119] Dieser grundlegenden Bedeutung entsprechend hat sich in Deutschland eine eigene archivalische Disziplin als Akten-kunde gegründet, die besonders in ihrer Ausprägung als systematische

Aktenkunde die Schriftstücke analysiert und typisiert und dabei teilweise eine derartig ausgeprägte sophistische Finesse an den Tag legt, dass eine nähere Darstellung den Rahmen dieser Arbeit sprengen würde.[120] Sie untersucht die archivalischen Textsorten, den Entstehungsweg eines Textes (genetische Aktenkunde) und analysiert den Aufbau eines Schreibens.[121]

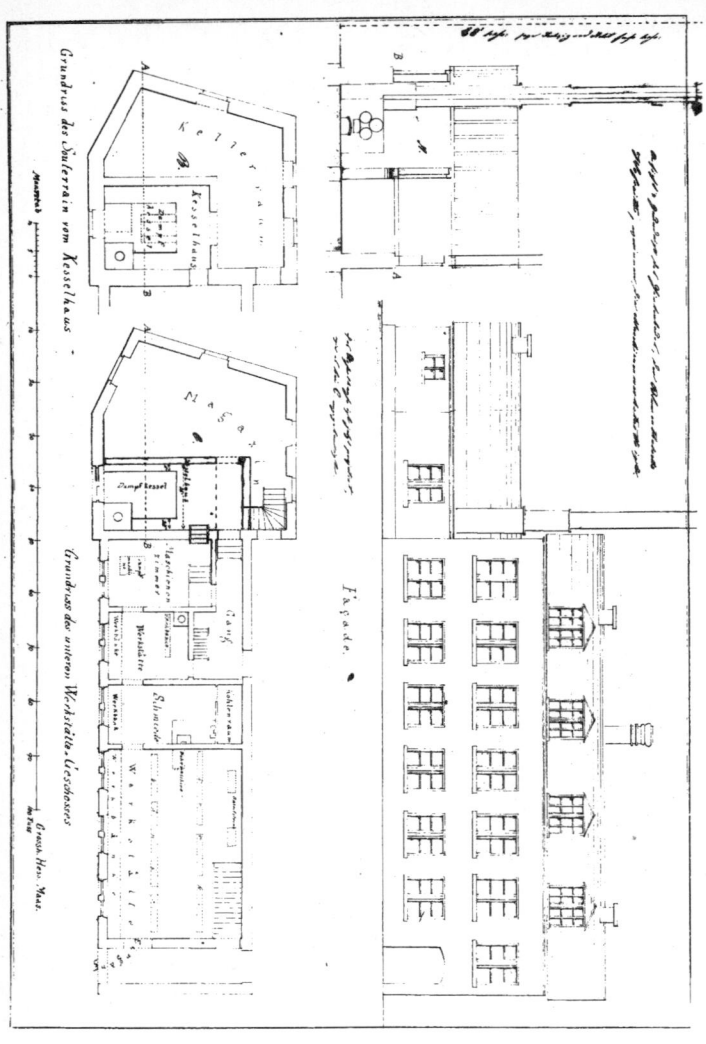

Abb. 13: Zeichnung einer in der Blumenthalschen Maschinenfabrik zu errichtenden „Dampfkessel- und Schornstein-Mauerung als Beilage zu dessen Concessionsgesuch", ca. 1863/64 (StAD, G 15 Darmstadt V 130, Fotosammlung)

112

3.4.4 Karten

Karten sind in den meisten Archiven in großer Zahl vertreten. Ihr besonderer Quellenwert liegt in vielen Fällen in ihrer bildlichen Anschauungskraft.[122] Sie werden in den archivischen Sammlungen ergänzt durch Pläne und Risszeichnungen von Grundstücken und Gebäuden (Grundriss, Aufriss, Seitenansicht). Ferner zählen ebenfalls technische Zeichnungen dazu, die vor allem in Wirtschaftsarchiven, aber auch bei technischen Ämtern und Genehmigungsbehörden (z.B. Dampfkessel-überwachung) der Länder und Kommunen in großer Zahl anfallen können.

Aufgrund ihrer teilweise enormen äußeren Dimensionen werden Karten und Pläne getrennt gelagert oder sind sogar als sog. „Plankammern" im Ganzen von den Entstehungsstellen übernommen worden. Häufig sind auch so genannte „funktionale Provenienzen"[123] anzutreffen, bei denen Forstkarten nach Ämtern gegliedert werden. Archivalische Karten entstanden aus der Geschäftstätigkeit der Provenienzstellen und sind normalerweise nicht zur Veröffentlichung bestimmt. Sie dienen häufig zur Ergänzung von Sachakten, aus denen sie in vielen Archiven mit einem Querverweis entnommen und der Kartensammlung einverleibt werden. Allerdings bedient sich die moderne Verwaltung des Staates und der Wirtschaft selbstverständlich auch gedruckter Karten. Aufgrund einer eventuell bestehenden Ablieferungspflicht gelangen aus den staatlichen Vermessungsämtern auch deren publizierte amtliche topographische Kartenwerke in die Staatsarchive. Auch die amtlichen Karten des Liegenschaftskatasters werden grundsätzlich archiviert.[124]

Ältere Karten sind handgezeichnet und erinnern in ihrem äußeren Erscheinungsbild eher an Gemälde. Im 16. Jahrhundert können sie beispielsweise auf Leinen gezogen, mit Eiweiß grundiert und in Aquarellfarben gemalt sein; die Darstellung kombiniert einen Grundriss und einen Aufriss zu einer gegenständlichen naturalistischen Ansicht. Solche Bildkarten waren oft Beigaben zu Gerichtsakten und kommen in Reichskammergerichtsverfahren häufig vor. Die Karten der jüngeren Zeit entsprechen dem jeweiligen Stand der Kartographie. Der modernen Kartographie geht die Einführung der um 1800 in Frankreich entwickelten trigonometrischen Landesvermessung voraus. Diese Karten verbinden einen erheblichen Zugewinn an wissenschaftlicher Exaktheit mit einem traditionellen, ästhetischen Erscheinungsbild.[125] Es war auch selbstverständliche Verwaltungspraxis, dass in gedruckten Karten Einzeichnungen getätigt wurden. Zu den typischen archivali-

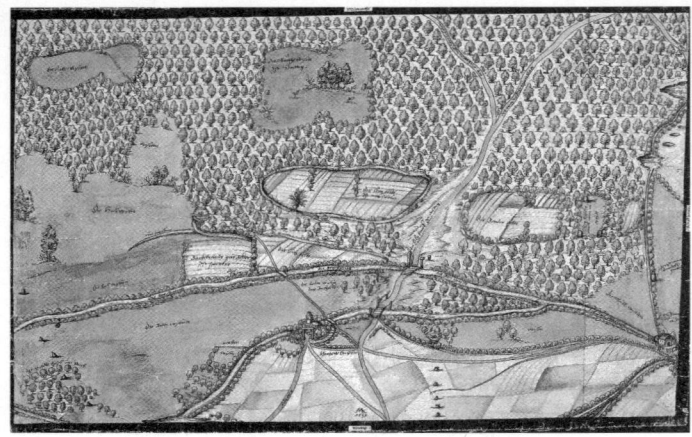

Abb. 14: Stereographische Projektion von Hergershausen und Umgebung. Dorsalaufschrift: Augenschein in Sachen Groschlag/Hanau in puncto causalium primi mendati großhaußen verstr. praes. Spirae 1569 Okt 3., Urheber: M. A. Format: 29,8 x 46,9 cm. Maßstab: ca. 1:7000. 1 Blatt. – Papier, auf Leinwand aufgezogen; handgezeichnet, koloriert. 1569 (StAD, P 1 Nr. 146. Foto: M. Bernhardt)

schen Karten zählen insbesondere Grenzkarten, Katasterkarten, Risswerke der Bergämter, Forstkarten, Baupläne der Staatsbauämter und Pläne, die aus dem Eisenbahn- und Straßenbau stammen.

3.4.5 Kataster

Da der technische Fortschritt auch vor der Vermessungs-, Umwelt- und Planungsverwaltung nicht Halt gemacht hat, bewirken heute EDV-basierte geographische Informationssysteme, mit denen objektorientierte Modelle der Realwelt erstellt und mit Hilfe unterschiedlicher Analysemodelle ausgewertet werden können, große archivische Probleme.[126] Sind die üblichen Karten und Pläne mit den Hilfsmitteln der archivalischen Erschließung und der historischen Kartographie noch zu bewältigen, werfen die eingangs erwähnten technischen Zeichnungen vielfältige Schwierigkeiten auf. Seit Mitte des 19. Jahrhunderts sind sie immer spezieller geworden und bilden z.B. im Maschinenbau eine umfangreiche und komplizierte Überlieferung.[127] Hier sind die Archive oft genug auf die Unterstützung von Fachkräften angewiesen, die im besten Fall noch mit diesen Unterlagen gearbeitet haben.

114

3.4.6 Audiovisuelle Medien

Der technische Fortschritt mit seinen differenzierten Techniken zog mit einer gewissen Zeitverzögerung in die Archive ein. Die erste technische Innovation dieser Art war die Fotografie. Mit der Übernahme von Beständen des 19. Jahrhunderts gelangte auch eine Vielzahl von fotografischen Reproduktionen in die Archive. Sie stellten mit Glasplattennegativen, Glasdiapositiven, hochsensiblen Farbaufnahmen, die sich als kaum farbecht erweisen, besondere Ansprüche an eine technisch und klimatisch angemessene Archivierung und Benutzung. Als „bürgerliches Medium"[128] finden sich Fotografien in Überlieferung von Unternehmernachlässen. Sie wurden für die unterschiedlichsten unternehmerischen Zwecke (Repräsentation, Werbung) verwendet und fanden Eingang in die Firmenarchive. Aber ebenso ist die Fotografie ein „adeliges Medium"; in den Beständen der Haus- und Familienarchive sind auch die Lichtbildwerke der Hoffotografen zahlreich vertreten.[129] Ferner werden die archivischen Sammlungen durch den käuflichen Erwerb oder die Deponierung der Nachlässe von Berufsfotografen oder „alteingesessener" Fotoateliers ergänzt.

Das Berliner Landesarchiv hat durch die Übernahme der Abteilung I der Landesbildstelle heute mit 1 Million Aufnahmen, mehreren Millionen Metern Positiv- und Negativfilm und 600 000 Minuten Tonbandaufzeichnungen neben dem Bundesarchiv und dem Sächsischen Staatsarchiv Leipzig einen überaus reichen Fundus an AV-Medien.[130]

Einen weiteren Zuwachs erhalten die archivischen Fotosammlungen durch die Dokumentationsfotografie. Besonders in den Akten der Staatsanwaltschaften finden sich regelmäßig Aufnahmen zur Beweissicherung bei Unglücken oder Verbrechen.[131] Die Werksfotografen großer Unternehmen haben auch Neu- oder Umbauten, besondere Produkte, Produktionshallen aber auch die Beschäftigten für die unterschiedlichsten Unternehmenszwecke aufgenommen.[132] Neben der klassischen Verzeichnung wird bei Fotoerschließung zunehmend auch digitalisiert und kleine Reproduktionen können in den Datenbanken als Vorschaubilder betrachtet werden.

Filme und Videobänder oder -kassetten sind in aller Regel nicht so häufig überliefert. Hier spielt neben der Lagerung auch die Schwierigkeit eine Rolle, passende Abspielmöglichkeiten für die Erschließung und Benutzung bereitzustellen. Ein häufig eingeschlagener Weg besteht in der Umkopierung in gängige Formate, heute meistens nur noch VHS. In den Wirtschaftsarchiven finden sich dagegen zahlreiche Filme und Videoproduktionen. Eine Umfrage unter nordrhein-westfälischen Wirtschafts- und Gewerkschaftsarchiven aus dem Jahr 1993 nennt für 30 Einrichtungen rund 4.000 Videofilme und knapp 10.000 16/35 mm Filme.[133] In den Medienarchiven (Dokumentationsstellen) der Rundfunkanstalten ist die Situation aus nahe liegenden Gründen deutlich anders, denn hier stellen AV-Medien das Gros der Überlieferung, hinter der die sonstigen Überlieferungsformen wie Akten zurücktreten. Zunehmend werden dort die analogen Tonträger im Hörfunkbereich (Schallplatten, Tonbänder, CDs) in digitale Systeme überspielt; Hörfunkproduktionen entstehen heute bereits ausschließlich digital. Sie werden auch nur digital in Massenspeichern archiviert und in Repräsentationsdatenbanken formal erfasst, inhaltlich erschlossen und damit auffindbar gemacht.

Sowohl Fotografien wie auch Filme genießen als persönliche geistige Schöpfung Urheber-, Veröffentlichungs- und Nutzungsrechte.[134] Die letzteren stehen häufig den verwahrenden Archiven zu, deren Gebührenordnungen für Veröffentlichungsgenehmigungen z.T. deutlich höhere Sätze als sonst üblich ausweisen. Die Benutzungsordnungen der Archive sehen im Übrigen durchweg vor, dass der Benutzer die Urheberrechte zu beachten hat. Dies hat zur Folge, dass vom Benutzer zu ermitteln ist, ob noch Rechteinhaber oder deren Erben Ansprüche erheben können. Die Fernseh- und Rundfunksender unterhalten teilweise Mitschnittdienste, die nach festen Preislisten arbeiten.

Tonträger sind in den meisten allgemeinen öffentlichen und privaten Archiven relativ selten anzutreffen. Ausnahmen bilden z.B. Tonbandmitschnitte bei einigen der großen NS-Verbrechens-Prozesse der 60er- und 70er-Jahre des 20. Jahrhunderts, wie z.B. beim Auschwitz-Prozess in Frankfurt am Main (1963–1965). Die 430 Stunden umfassenden Tonbänder dieses Prozesses wurden in Zusammenarbeit mit dem Fritz-Bauer-Institut/Frankfurt am Main und dem Deutschen Rundfunkarchiv transkribiert und sollen als Textdokumente, die mit entsprechenden Suchfunktionen benutzbar gemacht wurden, auf CD-ROM der Öffentlichkeit zur Verfügung gestellt werden.[135] Noch unerschlossen sind andere ähnliche Dokumente wie z.B. die des Kielce-Prozesses vor dem Landgericht Darmstadt (1967–1971; 161 Tonbänder der Hauptverhandlung sind im Hessischen Staatsarchiv Darmstadt vorhanden).[136]

3.4.7 Elektronische Speichermedien

Durch den Einsatz von Großrechneranlagen seit etwa 1960 und den Siegeszug des Einzelplatzrechners als „persönliches" Arbeitsgerät zwei Jahrzehnte später ist die traditionelle Welt der Archivalien um eine

116

Kategorie von Datenspeichern bereichert worden, für die bis zum gegenwärtigen Zeitpunkt weder Praxis noch Theorie überzeugende Konzepte entwickelt haben. Dass Informationen, soweit sie archivwürdig sind, strukturell nur noch als solche nutzbar in einem eigentlich unauflösbaren System von Hard- und Software gefangen sind, ist eine neue, zuvor noch nicht vorstellbare Hürde für eine dauerhafte Aufbewahrung. Analoge Daten lassen sich immer wieder lesbar machen, was grundsätzlich auch für Mikrofilme gilt, die, wie ein in Archivarskreisen gängiger Scherz meint, zur Not auch mit einer Lupe und einer Taschenlampe gelesen werden können. Neben diesen eher technischen Problemen tritt die Frage nach der Authentizität elektronischer Dokumente zurück, die häufig ohne rechtsverbindliche Unterschriften erstellt und in Umlauf gesetzt werden. Bislang brauchten sich die Archive, außer bei eindeutigen Fälschungen, über die Rechtskraft archivierter Unterlagen keine Gedanken zu machen.[137]

Zwar hat die archivische Fachdiskussion in den letzten fünfzehn Jahren sich diesen Fragen in einer teilweise lebhaft geführten Diskussion gestellt, aber die Praxis blieb davon im Wesentlichen unberührt, weil die zur Übernahme anstehenden Unterlagen dem vertrauten analogen Typ (also Papier oder Mikrofilm als Schriftträger) entsprachen. Elektronische Daten fielen sowohl in Wirtschaftsunternehmen als auch bei der öffentlichen Hand vor allem im Bereich der Verarbeitung von massenhaft gleichförmigen und standardisierten Vorgängen an wie Gehaltsabrechnung, Lagerhaltung, Haushalts- und Kassenwesen, deren Ergebnisse grundsätzlich nicht als archivwürdig angesehen wurden. Archivwürdige Daten wurden in der Regel ausgedruckt oder auch auf Mikrofilm ausgegeben, so dass sie als klassische Archivalien bearbeitet werden konnten. Die Daten auf Einzelplatzrechnern gingen und gehen in der Regel verloren; dies kann akzeptiert werden, weil die relevanten Unterlagen in der Regel ausgedruckt und als papiergestützte Dokumente Rechtskraft erlangen. Das elektronische Büro ist seit etwa 1985 Realität, das papierlose Büro jedoch noch lange nicht. Doch durch den Einsatz von geographischen Informationssystemen, die typischerweise Datenbanksysteme mit vektorgraphik-basierten Bildverarbeitungsprogrammen kombinieren, das Aufkommen von Dokumentenmanagementsystemen, in denen die komplette Vorgangsbearbeitung vom eingescannten Eingang bis zum Ausgang digital erfolgt, sowie die „verlinkte" bunte Bilderwelt des Internets werden Bereiche berührt, die auch als archivwürdig gelten.

Angesichts des rapiden Veraltens der Computertechnik und der damit verbundenen Erneuerungszyklen fällt die Archivierung der originalen Datenspeicher als Möglichkeit aus, weil sonst die jeweilige Hard- und Software mitzunehmen wäre und aufgrund der zu erwartenden technischen Anfälligkeit weder eine dauerhafte Aufbewahrung noch eine zuverlässige Benutzbarkeit gewährleistet ist. Bei Datenbanken aus Großrechnern und PC-Anlagen archiviert man so genannte „flat files", Dateien, die in Standardformaten die Informationen unter Wegfall der Formatierungen und sonstigen Systeminformationen des Ursprungssystems enthalten. Zwar geht damit ein Aspekt von „Originalität" verloren, der aber durch entsprechende Angaben zumindest dokumentiert werden kann. Bei komplexen Verbunddateien wird ebenfalls die Konvertierung in Standardformate wie TIFF oder ASCII diskutiert, die dann in internetbrowserfähige XML-Strukturen einfließen. Auf der Grundlage dieser universellen Beschreibungssprache entstünden systemunabhängige Archivobjekte, die dann durch permanente Migration archiviert werden könnten. Die Authentifizierung durch digitale Signaturen steckt noch ganz in den Anfängen, obwohl es in Deutschland bereits eine entsprechende gesetzliche Grundlage gibt. Auch werden in diesem Zusammenhang organisatorische Lösungen angestrebt, da die meisten Archive weder über die Ausstattung noch über entsprechend qualifiziertes Personal verfügen. Die niedersächsischen Staatsarchive kooperieren mit dem Landesrechenzentrum (Informationszentrum Niedersachsen), das als technischer Dienstleister die Betreuung digitaler Archivalien übernimmt.[138]

3.5 Schreiben und Lesen will (neu) gelernt sein – Hürden, die (fast) keine sind

3.5.1 Schriftkultur

„Die Erfindung der Buchdruckerkunst macht dem menschlichen Verstande zwar Ehre, doch verliert sie sehr, wenn man sie mit der Erfindung der Buchstaben vergleicht."[139]

Hobbes stellt diese Worte seinem vierten Kapitel („Von der Rede") des ersten Teils des „Leviathan" voran und erinnert daran, dass die Schrift eine der zentralen Errungenschaften der menschlichen Entwicklung ist. Dies mag banal klingen. Wir leben allerdings in einer Zeit, in der die schriftliche Kommunikation, vor allem wenn sie öffentlich erfolgt, zunehmend zu einem Anhängsel einer wahren Bilderflut zu mutieren scheint. Sie ist auch davon geprägt, dass allabendlich Werbespots privater Fernsehsender ausgestrahlt werden, die den in dieser postmo-

118

dernen Gesellschaft anzutreffenden Analphabetismus eindringlich thematisieren. In einer solchen Zeit ist eine derartige historische Reminiszenz vielleicht doch erlaubt. Wenn Hobbes in der Schrift noch eine Erfindung sieht, in den nächsten Zeilen ihren Erfinder sucht und ihn schließlich doch nicht benennen kann, so ist dies auch gar nicht notwendig, denn Schrift ist mehr: Ihre Aneignung und Beherrschung ist ein sozialer Prozess, mit dem über Raum und Zeit hinweg kommuniziert wird. Sie macht Gegenwart gegenwärtig, baut der Vergangenheit eine Brücke und bereitet der Zukunft eine Vergangenheit.

Dies setzt jedoch voraus, dass man die Schrift eines Kulturkreises in ihren historischen Ausprägungen beherrscht. Für den west- und mitteleuropäischen Kulturkreis und die von ihm beeinflussten ist dies die lateinische Schrift, die aber bis 1941 mit der deutschen Schreibschrift eine uns heute große Probleme bereitende Spielart hat.

Alle Archivpraktiker kennen das Entsetzen der nicht vorgewarnten Benutzer über die deutsche Schreibschrift.[140] Wenn nach einer von den jungen Teilnehmerinnen und Teilnehmern des Schülerwettbewerbs Deutsche Geschichte meistens schon als schwierig empfundenen Archivrecherche endlich die Archivalien „auf dem Tisch lagen", dann „standen wir zum ersten Mal vor einem riesigen Berg des Nichtverstehens mit dem ‚Namen Sütterlin'."[141] „Sütterlin" und „altdeutsche Schrift" sind die Synonyme dieser Klage, die als regelrechte Zugangsbarriere wirkt und zur Konsequenz hat, dass vielfach ältere, zumal frühneuzeitliche oder gar mittelalterliche Archivalien als nicht von Schülern bearbeitbar gelten.[142] Nur am Rand kann hier erwähnt werden, dass auch heute in Deutschland keine völlig einheitliche Schrift gelehrt wird: 1953 wurde für alle Schulen der Bundesrepublik die Lateinische Ausgangsschrift eingeführt, 1968 führte die DDR eine neue Schulausgangsschrift ein und außerdem wird zusätzlich seit 1973 bzw. 1980 eine vereinfachte Ausgangsschrift gelehrt: „Es gibt also zur Zeit 16 Bundesländer und drei Ausgangsschriften für das verbundene Schreiben."[143]

Trotz einer langen universitären Ausbildungstradition in den historischen Hilfswissenschaften und der ebenfalls auf eine lange Tradition zurückschauenden archivarischen Fachausbildung mit ihren Archivschulen in Marburg und München oder Berlin und Potsdam, ist das Lesenlernen ungebräuchlicher Handschriften mit nicht immer gelungenen didaktischen Konzepten vermittelt worden. Die Lernerfolge sind letztlich wahrscheinlich immer dem individuellen Geschick der Dozenten und vor allem den autodidaktischen Bemühungen der archivarischen Novizinnen und Novizen zu verdanken. Selbst Lehrer sehen in der Schriftvermittlung keine anspruchsvolle Leistung, „denn das Erlernen einer Schrift ist mehr Übungssache als Anforderung an den Intellekt."[144] In der Tat ist das „Einlesen" in eine unbekannte Schrift primär eine Übungssache. Es soll aber auch nicht verkannt werden, dass man sich in einem anderen Schriftbild zurechtfinden muss, dass vertraute Lesegewohnheiten nicht weiterhelfen und graphische Analogien eigentlich immer in Sackgassen enden. Dazu tritt das Problem der Sprachgeschichte, denn je älter die Texte sind, desto weniger kann man schwer lesbare Wörter oder Textpassagen aus einem Kontext erschließen, der dem Leser oft genug zunächst völlig fremd und ohne rechten Sinn erscheint (von lateinischen Texten ganz zu schweigen). Volkssprachliche Texte im Norden Deutschlands sind oft mittelniederdeutsch verfasst, was eine zusätzliche Barriere sein kann, ebenso wie im herrschaftlichen und diplomatischen Bereich das bis ins 19. Jahrhundert gebräuchliche Französisch.[145]

Neben der wissenschaftlichen Paläographie, die historische Schriftvarianten beschreibt, einzelne Buchstaben analysiert und sich mit den Auswirkungen geistes- und kulturgeschichtlicher Zusammenhänge auf die Entwicklung der Schrift beschäftigt,[146] ist ein praxisorientierter Ansatz zu unterscheiden, der im Wesentlichen auf die bloße Lesefähigkeit abzielt.[147] Solche „Leseschlüssel" oder „Leitfäden" dienen vor allem dem Selbststudium und sind in zahlreichen Publikationen leicht greifbar.[148]

Auch die folgenden Ausführungen können nur ein knapper Versuch sein, auf dem Niveau einer sehr bescheidenen „Küchendidaktik" praktische Winke zur Überwindung der Schriftbarriere zu geben. Für die Vorbereitung eines Archivbesuchs mit Lektüre handschriftlicher Quellen sollten „Leseübungen unterschiedlicher Schriften" in den Unterricht einfließen.[149] Erfahrungen zeigen, dass zwei Wochenstunden (im Leistungskurs) über einen Monat schon für elementare Kenntnisse ausreichen.[150]

Die meisten professionellen paläographischen Übungsbücher und Tafelwerke orientieren sich an der Schriftgeschichte und beginnen mit den jeweils ältesten Beispielen des von ihnen abgedeckten Zeitraums. Dies hat jedoch den Nachteil, dass Schriftbild, Schreibweise, Akzente und Interpunktion solcher Vorlagen am deutlichsten vom heutigen Gebrauch abweichen und es somit unausweichlich zu den oben beschriebenen Rezeptionsschwierigkeiten kommen muss. Daher empfiehlt es sich, auf diesen traditionellen Weg zu verzichten und mit „gestochenen Schriftvorlagen zu beginnen."[151] Hierzu eigenen sich Schulfibeln, mit denen bis 1953 die deutsche Schrift gelehrt wurde (s.u. 3.5.1.1). Aber auch heute noch publizierte Übungsbücher wie beispielsweise das von

120

Harald Süß enthalten zahlreiche gut lesbare Übungsbeispiele.[152] Mit entsprechenden Druckertreibern lassen sich auch in Eigenregie gezielt Texte entwerfen und ausdrucken (s.a. praktische Hinweise 5.3.1.2).[153] In einem nächsten Schritt können dann gut lesbare Kanzleiausfertigungen z.B. aus der Zeit um 1900 herangezogen werden. Diese Vorgehensweise hat den Vorteil, dass Schüler die für sie völlig neue Schrift Schritt für Schritt entdecken, ohne dabei durch einen komplizierten Kontext und allzu große sprachliche Abweichungen zusätzlich belastet zu werden. Je nach Lernerfolg lässt sich dann der Schwierigkeitsgrad allmählich bis zu Konzeptschriften steigern. Ein weiterer Motivationsschub sollte von der Textvorlage ausgehen, in der es idealerweise etwas zu „entdecken" geben sollte. Isolierte Einzelstücke ohne Zusammenhang sind wenig geeignet.

Noch ein praktischer Hinweis: Grundsätzlich sollte man die gut lesbaren Passagen zuerst übersetzen („transkribieren") und versuchen, den Inhalt der Vorlage zu erfassen. Dabei kann auch der Versuch helfen, Schreiberintention und Partner- bzw. Empfängerbezug zu rekonstruieren.[154] Hat man sich an einem Wort vergeblich „festgelesen", sollte man es zunächst überspringen. Auf diese Art entsteht ein „Lückentext", der dann durch konsequentes Vergleichen von Wörtern und Buchstabenkombinationen allmählich aufgefüllt wird. Dies bedeutet aber auch, dass die Textvorlagen nicht zu kurz ausfallen dürfen, weil sonst kein ausreichendes Vergleichsmaterial vorhanden ist. Ein probates Hilfsmittel ist auch das „simple Nachmalen" (Degreif) von Buchstaben, das aus Zeitgründen meistens vernachlässigt wird, sich aber trefflich als Hausaufgabe eignet. Ein weiterer gelegentlich hilfreicher Entzifferungstrick ist das Schräghalten oder Kippen der Vorlage, um Buchstaben besser identifizieren zu können. Fruchtet dies alles nicht, sollte man mit der Entzifferung abbrechen und das Stück einige Zeit liegen lassen; am folgenden Tag bereitet es dann manchmal keine so großen Schwierigkeiten mehr.[155]

Auf die heute üblichen Editionsvorschriften von wissenschaftlichen Quellenwerken oder die Transkriptionsrichtlinien in der hilfswissenschaftlichen oder archivarischen Ausbildung kann im schulischen Unterricht verzichtet werden, weil sie mit vom Schriftbild der Vorlage deutlich abweichenden Normalisierungen arbeiten, um ein flüssiges Lesen im Wissenschaftsbetrieb zu erleichtern. Im Interesse einer exakten Wiedergabe und des genauen Lesens der Schüler sollte bewusst an die in Geschichtswissenschaft und Germanistik als überholt, allenfalls noch als Editionsvorstufe geltende paläographische Abschrift angeknüpft werden. Hierbei wird die Vorlage zeichengetreu, mit der Groß- und

Kleinschreibung, auch bei Eigen- oder Ortsnamen, übernommen. Abkürzungszeichen können durch einen Punkt gekennzeichnet werden; aufgelöste Abkürzungen werden üblicherweise in eckige Klammern gesetzt. Ist eine Interpunktion vorhanden, so kann diese übernommen werden; ob jedoch die gegenwärtig gültigen Regeln anzuwenden sind, sollte im Einzelfall geprüft werden.[156]

3.5.1.1 Schriftgeschichte

Die deutsche und europäische Paläographie ist eine Geschichte der lateinischen Schrift, die sich an die von phönizischen und dann griechischen Vorbildern ausgelöste Entwicklung von Lautschriften, bei denen jedem Laut ein Symbol zugewiesen wird, anschloss.[157] Die gesamte Schriftentwicklung mit ihren zahlreichen Varianten, regionalen Unterschieden und kulturgeschichtlich beeinflussten Stilen der letzten zweieinhalb Jahrtausende beruht auf dem lateinischen Schriftsystem.[158]

Dies gilt auch für die deutsche Schreibschrift, die als eine besonders „hartnäckige" regionale Ausprägung der lateinischen Schrift betrachtet werden kann. Für unsere heutigen Schriften wurde mit der so genannten „karolingischen Minuskel" ein Wendepunkt der europäischen Kulturgeschichte geschaffen. Um 800 entstand mit ihr aus der ziemlich verwilderten Schrift der Merowinger-Zeit und den verschiedenen Regionalschriften die erste abendländische Einheitsschrift. Als Minuskelschrift wurde sie mit Kleinbuchstaben geschrieben. Die Großbuchstaben oder Majuskeln beschränkten sich im Wesentlichen auf den Textbeginn oder Kapitelanfänge. Für die karolingische Minuskel waren breite, niedrige Buchstaben sowie als Schäfte ausgeführte deutliche Ober- und Unterlängen typisch; die einzelnen Buchstaben sind jedoch noch nicht miteinander verbunden. Vorzugsweise für die im gleichzeitig reformierten Messritus benötigten liturgischen Bücher verwendet, fand sie aber auch als „diplomatische Minuskel" bei der Abfassung von Urkunden und Güterverzeichnissen (Urbaren) Verwendung.

Aufgrund ihrer klaren Gestalt und guten Lesbarkeit erwies sie sich als besonders langlebig: Sie wurde trotz aller Veränderungen im Grundbestand unverändert etwa 400 Jahre lang verwendet. Aber bereits seit dem 11. Jahrhundert geht von Nordfrankreich und dem anglo-normannischen Raum eine neue Entwicklung aus, in der die Vertikale stärker betont wird. Die Parallele zur Architekturgeschichte liegt auf der Hand. Für diese „gotische" Schrift ist die Brechung der Bögen und Halbbögen charakteristisch: Sie werden nicht mehr in einem Zug rund geschrieben, sondern aus Einzelstücken winklig zusammengesetzt. Die Wortzwi-

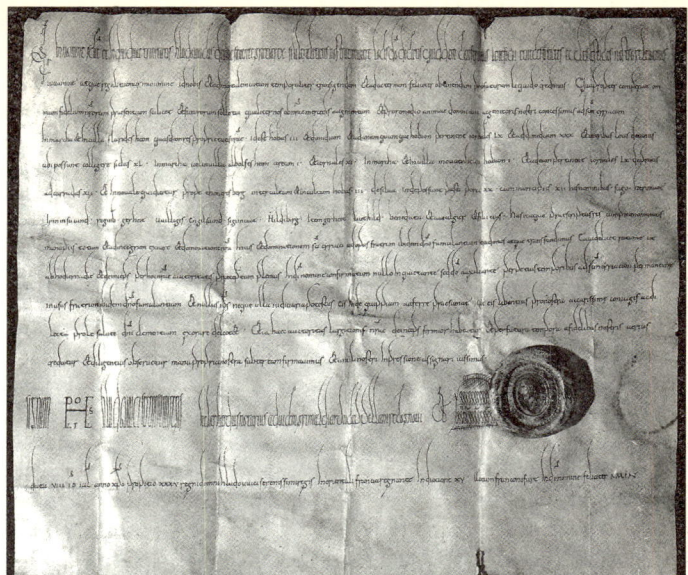

Abb. 15: Karolingische Minuskel. Am 8. Juli 867 zu Frankfurt ausgestellte Urkunde König Ludwigs II. des Deutschen für das Kloster Cyriakus (bei Neuhausen/Rheinhessen). Ludwig schenkt den Brüdern für ihren Bedarf Grundbesitz mit 12 genannten Hörigen in Flörsheim, Albisheim und Mauchenheim. Pergament, behändigte Ausfertigung, Siegel anhängend (StAD A 2 Nr. 55/1. Foto: M. Bernhardt)

schenräume werden größer und damit deutlicher, zugleich rücken die Buchstaben enger zusammen und werden mit Bögen und Haarstrichen verbunden, so dass eine „schmale, schlanke, spitze Schrift mit Ecken und Kanten" entsteht.[159] Mit dieser Schrift ist dann die Masse des heute überlieferten spätmittelalterlichen Textbestandes geschrieben worden: In den Büchern und herausgehobenen Urkunden als fein ausgeführte „Gotische Minuskel", in den eher alltäglichen Schriftzeugnissen als „Gotische Kursive", die die typischen Brechungen etwas aufhob. Folgende Schriftelemente sind für die gotische Schrift typisch und sollten noch lange Bestand haben:
– der i-Punkt (14. Jahrhundert),
– das lange s bei Wortbeginn und in der Wortmitte,
– das kurze s am Wortschluss,
– die Austauschbarkeit von u und v,

123

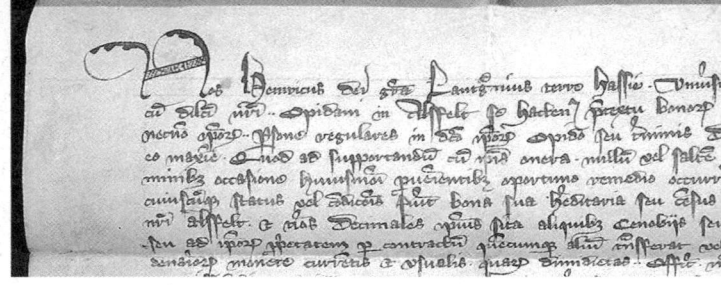

– die sz-Ligatur für Doppel-s,
– der ausufernde Gebrauch von Abkürzungen.
Charakteristisch sind ferner die starken An- und Abschwünge durch die Neigung, die Feder möglichst selten abzusetzen; dadurch entstehen bei den Abkürzungszeichen charakteristische Bögen.[160]

Ihren Namen erhielt die „gotische" Schrift von den Humanisten, die sie als ein Relikt aus der barbarischen Frühzeit der Menschheitsgeschichte erachteten und die karolingische Minuskel, mit der die antiken Leittexte überliefert sind, als *die* klassische antike Schrift vollständig fehlinterpretierten. Die auf dieser ideologischen Grundlage entwickelte Schrift wurde konsequenterweise „Antiqua" benannt und löste die gotische Schrift in Süd- und Westeuropa ab. Lediglich Mittel- und Nordeuropa hielten an Letzterer fest. Im 19. Jahrhundert war es schließlich nur noch Deutschland, das „gotisch" schrieb, so dass sich die Bezeichnung „Deutsche (Schreib-)Schrift" einbürgerte. Die Antiqua oder lateinische Schrift wurde als Zweitschrift verwendet. Sie erscheint z.B. bei Fremdwörtern oder als Auszeichnungsschrift auch in „deutschen" Texten. Die deutsche Schreibschrift machte seit dem 16. Jahrhundert zahlreiche Veränderungen und Anpassungen an den Verwendungszweck und Zeitgeschmack mit. Für eine gewisse Vereinheitlichung sorgten seit dem 16. Jahrhundert verstärkt Schreibschulen und die in Buchform publizierten Vorstellungen von Schreibmeistern.[161] In dem nun expandierenden Verwaltungsbetrieb entwickelte sich eine regelmäßige, etwas gedrungene Kanzleischrift als Aktenreinschrift, daneben etablierte sich seit den 1530er-Jahren mit schnellerem Schreibduktus aus der gotischen Kursive eine Kurrentschrift (kurrent = ineinanderfließend, „verbundenes Schreiben") als Konzept- und Verkehrsschrift.[162] Aus der gotischen Buchschrift der Textura entwickelte sich die Fraktur als Drucktype. Im Barock wurde dem Zeitgeist entsprechend schwung-

124

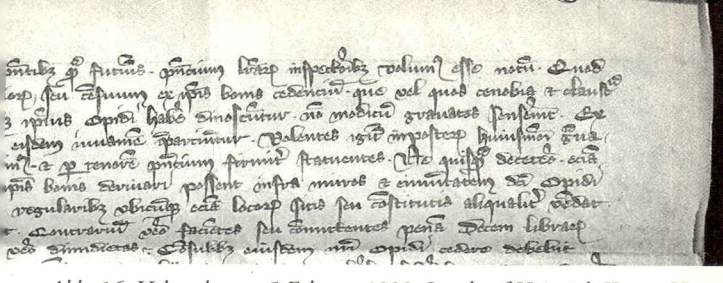

Abb. 16: Urkunde vom 5 Februar 1339. Landgraf Heinrich II. von Hessen verbietet dem Konvent zu Alsfeld und anderen Klöstern oder geistlichen Personen, bei Strafe von 10 Pfennigen erbliche Güter oder Zinsen zu verkaufen. Pergament, behändigte Ausfertigung, Siegel anhängend (StAD A 3 Nr. 5/5. Foto: M. Bernhardt)

voll geschrieben, Großbuchstaben werden nun häufiger (Eigennamen) und nicht mehr ausschließlich am Satzanfang verwendet. Dagegen wird das lange ‚s' und das ähnliche ‚f' in einem grundsätzlich vertikal betonten Schriftbild fast liegend geschrieben, so dass ein „lebhaft bewegtes Schriftbild" (Degreif) entsteht. Im 18. Jahrhundert fließen die Buchstaben stärker ineinander, das Schriftbild verliert seine vertikale Ausrichtung und ist zusehends stärker schrägrechts geneigt. Um 1800 schließlich wird die Kanzleischrift regelmäßiger, deutlicher ausgeprägt und somit wieder besser lesbar.[163] Seit dem Spätmittelalter ist jedoch bei allen Bemühungen der Schriftregulierung eine gewisse Individualisierung festzustellen, die zum einen mit der zunehmenden Alphabetisierung der Bevölkerung, zum anderen auch mit der ständig steigenden Schriftgutproduktion in Verbindung steht. Seit jeher schwierig zu lesen sind hastige Vorlesungsmitschriften oder auch die Manuskripte der Professoren; im 18. Jahrhundert kann man dann auch auf die mehr oder minder ungeübten Schreibhände von Handwerkern oder Unteroffizieren stoßen, aber auch in den Überlieferungen der Kanzleien finden sich immer wieder nahezu unleserliche Protokolle oder Entwürfe.

Auch technische Entwicklungen wie die Einführung der Stahlfeder, die nach 1822 in England und seit 1856 auch in Deutschland industriell gefertigt wurde, hatten Auswirkungen auf die Schreibweise und das Schriftbild, das durch noch stärkere Schrägrechts-Ausrichtung und durch exorbitante Ober- und Unterlängen die Lesbarkeit stark erschwert.[164] Bei der Ende des 19. Jahrhunderts eingeführten Schreibmaschine wurden in Deutschland zunächst Frakturbuchstaben verwen-

125

det, bis sich dann spätestens nach dem Ersten Weltkrieg verschiedene Antiquatypen durchsetzten.[165] Es fehlte nicht an Reformbemühungen, die sich seit den 1880er-Jahren an der Spätgotik und Renaissance orientierten, dann aber auch zeitgenössische Kunstströmungen berücksichtigten.[166]

Besondere Bedeutung erlangten schließlich die Arbeiten des Berliner Graphikers Ludwig Sütterlin, der sich ab 1911 im Auftrag des Preußischen Kultusministeriums bemühte, diese Fehlentwicklungen zu beseitigen, indem er das Schriftbild deutlich vereinfachte. Er befreite die Schrift von willkürlichen Verschnörkelungen der älteren Formen, wie sie auch noch im 20. Jahrhundert in Bayern zu finden sind, und gab ihr leichter zu realisierende Proportionen. Im Gegensatz zur traditionellen Übung konzipierte Sütterlin die neue Schrift für einen kindgerechten Schreibunterricht. Es handelte sich um eine normalisierte Ausgangsschrift als Grundlage für eine später sich entwickelnde individuelle Handschrift. Die Schrift wird nicht mehr als vorgegebene Normschrift verstanden, die es nachzuahmen gilt, sondern sie legt die Grundlage für eine „eigene Handschrift“. Zu ihren Nachteilen gehört die Tendenz, die Buchstaben durch ihre extrem Steillage nach links zu kippen, die Rundformen überzubetonen oder die Schleifen eckig zu verformen.[167] 1924 wurde die Sütterlinschrift in den preußischen Grundschulen eingeführt, 1934 wurde sie schließlich auf dem Erlassweg reichsweit eingeführt.[168] Bereits 1941 machten dann ausgerechnet die deutschtümelnden Nationalsozialisten dieser „urdeutschen“ Tradition ein Ende: Zusammen mit der Frakturschrift des Buchdrucks, die sie völlig grotesk als „Schwabacher Judenlettern“ verunglimpften, wurde am 1. September 1941 mit dem Runderlass Az.: E II a 334/41 E III, Z IIa des Reichsministers für Wissenschaft, Erziehung und Volksbildung, Bernhard Rust, die Sütterlin-Schrift abgeschafft. In einem im Wesentlichen lateinisch schreibenden unterjochten Europa hatte dieser deutsche „Sonderweg“ keine Existenzberechtigung mehr.[169] Fortan galt eine „Deutsche Normalschrift“, bei der es sich gleichwohl um eine lateinische Antiqua handelt, auf der die heutigen Schulausgangsschriften beruhen.[170]

3.5.1.2 Schriftkunde

Neben Druck- bzw. Schreibmaschinenschriften werden Schreib-(Kursiv)schriften unterschieden.[171] In Kursiv- oder auch Kurrentschriften werden Wörter möglichst ohne Absetzen der Feder geschrieben. Die Schreibausführung unterscheidet zwischen der Rein- und der Konzeptschrift.[172] Reinschriften sind saubere Ausführungen, bei denen der Schreiber großen Wert auf ein akkurates, sogar repräsentatives Ergebnis

126

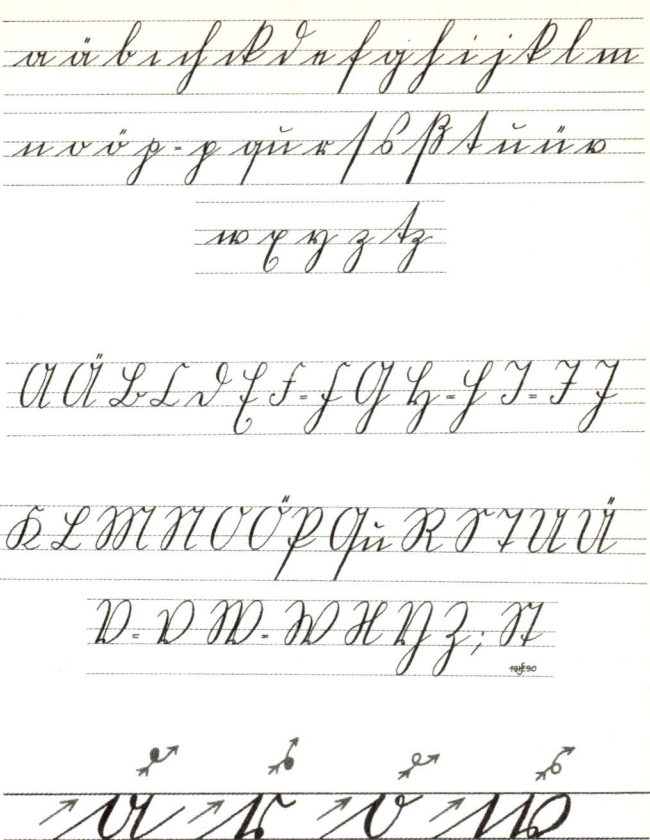

Abb. 17: Deutsche Schreibschrift. Die unterste Zeile gibt Schreibhilfen bei Kleinbuchstaben, und zwar bei der Ausführung der sog. Punktschleifen. Aus: Harald Süß, Deutsche Schreibschrift. Lesen und Schreiben lernen. Lehrbuch. München 2002, S. 64-65

gelegt hat. Konzeptschriften sind schnell, sogar hastig geschriebene, schwer lesbare Gebrauchsschriften, die vor allem im internen Geschäftsgang ihre Bedeutung hatten. Durch die hohe Schreibgeschwindigkeit wurde die Kursivität so gesteigert, dass vor allem die Kleinbuchstaben durch Verflachung und Dehnungen ihre Form vollständig verlieren

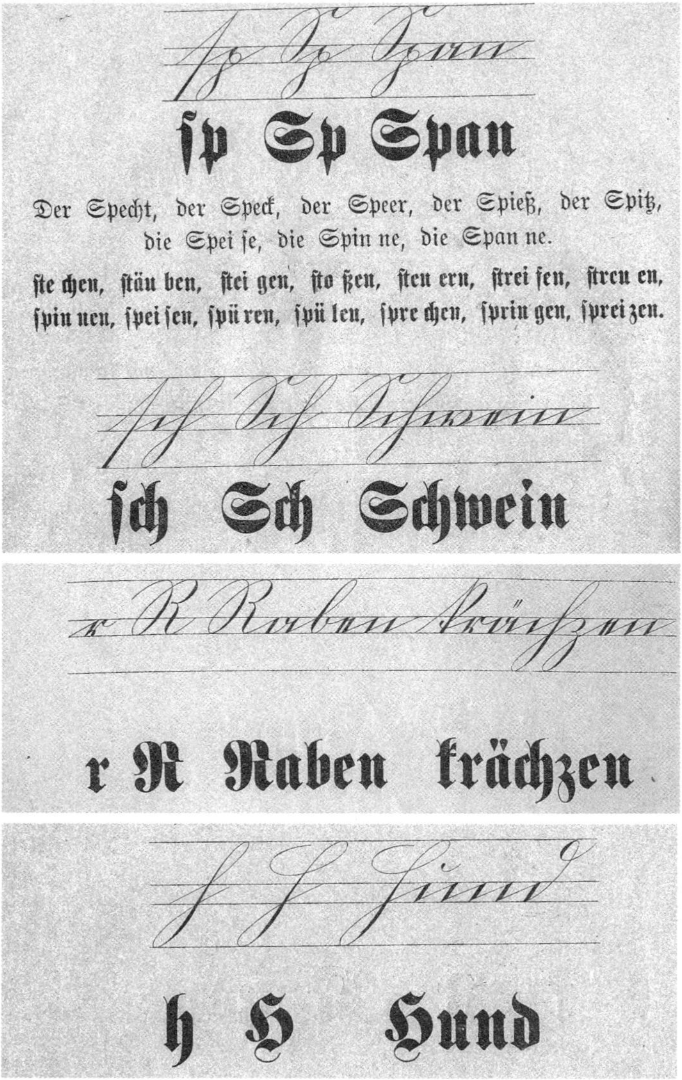

sp Sp Span

Der Specht, der Speck, der Speer, der Spieß, der Spitz, die Spei se, die Spin ne, die Span ne.

ste chen, stäu ben, stei gen, sto ßen, sten ern, strei fen, streu en, spin nen, spei sen, spü ren, spü len, spre chen, sprin gen, sprei zen.

sch Sch Schwein

r R Raben krächzen

h H Hund

Abb. 18 a-c: Deutsche Schreibschrift, Übungsbeispiele (Aus: Hessisches Lesebuch, hrsg. von hessischen Schulmännern. Fibel nach der reinen Schreiblesemethode, Gießen 1913)

128

können; im Mittelband stehen dann unter Umständen nur noch Wellen oder im 19. Jahrhundert eine Abfolge kleiner „Fliegenbeinchen", die auf m, n, e, und a verteilt werden müssen. Kürzungen werden stark verwendet, die Feder wird auch dann nicht abgesetzt, wenn es eigentlich notwendig gewesen wäre, so dass u-Haken aus dem Buchstaben hochgezogen bzw. Luftsprünge durchgezogen werden oder der Schaft des f eine Schleife erhält. Es werden Groß- und Kleinbuchstaben (Majuskel, Minuskel) unterschieden. Für die praktische Arbeit kommt den Konzeptschriften eine große Bedeutung zu: Bis weit ins 20. Jahrhundert hinein sind die eingehenden Schreiben selbstverständlich in der Regel Reinschriften, die ausgehenden Schreiben jedoch Konzepte, denn es gab, abgesehen von wenigen, technisch meist kaum überzeugenden Versuchen, keine verbreitete Kopiertechnik.

Bei der Schriftbeschreibung wird seit der karolingischen Minuskel ein Vier-Liniensystem verwandt, so dass drei „Bänder" (Ober-, Mittel-, Unterband) unterschieden werden können. Das kleine a steht im Mittelband, während das kleine h eine Oberlänge, das kleine g eine Unterlänge hat. Die Schriftlage geht von der grundsätzlichen Vertikalität der Buchstaben aus und unterscheidet die Rechtslage (Vorwärtsneigung) und Linkslage (Rückwärtsneigung).

Mit „schrägrechts" werden die Schriften des 18. und 19. Jahrhunderts gekennzeichnet. Die Buchstabenteile können von den Schäften aus beschrieben werden (kleines d = Schaft mit Linksbogen). Gern wird auch zu anthropomorphischen Vergleichen gegriffen: Das kleine e hat einen Kopf, das kleine a einen Bauch, das kleine g einen Fuß (= Unterlänge) ... Verbindungselemente zwischen den Buchstaben heißen An- und Abstrich; Deckstriche entstehen, wenn er innerhalb eines Buchstabens genau deckungsgleich in entgegengesetzter Richtung noch einmal ausgeführt wird (sog. Drehrichtungswechsel).[173] Wird zwischen zwei Buchstaben die Feder abgesetzt, so entsteht ein „Luftsprung". Ligaturen sind die Verschmelzung zweier, aber auch mehrerer Buchstaben zu einem eigenständigen Zeichen: Ändert sich der Lautwert („ch"), handelt es sich um eine sprachliche Ligatur; technische Ligaturen wie z.B. „&" (= et) sollten den Schreibfluss vereinfachen.[174]

Typisch ist ferner die reichliche Verwendung von Abkürzungen, die bei den Eigennamen bzw. deren Paraphen in der Regel kanzleispezifisch sind. Bei der Auflösung solcher Paraphen helfen Behördenhandbücher, Staatskalender, Geschäftsberichte und interne Telephonbücher weiter. Nach 1800 wird häufig ein Abbrechungshaken verwendet, der zunächst gern mit einem „-l" verwechselt wird. In Konzeptschriften werden häufig die eigentlich notwendigen Luftsprünge unterlassen, so

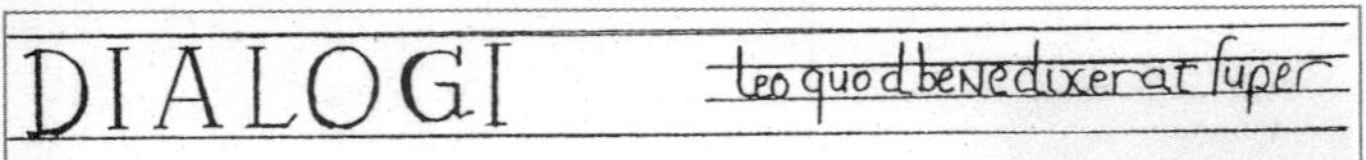

DIALOGI   *teo quo d beNedixerat fuper*

Abb. 1: Zwei-Linien-Schema *Vier-Linien-Schema*
Römische Kapitale   *Karolingische Minuskel.*

Abb. 19: Schriftbeschreibung aus: Degreif, Schrift, S. 130

dass u-Bögen oder Trennungsstriche aus einem Abstrich gezogen werden oder Schäfte eine Schleife erhalten. Bei der Bearbeitung von archivalischen Quellen muss daher berücksichtigt werden, dass bis zum Aufkommen des Durchschlagpapiers und von Kopiermöglichkeiten alle in einer Verwaltung entstandenen Schreiben Konzepte sind.

3.5.2 (Ab-)Kürzungen

Ausgehend von antiken Vorbildern entwickelte sich ein detailliertes Kürzungssystem, das vor allem in lateinischen, aber auch in volkssprachlichen Texten verwendet wurde.[175] Neben der Suspension mit der Verkürzung auf den ersten Buchstaben ist die Kontraktion als Beschränkung auf den jeweils ersten und letzten, manchmal auch einen mittleren Buchstaben eines Wortes weit verbreitet. Typisch für die Praxis des hohen und späten Mittelalters ist die syllabe Suspension, bei der eine oder auch zwei Silben eines Wortes durch einen Buchstaben mit Kürzungszeichen ersetzt wird. Auch heute noch üblich ist die Iteration, bei der der Plural durch Verdoppelung des letzten Buchstabens angezeigt wird (ff.). Konventionelle Zeichen gehen zurück auf die Tironischen Noten (Marcus Tullius Tiro, Ciceros Sekretär) und haben feststehende Bedeutungen, hierzu zählen das et-Zeichen „&", aber auch das unlängst mit dem Internet Furore machende ad-Zeichen „@". Andere konventionelle oder technische Zeichen sind der u-Bogen, der Verdoppelungsstrich und übergeschriebene Buchstaben „m°" (= modo).[176]

Die mittelalterliche Kürzungspraxis ist relativ regelmäßig und lässt sich durchaus mit Erfolg auflösen. Sie beschränkt sich jedoch keineswegs auf Konzepte, sondern ist in allen Ausfertigungen und auch in Buchschriften sowie in Drucken anzutreffen. Auch in frühneuzeitlichen und modernen Texten wird mit Kürzungen gearbeitet, die dann aber nicht mehr so intensiv angewendet werden und teilweise kanzleispezifisch sind. Für die Auflösung sind u.a. die Werke von Grun und Capelli hilfreich.[177]

130

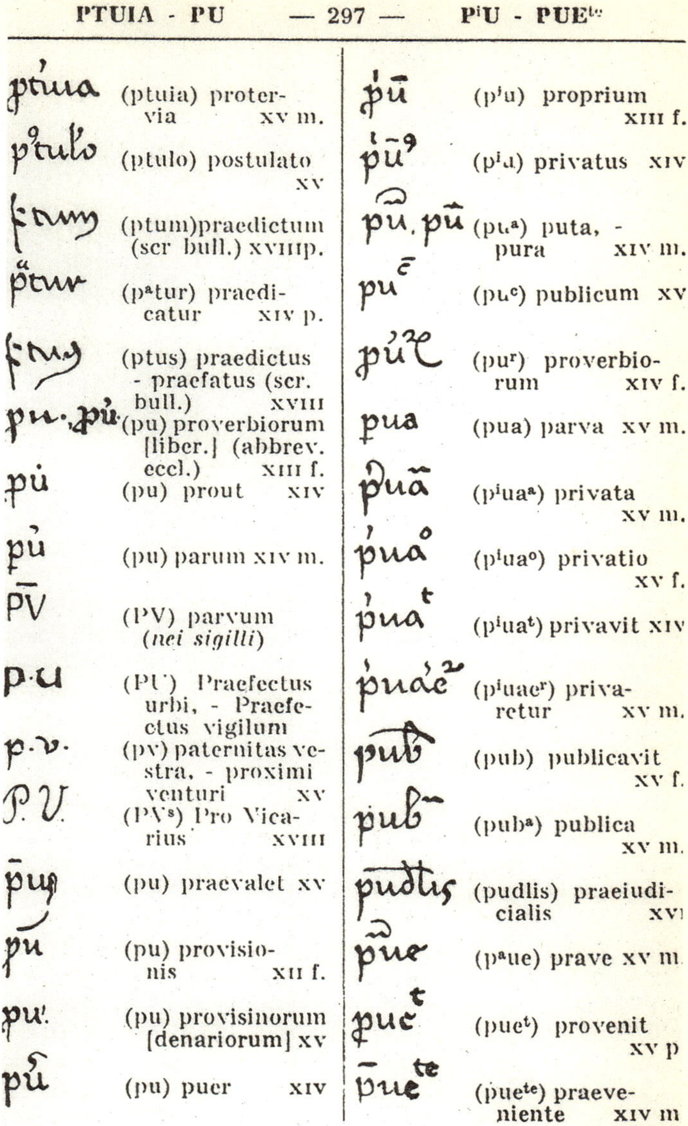

ptuia	(ptuia) proter-via xv m.	*pū*	(p^{j}u) proprium xiii f.
ptulo	(ptulo) postulato xv	*pū*	(p^{j}a) privatus xiv
ptum	(ptum)praedictum (scr bull.) xviiip.	*pū. pū*	(pu^a) puta, -pura xiv m.
ptur	(p^{a}tur) praedicatur xiv p.	*pu*	(pu^c) publicum xv
ptus	(ptus) praedictus - praefatus (scr. bull.) xviii	*pur*	(pu^r) proverbiorum xiv f.
pu. pu	(pu) proverbiorum [liber.] (abbrev. eccl.) xiii f.	*pua*	(pua) parva xv m.
pu	(pu) prout xiv	*puā*	(p^{j}ua^a) privata xv m.
pu	(pu) parum xiv m.	*puá*	(p^{j}ua^o) privatio xv f.
PV	(PV) parvum (*nei sigilli*)	*pua^t*	(p^{j}ua^t) privavit xiv
p·u	(PU) Praefectus urbi, - Praefectus vigilum	*puae*	(p^{j}uae^r) privaretur xv m.
p·v·	(pv) paternitas vestra, - proximi venturi xv	*pub*	(pub) publicavit xv f.
P.V.	(PV^s) Pro Vicarius xviii	*pub*	(pub^a) publica xv m.
puᵹ	(pu) praevalet xv	*pudlis*	(pudlis) praeiudicialis xvi
pu	(pu) provisionis xii f.	*pue*	(p^{a}ue) prave xv m
pu.	(pu) provisinorum [denariorum] xv	*pue^t*	(pue^t) provenit xv p
pu	(pu) puer xiv	*pue^{te}*	(pue^{te}) praeveniente xiv m

Abb. 20: Capelli, Dizionario

131

3.5.3 Datierung

Die Datierung mittelalterlicher Quellen erfolgt in aller Regel nach dem Heiligenkalender; zu beachten ist jedoch, dass die Jahreswechseltermine in den hierfür maßgeblichen Diözesen unterschiedlich waren. Andere Datierungsmöglichkeiten sind die so genannten Indiktionen (Römerzinsjahre), die in der kaiserlichen Kanzlei bis ins 14. Jahrhundert angewendet wurden. Auch in der modernen Zeit sind Datierungsprobleme zu gewärtigen. Die protestantischen Staaten haben die Kalenderreform Papst Gregors XIII. nicht mitgemacht und sind teilweise bis 1700 bei der alten Datierung geblieben. In den Rheinlanden stößt man auch auf den französischen Revolutionskalender. Zu erinnern ist auch an den russischen Kalender, der erst nach der (dem westlichen Kalender zufolge am 6./7. November 1917 stattgefundenen) „Oktober"-Revolution der gregorianischen Zeitrechnung Westeuropas angepasst wurde. Für fast alle Kalenderprobleme liegt mit Grotefends „Taschenbuch der Zeitrechnung" ein probates und umfassendes Hilfsmittel zur Auflösung, aber nicht unbedingt zur Erklärung vor. Im Internet finden sich Kalenderprogramme, die die Umrechnung erheblich vereinfachen.[178]

3.5.4 Sphragistik und Heraldik

Die Lehre von den Siegeln war ursprünglich Teil der traditionellen Urkundenlehre. Im Laufe des 19. Jahrhunderts löste sich die Sphragistik ab und wurde zu einer mehr kunstgeschichtlich ausgerichteten Spezialdisziplin.[179] In der beispielgebenden Urkundenedition der Monumenta Germaniae Historica steht die Wiedergabe des Textkörpers eindeutig im Vordergrund; an die Siegel wird nur mit einem standardisierten Hinweis erinnert. Dies entspricht sicherlich auch der Tatsache, dass es sich bei den Siegeln um eine der größten Überlieferungen von mittelalterlichen Kleinplastiken handelt, die bereits aus sich heraus wertvolle Hinweise auf kunst- und mentalitätsgeschichtliche Entwicklungen geben können. Die eigentliche Funktion als Beglaubigungsmittel tritt bei einer solchen Betrachtung eher zurück. Für eine Siegelanalyse erweist sich der Ruf „ad fontes" nicht immer als Königsweg, denn ein gut ausgeleuchtetes Urkundenfoto lässt unter Umständen mehr erkennen als das Original. Mit einer vergrößerten Kopie eines solchen Fotos lässt sich gegebenenfalls sogar eine „störrische" Umschrift durch Nachzeichnen rekonstruieren. In den Archiven finden sich neben den noch an den Urkunden befindlichen Siegeln auch Siegelsammlungen, die aus abgefallenen und nicht mehr zuordenbaren Siegeln zusammengestellt wurden.

Abb. 21: Siegel. Schiffenberg, 1129 (StAD A 3 Nr. 331/1. Foto: M. Bernhardt)

Schiffenberg: Erzbischof Megener von Trier bestätigt die Gründung des Augustinerchorherrenstifts Schiffenberg im Wiesecker Wald durch Gräfin Clementia von Gleiberg [bzw. v. Geldern, geb. v. Poitou, Ww. Konrads I. v. Luxemburg] und unterstellt es St. Peter (Dom) zu Trier, 1129.

Beschreibung des Siegels
Spitzovales Siegel Erzbischofs Megener von Trier, das einen thronenden Erzbischof mit dem Krummstab in der Rechten und einem aufgeschlagenen Buch in der Linken zeigt. Umschrift: ME(G)INERUS ..., 1129,
Durchmesser: 68/55 mm, Wachs, naturfarben
Sign.: StAD A 3 Nr 331/1

Auch bei der Heraldik handelt es sich um eine weitere Spezialdisziplin, die mit der Herausbildung der modernen Geschichtswissenschaft im 19. Jahrhundert ihren ursprünglichen festen Platz in der universitären Ausbildung verlor, nun vor allem im Bereich der (Adels-)Genealogie angesiedelt war und zum Teil auch heute noch ist. In einigen Bundesländern wie Sachsen-Anhalt müssen aber die Wappen (und Siegel) der Gemeinden vom zuständigen Staatsarchiv nach heraldischen Grundsätzen begutachtet werden. Sie führen dann auch die Wappenrolle als entsprechendes Register des Landes. Wappen finden sich auch auf so genannten Wappensiegeln; sie erscheinen in großer Zahl auf den

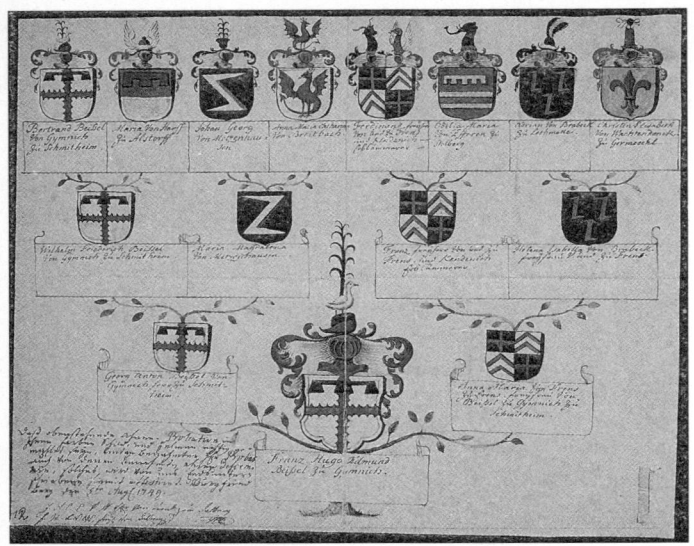

Abb. 22: Ahnenprobe des Franz Hugo Edmund Beißel v. Gymnich. Ausgestellt am 5.9.1749 zur Aufnahme als Burgmann der Burg Friedberg, Pergament (StAD A 12 Nr. 12. Foto: M. Bernhardt)

„Ahnentafeln", mit denen die Anwartschaft auf eine Pfründe in adeligen Stiften wie den Domkapiteln oder auch für die Aufnahme in die Burgmannschaft einer Reichsburg wie Friedberg untermauert wurde.

Beiden Disziplinen gemeinsam sind zahlreiche Wechselbezüge zur Kunst-, Rechts- und Sozialgeschichte. Sie machen durch ihre Anschaulichkeit und Farbenpracht auch einen nicht textzentrierten historischen Zugang möglich. Als sperrig erweist sich allerdings die spezifische Fachsprache. Dies beginnt bei der ja auch kunstgeschichtlich üblichen Praxis, dass die Beschreibung nicht der Aufsicht folgt, sondern vielmehr aus dem Bild heraus beschrieben wird, mit der Konsequenz, dass „links" und „rechts" vertauscht werden (müssen). Der Bundesadler schaut dementsprechend „heraldisch" nach „rechts".[180]

3.5.5 Gewichts- und Währungsangaben

Die heute üblichen Maßeinheiten werden, außer bei der Zeitrechnung, im Dezimalsystem ausgedrückt, einem von seiner Entstehung und Folgewirkung her wahrhaft revolutionären Fortschritt im Vergleich zur

134

unübersehbaren Vielfalt der Maße in ihren regionalen und bereichsspezifischen Unterschieden. Grundsätzlich gilt dies auch für das Währungssystem. An diese bunte Vielfalt der Vormoderne erinnern heute im Alltag allenfalls noch das „Paar", das „Pfund" und vielleicht noch der „Zentner". Bei der Auswertung archivalischer Quellen wird sich jedoch eine Konfrontation mit Währungs-, Gewichts- und Mengenangaben, aber auch mit alten Flächenmaßen nicht immer vermeiden lassen. Die historische Metrologie hat in den letzten Jahren leicht zugängliche Einführungen vorgelegt, mit denen sich die Grundlagen erarbeiten lassen. Von großer Bedeutung sind jedoch bis ins 20. Jahrhundert hinein Arbeiten, die die jeweiligen lokalen Maße und die dazugehörigen Umrechnungen präsentieren.[181]

Auch für die Währungsgeschichte gilt Ähnliches. Nur selten finden sich konkrete Münzen als Beigaben zu entsprechenden Akten, die die Ausübung der Münzhoheit betreffen, eher stößt man dann schon auf Umzeichnungen. Bei der Quellenarbeit ist auch hier der starken Regionalisierung Tribut zu zollen. Mit Hilfsmitteln wie dem „Laterculus Notarum"[182] sind die Angaben und Abkürzungen zu entschlüsseln. Über die regionale währungsgeschichtliche Literatur lassen sich die speziellen Währungsangaben dann auch in die allgemeine Geld- und Wirtschaftsgeschichte einordnen. Hier wird man in der Regel auch fundierte Hinweise für die nicht unproblematische, aber didaktisch notwendige Vergleichbarkeit mit unseren gegenwärtigen Preisen finden.[183] Einen Eindruck von der Vielfalt der Geldgeschichte gibt auch die im Internet zugängliche Ausstellung der hessischen Staatsarchive zur hessischen Währungsgeschichte.[184]

Als Zahlen werden in Amts- und Stadtrechnungen, aber auch in den meisten Kaufmannsbriefen lateinische Ziffern verwendet, was bis ins 16. Jahrhundert als Rechtserfordernis galt; die arabischen Ziffern sind zwar seit dem Ende des 11. Jahrhunderts in Deutschland bekannt, traten ihren Siegeszug aber erst im 16. Jahrhundert an.

3.5.6 Schriftträger und Schreibmaterialien

Die überwiegende Masse der archivalischen Quellen ist auf Pergament und Papier überliefert. Bei Pergament handelt es sich um geschabte und geglättete, kalzinierte Tierhäute vor allem von Kalb, Schaf, Rind, auch Ziege (nicht gegerbt, mithin kein Leder). Es ersetzte bereits seit der Spätantike das wesentlich empfindlichere Papyrus, den klassischen Schreibstoff der Antike. Auch heute wird Pergament noch in kleinen Mengen für spezielle Zwecke wie Lampenschirme und Trommelbe-

135

spannungen hergestellt. Die europäische Papierproduktion ist von den Arabern beeinflusst und nimmt ihren Anfang in Italien (Ancona 1276). Bis zum Ende des 14. Jahrhunderts wird es entsprechend in großen Mengen importiert und ist seit den 1350er-Jahren in den europäischen Kanzleien und Kontoren gebräuchlich. Mit der ersten Stromerschen Papiermühle 1390 bei Nürnberg beginnt die deutsche Papierproduktion. Das „alte" Papier wurde aus Hanf, Stoffresten und sonstigen Lumpen hergestellt (daher auch die gelegentlich verwendete Bezeichnung „Hadern-/Lumpenpapier"). Dieses Papier lässt sich auch heute noch mit relativ einfachen Mitteln selbst herstellen.[185] Bis 1800 blieb die Papierherstellung im Wesentlichen unverändert, um dann durch mehrere Entwicklungen nahezu revolutioniert zu werden. Die Leimung mit Harz und Alaun (1807) in der Papiermasse und die Verwendung von Holzschliff (1843) sowie die Entwicklung des chemischen Holzaufschlusses zu Zellstoff (ab 1854) waren die Voraussetzung für die rapide Expansion der Papierindustrie. Allerdings litt und leidet solchermaßen produziertes Papier unter mangelnder Haltbarkeit: Es neigt als Ergebnis einer fatalen Kombination exogener und endogener Faktoren zum Vergilben, wird brüchig, um schließlich mit allen ihm „aufgetragenen" Informationen zu zerfallen.[186] Ein weiterer Beschreibstoff, der allerdings kaum noch überliefert ist, sind Wachstäfelchen. Die klassischen Eisengallus-Tinten, die im Übrigen eher braun als schwarz wirken, wurden nach verschiedenen Rezepturen hergestellt und lassen sich auch relativ einfach selbst produzieren. Die Geschichte der Schreibgeräte reicht vom Stilus für die Wachstafel über den berühmten Federkiel zur Stahlfeder, dem Füllhalter, Kugelschreiber und letztlich zur Schreibmaschine als letzter technischen Entwicklungsstufe eines analogen Schreibwerkzeugs.[187]

Anmerkungen

1   Abweichend von der üblichen historischen und historisierenden VdA-Fachgruppen-Klassifikation (Archive in der Bundesrepublik Deutschland, Österreich und der Schweiz, Münster 1995), aber auch bei Franz, Eckhart G.: Einführung in die Archivkunde. Darmstadt 1999, 5. Aufl., werden die Parlamentsarchive aufgrund des verfassungsmäßigen Rangs ihres Trägers hier zuerst behandelt.

2   Franz, Archivkunde, S. 31 f.; Storm, Monika: Stand und Perspektiven der Parlamentsarchive, Vortragsmanuskript 2003 (unveröffentlicht).

3   Als Beispiel auf Kreisebene sei hier auf den Block der Heimatvertriebenen und Entrechteten (BHE) verwiesen: NW Staatsarchiv Detmold, D 72 W. Kuhlmann, 1994, bearb. v. Verf.

4   *www.fes.de/archiv.*

5   Vgl. Staatliche Archivverwaltung (Hg.): Staatsarchive der DDR, Potsdam 1979, S. 5.

6   Franz, Archivkunde, S. 19.

7   Fenske, Hans: Deutsche Verfassungsgeschichte. Vom Norddeutschen Bund bis heute. Berlin, 4. Aufl. 1993, S. 28.

8   Gesetz Nr. 46 des Alliierten Kontrollrates Berlin; Franz, S. 18.

9   Vgl. Ernst, Wolfgang/Vismann, Cornelia: Die Streusandbüchse des Reiches. Preußen in den Archiven. In: Tumult 21 (1995), S. 87-107, S. 102. Die dort ausgebreitete Auffassung der Autoren „Die Nachgeschichte Preußens ist der Staat als Archivzombie" mag allerdings auch auf andere untergegangene Staaten zutreffen, sofern man in deren Aktenrelikten, wie die Autoren, die grundsätzliche Gefahr von „Resurrektionen" erkennt. Letztere sind aber dem Mythos „Preußen" sicherlich besonders affin.

10 Landeshauptarchiv Sachsen-Anhalt, Magdeburg 1993, S. 16.

11 Die Bestände des Nordrhein-Westfälischen Staatsarchivs Detmold und des Personenstandsarchivs Westfalen-Lippe, Kurzübersicht, Detmold 1994, S. 12.

12 Die Archive der Stadtstaaten Hamburg und Bremen sowie das Landesarchiv Berlin gelten als Staatsarchive.

13 Franz, Archivkunde, S. 21 f.

14 Franz, Archivkunde, S. 26.

15 Honigmann, Peter: Geschichte des jüdischen Archivwesens in Deutschland. In: Der Archivar 55 (2002), H.3, S. 223-230; hier S. 223.

16 Franz, Archivkunde, S. 26 f.; Honigmann, jüdisches Archivwesen, S. 225 f.

17 Honigmann, jüdisches Archivwesen, S. 228.

18 Honigmann, jüdisches Archivwesen, S. 227.

19 Beispielhaft: Rasch, Manfred: Das Archiv der Thyssen AG und seine Bestände. In: Archiv und Wirtschaft 29 (1996), H. 1, S. 2-13.

20 Es handelt sich um: Westfälisches Wirtschaftsarchiv Dortmund, Wirtschaftsarchiv Baden-Württemberg Stuttgart, Bayerisches Wirtschaftsarchiv München, Hessisches Wirtschaftsarchiv Darmstadt, Sächsisches Wirtschaftsarchiv Leipzig.

21 Vgl. Mayer, Franz/Wiesekopsieker, Stefan: Firmenarchiv von Hoffmann's Stärkefabriken als Dauerleihgabe im Bad Salzufler Stadtarchiv. In: Archivpflege in Westfalen und Lippe (1994), H. 39, S. 26-33.

22 „Unsummen für Reklame". Historische Werbung aus Ostwestfalen und Lippe. Bearb. von Freiträger u.a., Detmold 1998, S. 5, 21.

23 Landeshauptarchiv Magdeburg, S. 32.

24 Battenberg, Friedrich (Hg.): Die Bestände des Hessischen Staatsarchivs Darmstadt. Darmstadt 1997, S. 129.

25 Vgl. Die Verträge zur Einheit Deutschlands, Stand 15. Oktober 1990, München o.J., S. 573 ff.

26 Zu Duisburg vgl.: Die Bestände des Nordrhein-Westfälischen Hauptstaatsarchivs Düsseldorf, 2. Aufl. 1984, S. 49.

27   Vgl. Regelwerk Hörfunk Wort. Richtlinien für die Formalbeschreibung, Inhaltserschließung und Feststellung der Dokumentationswürdigkeit von Wortproduktionen. 2. erg. Aufl., Stuttgart 1993; Regelwerk Musik. Richtlinien für die Formalbeschreibung, Inhaltserschließung und Feststellung der Dokumentationswürdigkeit von Musikproduktionen auf Tonträgern. 4. erw. Aufl. Saarbrücken 1994; Lersch, Edgar: Informationsfülle der Massenmedien: Bewertung und Erschließung. In: Der Archivar, Jg. 48, 1995, Sp. 36-46.

28   Franz, Archivkunde, S. 62 ff.

29   Franz, Archivkunde, S. 36 f.

30   Reimann, Norbert: Grundfragen und Organisation des Archivwesens, in: ders. (Hrsg.): Praktische Archivkunde. Ein Leitfaden für Fachangestellte für Medien- und Informationsdienste, Fachrichtung Archiv. Münster 2004, S. 19-45, S. 38 f.; Englert, Marianne/Lange, Eckhard/Schmitt, Heiner/Stülb, Hans-Gerhard (Hg.): Vernetzungen. Archivdienstleistungen in Presse, Rundfunk und Online-Medien. Münster, Hamburg, Berlin, London 2001.

31   Franz, Archivkunde, S. 33 f.

32   Schöntag, Wilfried/Bannasch, Hermann/Weber, Hartmut (Bearb.): Perspektivplan für die Staatliche Archivverwaltung in Baden-Württemberg. Hrsg. von der Landesarchivdirektion Baden-Württemberg. Stuttgart 1979, S. 66 f.; Hoffmann, Heinz: Behördliche Schriftgutverwaltung. Ein Handbuch für das Ordnen, Registrieren, Aussondern und Archivieren von Akten der Behörden. Boppard 1993, S. 15 ff.; vgl. Stüber, Gabriele: Qualitätsparameter archivischer Arbeit – Überlegungen zur Dienstleistung- und Ressourcengewinnung, in: Der Archivar (2003), H. 3, S. 203-213, hier S. 206.

33   Stern, Carola/Winkler, Heinrich A. (Hg.), Wendepunkte deutscher Geschichte 1848-1990, Frankfurt 1994.

34   Vgl. hierzu Luhmann, Niklas: Die Politik der Gesellschaft. Frankfurt 2000, S. 16, 171.

35   Vgl. Pilger, Andreas/Pilger, Kathrin: Die Bewertung von Verwaltungsschriftgut als Beobachtung zweiter Ordnung. In: Der Archivar (2003), H. 2, S. 111-118, hier S. 111.

36   Franz, Archivkunde, S. 83; Perspektivplan, S. 68 f.; Viertel, Gabriele: Records Management/Vorfeldbetreuung und Zwischenarchiv – Überforderung oder Arbeitsgrundlage? In: Aufgaben kommunaler Archive – Anspruch und Wirklichkeit. Red. Nimz, Brigitta: Münster 1997, S. 35-45, hier S. 44; Schwennecke, Christoph: Bericht aus Bonn. Mengenlehre. In: Süddeutsche Zeitung, Magazin Nr. 45 v. 7.11.1997, S. 62-65, hier S. 63; Banze, Sonja/Schergal, Cornelia: Die Republik der Pfuscher, in: Welt am Sonntag Nr. 31 v. 3.8.2003, S. 3.

37   Vgl. Fraport liefert per Lastwagen zehntausend Textseiten zum Flughafenausbau. In: Darmstädter Echo 10.9.2003, S. 9.

38   Vgl. Dumschat, Sabine: Von der Kunst den „Aktenurwald" zu roden. Diskussionsansätze archivischer Bewertungsverfahren. In: Mitteilungen aus dem Bundesarchiv, H. 1 (2003), S. 34-40, hier S. 34.

39 Vgl. Hoffmann, Schriftgutverwaltung, S. 383. Der Begriff als solcher wird in der archivischen Fachsprache aber weiter verwendet.

40 Hoffmann, Schriftgutverwaltung, S. 16 ff.

41 Bürgerschaft der Freien und Hansestadt Hamburg, 15. Wahlperiode, Drucksache 15/5223 v. 16.4.1996: Große Anfrage der Abg. Sabine Boehlich [u.a.], vom 3.4.1996 und Antwort des Senats betr. Akten des Staatsarchivs und der Justizbehörde.

42 Vgl. Micheler, Stefan: „Verfahren nach § 175 übertrafen in ihrer Häufigkeit die Verfahren gegen andere Verfolgte erheblich" – daher wurden sie vernichtet. Zum Umgang des Hamburger Staatsarchivs mit NS-Justizakten. In: KZ-Gedenkstätte Neuengamme (Hg.), Verfolgung Homosexueller im Nationalsozialismus. Beiträge zur Geschichte der nationalsozialistischen Verfolgung in Norddeutschland. H. 5, Bremen 1999, S. 112-121.

43 Deutscher Bundestag, 14. Wahlperiode, Drucksache 14/9218 v. 4.6.2002.

44 Aktionsbündnis Magnus-Hirschfeld-Stiftung, *www.magnus-hirschfeld.de*

45 Vgl. Dumschat, „Aktenurwald".

46 Vgl. Franz, Archivkunde, S. 83.

47 Eine Federführung ist dann gegeben, wenn die behandelte Fachaufgabe ganz und eindeutig in der Zuständigkeit der aktenführenden Organisationseinheit zugeordnet werden kann. Das Federführungsprinzip wurde vom Bundesarchiv entwickelt und v.a. bei der Ministerialüberlieferung erfolgreich angewandt; vgl. Dumschat, „Aktenurwald", S. 35 f.

48 Pilger/Pilger, Bewertung.

49 Staatsarchive der DDR, S. 3.

50 ebd.

51 Vgl. hierzu auch Viertel, Records Management, S. 40 f. Entstehungsstellen der „Wertkategorie I" mussten ihre Akten, die von einem Verwaltungsarchiv aufgearbeitet worden waren, einem „Endarchiv" übergeben. Wertkategorie III bedeutete eine vereinfachte Kassation durch die Entstehungsstelle.

52 Vgl. hierzu Dumschat, „Aktenurwald", S. 36.

53 Dumschat, „Aktenurwald", S. 35.

54 Schellenberg, Theodore R.: Die Bewertung modernen Verwaltungsschriftguts, übers. u. hrsg. v. Angelika Menne-Haritz, Marburg 1990.

55 hierzu Hoffmann, Schriftgutverwaltung, S. 385.

56 Hessisches Staatsarchiv Darmstadt G 43 A.

57 Stremmel, Rolf/Rasch, Manfred (Bearb.): Findbuch zu den Beständen Vereinigte Stahlwerke AG und Bergbau- und Industriewerte GmbH. 2 Bde., Duisburg 1996.

58 Enders, Gerhart: Archivverwaltungslehre, Berlin 1968 (= Archivwissenschaft und Historische Hilfswissenschaften, Nr. 1), S. 104; Kroker, Evelyn: Bestandsbildung und Tektonik der Archive. In: Handbuch für Wirtschaftsarchive. Theorie und Praxis. Hg. v. Kroker, Evelyn/Köhne-Lindenlaub, Renate/Reininghaus, Wilfried, München 1998, S. 139-144; hier: S. 142.

59 Franz, Archivkunde, S. 46.

60 Franz, ebd.

61 Enders, Archivverwaltungslehre, S. 98.

62 Alternativ wurden Urkunden auch chronologisch nach ihrem Ausstellungsdatum aufgestellt.

63 Vgl. Enders, Archivverwaltungslehre, S. 99 f.

64 Trugenberger, Volker: Provenienz und Pertinenz – von der Antithese zur Synthese durch neue Möglichkeiten des Zugriffs auf Archivgut im Zeitalter der EDV. In: Verein deutscher Archivare, 68. Deutscher Archivtag Ulm, Thesenpapier der Sektionssitzungen, hier: Sektion I: Archivische Findmittel: Die Arbeit der Archivare und die Erwartungen der Benutzer, S. 1.

65 Vgl. Die Bestände des Nordrhein-Westfälischen Hauptstaatsarchivs Düsseldorf, Kurzübersicht, 2. Aufl., Düsseldorf 1984, S. 231 f.

66 Vgl. hierzu Trugenberger, Provenienz und Pertinenz.

67 Stremmel, Rolf: „Ein gesundes Gebilde von gemäßigter Größe?" Notizen zur Geschichte der Vereinigten Stahlwerke AG. In: Findbuch zu den Beständen Vereinigte Stahlwerke, S. 3-36, hier S. 23.

68 Vgl. hierzu allgemein Hoerner, Rolf/Vitinius, Katharina (Pseudonym): Heiße Luft in neuen Schläuchen. Ein kritischer Führer durch die Managementtheorien, Frankfurt 1997.

69 Vgl. hierzu Trugenberger, Provenienz und Pertinenz.

70 Vgl. Trugenberger, Provenienz und Pertinenz.

71 Vgl. Günther, Wolfgang/Osterfinke, Ingrun: Ordnung in das Chaos bringen. Anleitung zur Verzeichnung von Archivgut im Bereich der Evangelischen Kirche von Westfalen, hg. v. Landeskirchlichen Archiv der Evangelischen Kirche von Westfalen (= Schriften des Landeskirchlichen Archivs der Evangelischen Kirche von Westfalen, Bd. 2), Bielefeld 1995, S. 10-25.

72 Vgl. Günther/Osterfinke, Ordnung, S. 26-28; grundlegende theoretische wie praktische Ausführungen bei Papritz, Johannes: Die archivische Titelaufnahme bei Sachakten. Marburg, 5. Aufl. 1993; Staatliche Archivverwaltung im Ministerium des Innern der Deutschen Demokratischen Republik (Hrsg): Ordnungs- und Verzeichnungsgrundsätze für die staatlichen Archive der Deutschen Demokratischen Republik, Berlin 1964

73 Vgl. hierzu Handbuch für Wirtschaftsarchivare, S. 153 ff., sowie Papritz, Johannes: Die Kartentitelaufnahme im Archiv. Marburg, 5. Auflage 1993.

74 Brüning, Rainer/Heegewaldt, Werner (Übers., Bearb.): Internationale Grundsätze für die archivalische Verzeichnung, 2. Aufl., Marburg 2002.

75 Auch heute können die possierlichen Nager ihren Weg ins Archiv finden: Der Verf. dieser Zeilen war Zeuge, wie einer seiner Referendarskollegen mit kühner Strategie eine Archivmaus zur Strecke brachte. Unser Ausbildungsarchiv ist ein moderner Zweckbau!

76 Vgl. hierzu v.a. Weber, Bestandserhaltung. In: Handbuch, S. 175-225, hier: S. 188.

77 Vgl. a. a. O.

78 Vgl. a.a.O., S. 182 f.
79 Vgl. Knackstedt, Wolfgang: Grundsätzliche Überlegungen zur Archiva-lienrestaurierung In: Weber, Hartmut (Hrsg.), Bestandserhaltung in Archiven und Bibliotheken. Stuttgart 1992, S. 53-70, S. 53 f.
80 A.a.O., S. 210.
81 Weber, Hartmut: Schutz- und Ersatzverfilmung. In: a.a.O., S. 91-133, hier S. 120 f.
82 www.regesta-imperii.de.
83 Bundesamt für Zivilschutz: Schutz von Kulturgut bei bewaffneten Konflikten. Bonn, 4. Aufl. 1997; Marek, Michael: Eine Flaschenpost an die Zukunft. In: Frankfurter Allgemeine Sonntagszeitung, Nr. 34, v. 14.8.2003, S. 50
84 Wolf, Mechthild: Serviceleistungen und Öffentlichkeitsarbeit. In: Handbuch, S. 233-258, hier S. 233 f.
85 Franz, Archivkunde, S. 111.
86 Perspektivplan, S. 71.
87 Wolf, Serviceleistungen. In: Handbuch, S. 234 ff. und S. 241 f.
88 Wolf, Serviceleistungen. In: Handbuch, S. 246 f.
89 Hierzu sehr kritisch Manfred Rasch: Hilflose Historiker in Archiven. Bemerkungen über Defizite in der derzeitigen Historikerausbildung Westdeutschlands. In: Archiv und Wirtschaft 28 (1995), S. 114-117.
90 Vgl. Franz, Archivkunde, S. 114.
91 Caenegem, R.C. van/Ganshof, F.L.: Kurze Quellenkunde des Westeuropäischen Mittelalters. Eine typologische, historische und bibliographische Einführung. Göttingen 1984, S. 140, 139.
92 Michalka, Wolfgang: Das Dritte Reich. In: Vogt, Martin (Hg.): Deutsche Geschichte. Von den Anfängen bis zur Gegenwart, 4. erw. Aufl. 1997, S. 694-775, hier S. 760 f., Stand: Ende September 1944.
93 Michalka, Das Dritte Reich, S. 699 spricht von einem „Führungschaos", das „... zu einem konstitutiven Element in der innerparteilichen Entwicklung der NSDAP und schließlich auch im Dritten Reich" wurde.
94 Stremmel/Rasch, Findbuch zu den Beständen Vereinigte Stahlwerke, Bd. 1, S. 266-268.
95 15. Ausgabe, Münster 1995.
96 Grohmann, Ingrid (Hg.): Archive im Freistaat Sachsen. Archiv- und Beständeführer. Dresden, Leipzig, Chemnitz 1995.
97 Vgl. Gesamtübersicht über die Bestände des Landeshauptarchivs Magdeburg, 4 Bde. erschienen, Halle 1954-1972.
98 Der Begriff „Umwelt" im heutigen vor allem ökologischen Sinn taucht erst etwa ab 1970 auf (vgl. Reininghaus unter Mitarbeit v. Gabriele Unverfehrt und Ralf Stremmel: Verzeichnen. In Handbuch, S. 145-165 hier: S. 170); in älteren Akten hat man dann z.B. nach dem Stichwort „Flußverunreinigung" zu suchen. Bei solchen begriffsgeschichtlichen Fragen können ggf. auch zeitgenössische Lexika mit Gewinn herangezogen werden.
99 Bearb. v. Bötticher, Kerstin, Berlin 2001.
100 *www.stad.hessen.de* – Battenberg, Friedrich (Bearb.): Judaica im

Staatsarchiv Darmstadt, Bd. 1: Urkunden 1275–1650. Darmstadt 1981; Bauch, Herbert u.a. (Bearb.): Quellen zu Widerstand und Verfolgung unter der NS-Diktatur in hessischen Archiven: Übersicht über die Bestände in Archiven und Dokumentationsstellen. Wiesbaden: Historische Kommission für Nassau, 1995

101 Franz, Archivkunde, S. 103.

102 Vgl. hierzu Franz, Archivkunde, S. 105.

103 Glaser, Hermann: WWW. Neugier und Vernetzung. Ein kulturgeschichtliches Essay, in: Aus Politik und Zeitgeschichte, B 41 (1999), S. 3-9, hier S. 3.

104 Ohrmund, Andreas/Tiedemann, Paul: Internet für Historiker. Eine praxisorientierte Einführung, Darmstadt 1999, S. 5-22. Obwohl nicht mehr aktuell, bietet eine immer noch fundierte und gut lesbare Einführung: Stiftung Warentest: Jörg Schieb, Internet. Nichts leichter als das. Berlin 1997.

105 Ohrmund/Tiedemann, S. 100 ff. mit weiteren auch heute noch relevanten Suchmaschinen. Zur Funktionsweise Schieb, S. 136 ff.

106 Ohrmund/Tiedemann, S. 25 ff.

107 *www.uni-marburg.de/archivschule*; Bundesarchiv: *www.bundesarchiv.de*

108 *www.rnd.de*

109 *www.stad.hessen.de*

110 Neitmann, Klaus: Überlegungen zur archivischen Erschließung von spätmittelalterlichen und frühneuzeitlichen Amtsbuchüberlieferungen, in: Archive und Forschung. Referate des 73. Deutschen Archivtags 2002 in Trier. Siegburg 2003, S. 71-90, hier S. 75.

111 v. Brandt, S. 86.

112 Vollrath, Hanna: Deutsche Geschichte im Mittelalter (900–1495), in: Martin Vogt: Deutsche Geschichte von den Anfängen bis zur Gegenwart, 4. erw. Aufl. Stuttgart, Weimar 1997, S. 1-143, hier S. 17

113 Vollrath, Deutsche Geschichte, S. 18.

114 vgl. dazu Caenegem/Ganshof: Quellenkunde, S. 55 f.

115 Leesch, S. 18.

116 Van Caenegem/Gangl.of: Quellenkunde, S. 67.

117 Vgl. hierzu Neitmann, Überlegungen, S. 71 ff.

118 Brandt, Ahasver von: Werkzeug des Historikers. Eine Einführung in die historischen Hilfswissenschaften. 9. Aufl., Stuttgart u.a. 1980.

119 vgl. Leesch, S. 33 ff. – Franz, Archivkunde, S. 53 f.

120 van Caenegem/Ganshof, Quellenkunde, S. 67.

121 Einen kleinen Einblick bietet Leesch; ausführlich Eckardt, Hans Wilhelm/Stüber, Gabriele/Trumpp, Thomas: „Thun kund und zu wissen jedermanniglich". Paläographie – archivalische Textsorten – Aktenkunde, Köln 1999, S. 12 ff.; der Klassiker dieser Disziplin stammt von Meisner, Heinrich O.: Archivalienkunde vom 16. Jahrhundert bis 1918, Leipzig 1969.

122 Leesch, S. 19 f.; Franz, Archivkunde, S. 60.

123 Franz, ebd.

124 Matschenz, Andreas: Karten und Pläne. In: Beck, Friedrich/Henning,

Ekhart: Die archivalischen Quellen. Mit einer Einführung in die historischen Hilfswissenschaften. Köln, Weimar, Berlin, 3. überarb. u. erw. Aufl. 2003, S. 128-139; Papritz, Johannes: Die Kartentitelaufnahme im Archiv, 5. Aufl. Marburg 1993. Eine kurze Anmerkung zur bibliothekarischen Kartenerschließung: Wiegand, Günther: Wegweiser in eine vergangenen Welt. Erschließung historischer Kartenbestände. In: Forschung. Mitteilungen der DFG 2-3 (1995), S. 28-30.

125 Hessen im Bild alter Landkarten. Ausstellungskatalog, bearb. v. Wolff, Fritz/Engel, Werner u.a. Marburg 1988, S. 14

126 Saurer, Helmut/Behr, Franz-Josef: Geographische Informationssysteme. Eine Einführung. Darmstadt 1997, S. 2, 4 ff.; Fiedler, Gudrun: Archivierung digitaler Katasterunterlagen. Die Fortführung eines Archivierungsmodells der niedersächsischen Staatsarchive. In: Schäfer, Udo/Bickhoff, Nicole (Hg.): Archivierung elektronischer Unterlagen, Stuttgart 1999, S. 153-162.

127 Reininghaus, Verzeichnen. In: Handbuch für Wirtschaftsarchive, S. 84 f.

128 Reininghaus, Verzeichnen. In: Handbuch für Wirtschaftsarchive, S. 87

129 Als Beispiel für Publikationen aus solchen Beständen: Franz, Eckhart G. (Hg.): Staatsbesuch im Indien der Maharajas. Tagebücher zur indischen Reise Großherzog Ernst Ludwigs von Hessen und bei Rhein 1902/1903. Darmstadt und Marburg 2003. (Quellen und Forschungen zur hessischen Geschichte Bd. 131)

130 Wetzel, Jürgen: Über die Bestände des Landesarchivs Berlin. In: Landesarchiv Berlin. Ein Archiv zwischen gestern, heute und morgen, Berlin 2001, S. 29-37, hier S. 36. Zu den Beständen des Staatsarchivs Leipzig zählen auch die von der Volkspolizei mit westlicher Videotechnik dokumentierten revolutionären Ereignisse im Herbst 1989.

131 z.B. Flugzeugabsturz in den Wald bei Kelsterbach, H13 Darmstadt Nr. 2218 (1953–1956).

132 Reininghaus, Verzeichnen. In: Handbuch für Wirtschaftsarchive, S. 88.

133 Nach Reininghaus, ebd.

134 Schulze, Gernot: Meine Rechte als Urheber, München 1991, S. 25 f. Das Urheberrecht wurde erst unlängst novelliert, so dass die neue Rechtslage zu beachten ist.

135 Kolbe, Christian: „Gerichtstag halten über uns selbst ...“ Das Forschungs-, Dokumentations- und Ausstellungsprojekt zum ersten Frankfurter Auschwitz-Prozess. In: Newsletter. Informationen des Fritz Bauer Instituts, Nr. 21, Herbst 2001, S. 10.

136 H 13 Darmstadt Nr. 1293; vgl. Maaß, Rainer: Projekte um den NSG-Prozess „Wollschläger“. In: Archivnachrichten aus Hessen 2/2002, S. 14-15.

137 Schäfer, Udo: Authentizität. Vom Siegel zur digitalen Signatur. In: Schäfer/Bickhoff, Archivierung, S. 165-181, S. 178 ff.

138 Fiedler, Gudrun: Archivierung von Unterlagen aus digitalen Systemen am Beispiel des Landes Niedersachsen. In: Bischoff, Frank M. (Hg.): Archivierung von Unterlagen aus digitalen Systemen, Münster 1997, S. 21-29; hier: S. 22-25.

139 Thomas Hobbes, Leviathan, 1. u. 2. Teil, Stuttgart 1980, S. 27.

140 Eckardt, Hans Wilhelm/Stüber, Gabriele/Trumpp, Thomas: „Thun kund und zu wissen jedermanniglich". Paläographie – archivalische Textsorten – Aktenkunde. Köln 1999, S. 22.

141 Jacobmeyer, Wolfgang: Schülererfahrungen bei der Spurensuche im Archiv. In: Archive und Forschung, Referate des 73. Deutschen Archivtages 2002 in Trier. Siegburg 2003, S. 365-376, hier S. 367; Heidt, Günther u.a.: Lange Wege – kurzer Draht. Grenz-Archiverfahrungen von Schülerinnen und Schülern eines Gymnasiums im äußersten Westen von Rheinland-Pfalz. In: Archive und Forschung, S. 387-398, hier S. 394: „... und schon waren wir am nächsten Hindernis angelangt, nämlich der für uns komplett unlesbaren Schreibschrift des 18. Jahrhunderts."

142 Vgl. hierzu die Kontroverse zwischen Fritz, Gerhard: Archivnutzung im Geschichtsunterricht. In: Geschichte in Wissenschaft und Unterricht Jg. 48, 1997, H.7/8, S. 445-461 und Lange, Thomas: Zwischen Zimelien und Zensuren, in: Geschichte in Wissenschaft und Unterricht, Jg. 50, 1999, S. 43-49, hier S. 46 f.

143 Körner, Marlis/Schäfer, Daniela: Vereinfachte Ausgangsschrift. Pro und Contra, LINSE – Linguistik-Server Essen 1997, S. 4, und: Sammarro, Gianni: Einfache oder vereinfachte Ausgangsschrift. LINSE – Linguistik-Server Essen 2002, *www.linse.uni-essen.de*

144 Winter, Hans: Studienfahrt ins 18. Jahrhundert – Eine echte Alternative zum Klassenzimmer. In: Lange, Thomas (Hg.), Geschichte – selbst erforschen. Schülerarbeit im Archiv. Weinheim, Basel 1993, S. 115-127, hier S. 116.

145 Stüber, Gabriele/Trumpp, Thomas: Französisch im Archiv. Ein Leitfaden für Archivare und Historiker. Köln, Bonn 1992.

146 Schneider, Karin: Paläographie, Handschriftenkunde. Tübingen 1999, S. 13, spricht vom „Nachvollzug der Schriftentwicklung an den überlieferten Schriftdenkmälern". Z.B. Dülfer, Kurt/Korn, Hans Enno: Schrifttafeln zur deutschen Paläographie des 16.-20. Jahrhunderts, Teil 1 u. 2. Neu bearb. von Günter Hollenberg, 7. Aufl., Marburg 1992.

147 Eckardt/Stüber/Trumpp, Paläographie, S. 22; Theuerkauf, Gerhard: Die Interpretation historischer Quellen. Schwerpunkt Mittelalter, Paderborn 1991, S. 42-44

148 Eine anspruchsvolle Variante für das Selbststudium bieten Eckardt/Stüber/Trumpp, Paläographie, die vom linguistischen Textsortenbegriff ausgehen.

149 Heidt, Lange Wege, S. 389.

150 Das genügte selbst für eine Einführung in die Schrift des 18. Jahrhunderts, vgl. Winter, Studienfahrt, S. 116.

151 Winter, Studienfahrt S. 117; so auch Degreif, Dieter: Schrift muß keine Schranke sein! Eine Einführung in die Entwicklung und das Lesen alter Schriften. In: Lange, Geschichte – selbst erforschen, S. 128-158, hier S. 150.

152 Exemplarisch: Süß, Harald: Deutsche Schreibschrift. Lesen und Schreiben lernen. Lehrbuch. München 2002.

153 Links zu entsprechenden Adressen z.B. bei: *www.stad.hessen.de/ benutzung.htm*
154 Eckardt/Stüber/Trumpp, Paläographie, S. 18 ff.
155 Degreif, Schrift, S. 150 f.; Süß, Schreibschrift, S. 16 f.
156 Ausführlich Eckardt/Stüber/Trumpp, Paläographie S. 27 ff.; Degreif, S. 152; sowie Winter, Studienfahrt, S. 18 „... unter Beibehaltung der zeitgenössischen Besonderheiten in Sprache und Orthographie!"
157 Vgl. dazu Bodmer, Frederick: Die Sprachen der Welt, Köln, Berlin o.J., S. 34, S. 58 ff.
158 Eckardt/Stüber/Trumpp, Paläographie, S. 22.
159 Eckardt/Stüber/Trumpp, Paläographie, S. 23; Schneider, S. 28 ff.; Degreif, Schrift, S. 131.
160 Eckardt/Stüber/Trumpp, Paläographie, S. 23 f.
161 Degreif, Schrift, S. 140 f.; Süß, Schreibschrift, S. 8 f.
162 Beck, Friedrich: Schrift. In: ders./Henning, Eckart (Hg.): Die archivalischen Quellen. Mit einer Einführung in die Historischen Hilfswissenschaften. Köln, Weimar, Berlin, 3. überarb. u. erw. Aufl. 2003, S. 179-230, hier S. 212.
163 Eckardt/Stüber/Trumpp, Paläographie, S. 24.
164 Süß, Schreibschrift, S. 9.
165 Beck, Schrift, S. 219. Später dürften sicherlich die Exportinteressen der deutschen Büromaschinenindustrie eine Rolle gespielt haben; 1930 wurden etwa insgesamt 2,5 Millionen Schreibmaschinen produziert.
166 Degreif, Schrift, S. 149.
167 Vgl. hierzu v.a. Körner/Schäfer, S. 2 f.; Degreif, Schrift, S. 149, und Falk, Gebhard: Anleitung zur Schriftkunde. Berufsspezifisches Unterrichtsmittel Archivassistent, Potsdam 1973, S. 9.
168 Erlass U III A Nr. 138 bzw. R U II C 227; Süß, Schreibschrift, S. 9 f.; Degreif, Schrift, S. 149 f.
169 Süß, Schreibschrift, S. 10; Degreif, Schrift, S. 128.
170 Körner/Schäfer, S. 3.
171 Im Folgenden v.a. Falk, Anleitung.
172 Reinschrift und Konzept bezeichnen aktenkundlich verschiedene Entstehungsstufen eines Schreibens.
173 Körner/Schäfer, S. 11.
174 Süß, Schreibschrift, S. 18.
175 Beck, Schrift, Ausgangsschrift, S. 182 f.
176 Eckardt/Stüber/Trumpp, Paläographie, S. 42 f.
177 Grun, Paul Arnold: Schlüssel zu alten und neuen Abkürzungen. Nachdruck der Ausgabe 1966. Limburg/Lahn 1984; Capelli, Adriano: Lexikon abbreviaturarum. Dizionario di abbreviature latine e italiane. 6. Aufl. Mailand 1987; Ladner, Pascal: Abkürzungen. In: Lexikon des Mittelalters, München 2002, Bd. 1, Sp. 41 f.
178 *www.manuscripta-mediaevalia.de/gaeste/grotefend/grotefend.htm*
179 Dietrich, Toni: Siegel und andere Beglaubigungsmittel, in: Beck/ Henning, Archivalische Quellen, S. 291-305. Die Unterschrift setzte

145

sich seit dem 16./17. Jahrhundert allmählich als Beglaubigungsmittel durch, vgl. hierzu Meisner, Archivalienkunde, S. 217 ff.

180 Literatur zur Heraldik ist unübersehbar und mit populären Neuauflagen und Lizenzdrucken leicht greifbar. Nur als Beispiele: Leonhard, Walter: Das große Buch der Wappenkunst. München 1976; Neubecker, Ottfried: Wappenkunde. Luzern 1988 (Sonderausg. München 2002); Johann Siebmachers Wappenbuch [1605], hg. v. Horst Appuhn, München 1999; von Volborth, Carl-Alexander: Heraldik. Eine Einführung in die Welt der Wappen. Stuttgart, Zürich, 2. durchges. Auflage 1992.

181 Vgl. hierzu Witthöft, Harald: Maß, Zahl und Gewicht. In Beck/ Henning: Archivalische Quellen, S. 341-351, als Einführung sehr geeignet; Dilke, O.A.W.: Mathematik, Maße und Gewichte in der Antike. Stuttgart 1991. – Trapp, Wolfgang: Kleines Handbuch der Maße, Zahlen, Gewichte und Zeitrechnung. Stuttgart, 3. erw. Aufl. 1998.

182 Demandt, Karl E.: Laterculus Notarum. Lateinisch-deutsche Interpretationshilfen für spätmittelalterliche und frühneuzeitliche Archivalien. Marburg 1974.

183 Schüttenhelm, Joachim: Der Geldumlauf im südwestdeutschen Raum vom Riedlinger Münzvertrag 1423 bis zur ersten Kipperzeit. Stuttgart 1987; ein knapper Überblick über die verwirrenden Verhältnisse bei Schneider, Konrad: Die hessische Münz- und Geldgeschichte 1500 bis 1873 im Überblick. In: Geld-Wechsel/Wechsel-Geld. Geld in Hessen 1500-2000. Ausstellungskatalog. Darmstadt 2000, S. 5-39.

184 *www.stad.hessen.de/wechselgeld/tinh1.htm*

185 Oligmüller, Johannes Georg: Papierzeit. Essen 1997.

186 Vgl. Zeisler, P./Hamm, U./Göttsching, L.: Untersuchungen zum Zustand von Papier in Archiven und Bibliotheken. Darmstadt 1991, S. 5-13.

187 Letollen, Eric: Feder, Tinte und Papier. Die Geschichte schönen Schreibgeräts. Hildesheim 1999.

4. Lernend forschen, forschend lernen – archivpädagogische Praxis

Archivpädagogik ist der Versuch, „der zweidimensionalen archivierten ‚Flachware' eine dritte Dimension zu verleihen: die der Zeiterfahrung", und dadurch zum Geschichtsbewusstsein („Sinnbildung über Zeiterfahrung") beizutragen: durch das Erlebnis des Originals, durch die Arbeit mit originalen Dokumenten.[1] Unterrichtsmethodisch ist das historische Lernen im Archiv „entdeckendes" oder auch „forschend-entdeckendes Lernen": „eine an der Praxis der Wissenschaft orientierte Form des Lernens, bei der die Lernenden im Prozess des Nachdenkens über ein Problem von sich aus auf grundsätzliche Fragen und Probleme stoßen, sie formulieren, selber über Lösungswege nachdenken und Antworten erarbeiten." Autonomie und Eigenaktivitäten der Lernenden bekommen eine zentrale Rolle. Besonders geeignet ist dafür die Regional- und Lokalgeschichte, an der Schüler – im Archiv – erforschen können, „welche Spuren die ‚große Geschichte' in ihrer unmittelbaren Nähe hinterlassen oder auch nicht hinterlassen hat, wie sich also Mikro- und Makrogeschichte miteinander verschränken."[2]

Es ist also eine Methode, die der Wissenschaft sich annähert durch eigenständiges Fragen, durch Materialsuche und selbstständiges Kombinieren und – idealerweise – dadurch, dass nicht ein vorgegebenes Ergebnis lediglich nachschaffend erreicht werden muss. Auf der anderen Seite kommt es der Handlungsorientierung von Jugendlichen ebenso entgegen wie ihrer Ausrichtung auf eigene Bedürfnisse: nämlich dann, wenn die Bereiche der eigenen Lebenswelt mit einbezogen werden.

4.1 Unterricht im Archiv

Einstieg in forschend-entdeckendes Lernen kann der „Unterricht im Archiv" sein: Ein Lehrer/eine Lehrerin sucht mit einer Lerngruppe den „Lernort Archiv" auf, um in einem begrenzten thematischen und zeitlichen Rahmen Quellen zu bearbeiten. (Oft sind nur 2–3 Stunden möglich; besser ist natürlich ein ganzer Vormittag.) Mit diesem „Unterricht im Archiv" wird – in Zusammenarbeit zwischen Lehrer und Archivpädagogen bzw. Archivar – gewissermaßen die „erste Stufe" des

Abb. 23: Schülergruppe im Seminarraum des Hessischen Staatsarchivs Darmstadt (Foto: T. Lange)

forschend-entdeckenden Lernens realisiert, in der der Weg des Entdeckungsprozesses an vorbereitetem Material beispielhaft vorgeführt wird. Aufgrund der Menge des archivischen Materials, das immer mehr als nur *das eine* Dokument bietet, in dem die Antwort mit Sicherheit enthalten („versteckt") ist, wie etwa im Schulbuch, ist es auch hier möglich, Hypothesen zu bilden, mögliche Antworten und neue Fragen – auch nach neuem Material – zu entwickeln.[3]

In der Regel beginnt dieser „Unterricht im Archiv" mit einer Information über das Archiv und seine Aufgaben, um dann an einer vorher festgelegten, begrenzten Archivalienauswahl historisches Forschen nachzuvollziehen.

148

Das ist zwar keine echte Forschung, weil der Archivpädagoge oder ein/e Archivmitarbeiter/in Archivalien vorausgewählt und auf die Eignung für das gewünschte Thema geprüft hat. Es geht aber über die schulübliche Arbeit mit gedruckten Quellen hinaus, weil
a) die Quellen im Original vorliegen und
b) sie in ihrer archivischen Form, also als (loses oder geheftetes) Aktenbündel nach dem Provenienzprinzip, eine Fülle von Papieren anbieten, aus denen Relevantes herausgesucht werden muss.
Auch wenn, um gefährdete Papiere zu schonen, etwa den Schülern zum Arbeiten nur Kopien ausgehändigt werden und die Originale zur Einsicht im Raum bereitliegen, so ist dies doch ein anderes Arbeiten als im Schulbuch bzw. mit aus Quellensammlungen kopierten Arbeitsblättern.

Die in der Schule eingeübten handwerklichen Techniken der Textanalyse (Unterstreichen, farbig markieren) müssen im Archiv natürlich entfallen. Auch wenn eine Vorauswahl an Archivalien getroffen worden ist, so liegen diese oft in einem größeren Aktenbündel („Faszikel"; „Büschel"), das Blatt für Blatt umgewendet werden muss. Als Hilfestellung bei diesem oft auf nur wenige Stunden begrenzten Archivunterricht empfiehlt sich eine klare Fragestellung, die (durch Lehrer oder Archivpädagogen) auf das Material vorabgestimmt sein muss, um demotivierende Reaktionen („Da steht ja nichts drin") zu vermeiden.

Wie solch eine Anleitung aussehen kann, zeigt der folgende Text:

Das „Dritte Reich"

1. Realität der Diktatur

Fragen:

Wie wurde die Durchsetzung der Diktatur organisiert? – Wie verfuhr man mit der Opposition? – Was galt als Opposition? – Welche Rolle spielte die Justiz? – Welches waren die Grundlagen für Gerichtsverfahren und Verhaftung? – Was waren Gründe für eine Verhaftung? – Wer zeigte wen an? Aus welchen Ursachen?

Material:

„Ungesetzliche" Aktionen: Misshandlung des KP-Funktionärs Heinrich Huxhorn, Pfungstadt (nach: Valentin Liebig: Pfungstadt und der Nationalsozialismus. 1996)
Gesetzliche Grundlagen: VO des Reichspräsidenten vom 28.2.1933 („Schutz von Volk und Staat") – VO des Reichspräsidenten vom 21.3.1933 („Heimtücke") – VO vom 21.3.1933 zur Bildung von Sondergerichten.

Durchführung:

Der sozialdemokratische Politiker *Carlo Mierendorff:* seine Verhaftung aus seiner Erinnerung und aus den Zeitungen. (Nachlass Mierendorff, StadtA ST 45) – Informationen über KZ Osthofen: Zeitgenössische Propaganda und Berichte (Kopie aus: L. Moos: SA in Hessen. Groß-Gerau 1943, S. 107; – H. Pingel-Rollmann: Widerstand und Verfolgung in Darmstadt und der Provinz Starkenburg. Darmstadt und Marburg 1985, S. 68 ff.)

Einzelfälle:

Verhängung von Schutzhaft, verschiedene Vorgänge (G 15 Dieburg Nr. Q 86) – Schutzhaftmaßnahmen (G 15 Erbach Q 82,84,86)

Urteile des Sondergerichts Darmstadt: Abfällige Äußerungen über das KZ Osthofen (G 27 Darmstadt Nr. 79) – Staatsfeindliche Äußerungen (Nr. 609) – Verbotenes Abhören ausländischer Radiosender (Nr. 790)

Kontrolle der Bevölkerung: Staatspolizeiliche Maßnahmen gegen die katholische Kirche und katholische Geistliche 1936-1943 (G 15 Erbach Q 72) – Polizeiliche Monatsberichterstattung über die politische und wirtschaftliche Lage im Kreis, 1937-1938 (G 15 Erbach Q 70)

2. Die Machtergreifung 1933 – auch an den Schulen

Fragen:

Welche Absicht wurde mit der Organisation der Feiern zur Machtergreifung 1933 verbunden? – Was sollte bei Schülern und Lehrern bewirkt werden? – Welche Reaktionen gab es? – Wie verhielten sich Schulleiter, Lehrer, Bevölkerung?

Material:

Schulfeiern aus Anlass der nationalen Erhebung, Berichte der Direktoren (G 15 Heppenheim M 1387) – Der Hitlergruß an Schulen (G 15 Bensheim M 375)

3. Einfluss des Staates auf die Schulen

Fragen:

Auf welche Weise versuchte der Staat, Schüler zu indoktrinieren? – Worauf wurde im Unterricht (Lehrpläne) besonderer Wert gelegt? – Welche Rolle spielte die Rassenlehre in den Lehrplänen? – Welche Inhalte der NS-Ideologie werden in Abituraufsätzen reproduziert? – Wie wirkte sie auf die Schüler? (Z.B. bei Abituraufsätzen. Aber es sollte auch diskutiert werden: Was sagen Abituraufsätze über die wirkliche Meinung eines Schülers aus?)

Material:

Lehrpläne Geschichte und Bürgerkunde 1923-36 (G 53 Gym. Dieburg Nr. 90) – Lehrpläne für Reichsbürgerkunde (G 15 Groß-Gerau M 37) – Propagandamaßnahmen in Schulen: Wochenspruch; allg. Körperschule (G 15 Lauterbach Nr. 726/2) – Abituraufsätze 1939/1941/42; Themen: „Der Erziehungsgang des jungen Deutschen"; „Was bedeuten die bevölkerungspolitischen Maßnahmen des Nationalsozialistischen Staates für die Sicherung unserer völkischen Zukunft?"; „In welchen Voraussetzungen ist der Siegeszug der deutschen Armeen begründet?"; „Kunst und Künstler, nationalsozialistisch gesehen." (G 53 Gymnasium Dieburg Nr. 147, 148, 149)

4. Diskriminierung und Ausgrenzung der Juden: Reichsbürgergesetz und Blutschutzgesetz (= „Nürnberger Gesetze" 1935)

Fragen:

In welcher Weise wurden Juden durch die Gesetzgebung diskriminiert? – Welche Folgen hatte das z.B. für Jugendliche? – Konfrontieren Sie gesetzliche Bestimmungen und Verordnungen mit Erfahrungen Einzelner.

Material:

Gesetz gegen die Überfüllung deutscher Schulen und Hochschulen (25.4.1933) – Reichsbürger- und „Blutschutz"-Gesetz (15. September 1935) – Benutzung der Verkehrsmittel durch Juden (G 15 Dieburg X 2) – Reisepässe für Juden (G 15 Dieburg Q 304) – Aberkennung der deutschen Staatsangehörigkeit des Juden Max Israel Strauss, zuletzt in Mörfelden wohnhaft (G 15 Groß-Gerau J 1101) – Nachweis der arischen Abstammung (G 15 Groß-Gerau D 6) – Polizeiverordnung über die Kennzeichnung der Juden 1941-1943 (G 15 Erbach L 61)

Erfahrungen jüdischer Schüler an deutschen Schulen; Selbstorganisation jüdischer Schulen (G 15 Erbach L 281/2) – Aus den Erinnerungen von Helga Keller, Ruth L. David; Interview mit Minna Wosk. – Ulrike Klein, Beate Kosmala, Sophie Schöll, Anja Dittmann (Hrsg. u. Bearb.): Jüdische Schüler am Darmstädter Ludwigs-Georgs-Gymnasium in den zwanziger und dreißiger Jahren. Darmstadt: Verlag des Historischen Vereins für Hessen 1992

5. Einfluß des Staates auf die Freizeit: Staatsjugend (HJ)

Fragen:

Welche staatlichen Organisationen gab es für Jugendliche? Wie wurde man Mitglied? Was war daran attraktiv? Welche politischen Aufgaben wurden mit dem Sport verbunden? Welche Beziehung wurde zwischen Sport und Krieg hergestellt? Welche Angebote gab es in der „Staatsjugend" für Jugendliche? Welche Aufgaben mussten die Organisationen noch übernehmen? Welche Aufgabe hatten sie im System des Dritten Reiches? Wie wurden sie kontrolliert?

Material:

HJ-Aktivitäten in Darmstadt 1937-39 (Berichte der Hessischen Landeszeitung aus: StadtA Darmstadt ST 64 Bd. 20) – Morgen. Nationalsozialistische Jungenblätter 1937/38 – Interviews mit ehem. „Hitlerjungen" bzw. „Jungmädeln" (Heinrich Keil, Elfriede Gruber) – Fahrten von Jungmädel und BdM (Zeitungsbericht, Hess. Landeszeitung 6.2.1938) – Übersicht über die Zugehörigkeit der hessischen Jugend zur HJ (G 15 Heppenheim M 1430) – Jugenddienstpflicht der HJ (G 15 Erbach Q 67)

Die Archivdokumente sind nach thematischen Gruppen geordnet; vorformulierte Fragestellungen erleichtern den Zugang. Die Erfahrung zeigt, dass die meisten Schülergruppen recht dankbar für diese orientierenden Hinweise sind, sich sogar manchmal allzu eng daran halten. Ausnahmen sind solche Gruppen, die im Unterricht bereits so vorbereitet wurden, dass sie selbstständig Fragen entwickeln. Die Notierung der Quellen auf den Frage-Blättern erleichtert die Orientierung in den Papiermengen. Um den Prozesscharakter der Vorgänge verstehbar zu machen, müssen die Schüler auch angehalten werden, genaue Tages- und Monatsdaten aus den Dokumenten sowie die entsprechenden Archivsignaturen aufzuschreiben. Denn aus der zeitlichen Einordnung der Dokumente können z.B. bei den Verhaftungen (Frage 1) Ereignisse rekonstruiert werden. Auch Multiperspektivität, z.B. durch Ge-

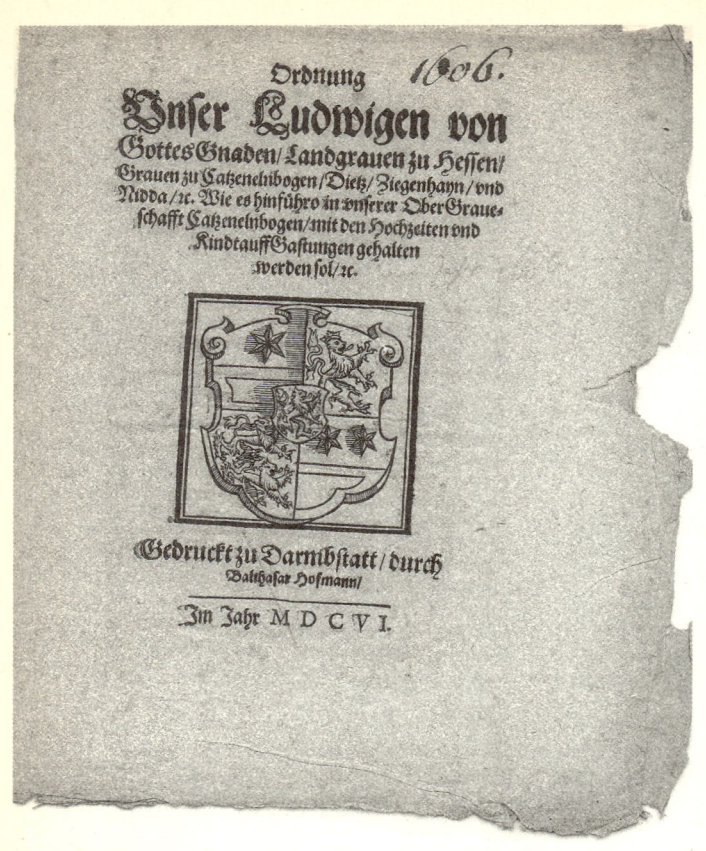

Abb. 24: Ordnung, wie es in Zukunft mit den Hochzeiten und Kindtauff-Gastungen gehalten werden soll, Darmstadt 1606 (StAD R1 Nr. 37/41)

genüberstellung juristischer Bestimmungen mit den Erfahrungen davon Betroffener (publizierte Erinnerungen oder Oral-history-Interviews) lässt sich aus diesem Archivmaterial gewinnen (hier: Reaktionen jüdischer Schüler; Frage 3). Quellenkritisch reflektiert werden müssen Dokumente wie Abiturarbeiten (Frage 2a), bei denen, wie Schüler aus eigener Erfahrung wissen, nicht unbedingt die wirkliche innere Überzeugung niedergeschrieben wird.

Das selbstständige, autonome Lernen unter einem zuvor festgelegten Erkenntnisinteresse ist insbesondere wirkungsvoll bei personenbezogenen Akten wie den Schutzhaftakten, in denen menschliches Leid (und wenig menschliches Handeln) an einzelnen Schicksalen dokumentiert sind. Das authentische Material fördert individuelles Untersuchungsinteresse, zwingt aber auch zu einer persönlichen Stellungnahme. Sinnvoll ist eine gemeinsame Auswertung dieser Gruppenarbeit gleich an Ort und Stelle im Archiv. In Kurzvorträgen der Schüler zu ihren Arbeitsergebnissen können „Fälle" verglichen werden, Unterdrückungs- und Vernehmungsstrategien erkannt, weitergehende Fragen formuliert werden: Was wurde z.B. aus Richtern und Polizisten nach 1945?[4]

Bei Dokumenten vor dem 20. Jahrhundert kann man sich, um dem Problem der Handschriften auszuweichen, auf gedruckte Verordnungen oder Bücher beschränken, wobei allerdings Jugendliche auch Fraktur-Druck vielfach mit „Das kann man ja nicht lesen" abtun: Es muss ihnen eine Eingewöhnungszeit eingeräumt werden, in der sie den ersten Schritt in die historische Fremde bei so etwas scheinbar Selbstverständlichem wie der Schrift tun können.

Auch hier kann ein Fragen- und Materialblatt beim Gliedern der Arbeit helfen.

Reformation in Hessen: Normen, Regeln, Disziplin

Fragen und Hinweise zum Material:

1. Das landesherrliche Kirchenregiment:

Fragen:

Welche Lebensbereiche werden nach der Reformation neu (oder anders) organisiert? Welche Kontrollaufgaben entstehen für den Landesherren? Wie werden sie wahrgenommen? Inwiefern nimmt der Landesherr Einfluß auf das Leben in Dörfern und Städten? Was kann man über das tatsächliche Leben (Kirchgang, religiöse Unterweisung, Rolle der Pfarrer, Moral) aus den Anordnungen und Verboten erschließen?

Material:

Agenda, das ist: Kirchenordnung im Fürstentum Hessen, 1574 (Druck 1662; STAD: J 487/18); Visitationsaufgaben der Superintendenten; Von Predigten; Von Kirmessen und Tänzen; Von heimlichen Verlöbnissen und fleischlichen Vermischungen;) Unser Georgen... Ordnung von fleissiger Übung des Catechismi, der Kinderlehr..., 1634 (Druck: 1661) (STAD J 487/30) – Ordnung und Aufgabe der Schule (Ordnung von fleißiger Übung des Katechismus, Georg II., 1634; StAD: J 487/30) – Kirchenvisitation 1627/28 (gedruckte Ausschreiben, StAD E 5 A 3 Nr. 62/3) – Kirchenvisitation in der Obergrafschaft Catzenelnbogen 1628; Berichte (E 5 A 3 Nr. 63/2) (Sicherungs-Fiche: Bestand Q 21, Film Nr. 316 ff.) (einzelne Orte: Bessungen, Pfungstadt, Zwingenberg)

2. Neue Ordnung des privaten Lebens:

Fragen:

In welche Bereiche des Privatlebens greift der Landesherr hier ein? Was verbietet, was erlaubt er? Welche Motive hat er dabei? Wie war die Schule organisiert? Welches Ziel hatte der Unterricht? – Was kann man aus all diesen Verboten über das tatsächliche Leben und Verhalten entnehmen? – Ergänzung: Zum Essen und Trinken bei Hofe sowie zum Betragen dabei: s. Küchen- und Speise-Ordnung (vermutl.) Georgs I. sowie andere Hofordnungen.

Material:

Von *Kirmessen, Tänzen, Vollsaufen,* heimlichen Verlöbnissen (Christliche Polizeiordnung 1574; StAD: J 487/18) – Ordnung, wie es in Zukunft mit den *Hochzeiten* und Kindtauf-*Gastmahlen* gehalten werden soll (Darmstadt, 1606; StAD: R 1 Nr. 37/41) – Verordnung zur Einschränkung der bei Hochzeiten, Verlöbnissen, Kindtaufen und Leichenbegängnissen eingerissenen Mißbräuche (14. Feb. 1609; StAD: R 1 Nr. 37/43) – Verordnung des Landgrafen Ludwig V. zu Hessen, wie es bei Hochzeiten, Verlöbnissen, Begräbnissen etc. gehalten werden soll. (1625; StAD R 1 Nr. 37/52) – VO die Trauerkleidung betr., 17. März 1712 (R 1 Nr. 41/51) – VO wg. der unmäßigen Kleiderpracht u.a., 28.8.1684 (R 1 Nr. 39/97) – Verbesserte Ordnung, wie es künftig bei Hochzeiten etc. gehalten werden soll, 1640 (R 1 Nr. 38/25) – VO wie es künftig bei Hochzeiten, Kindtaufen etc. gehalten werden soll, 24. Feb. 1703 (R 1 Nr. 40/122)

- Küchen- und Speise-Ordnung u.a. in: Hofordnungen (D 8 Nr. 4/1) – Landgräfliche Ordnung über etliche Notwendigkeiten zur Erhaltung christlicher Zucht und Ehrbarkeit etc., 3. Juni 1543 (R 1 Nr. 37/14)

3. Frieden und Sicherheit im Haus und auf der Straße

Fragen:

Gegen welche Störungen der öffentlichem Ordnung richten sich diese Verordnungen? Welche Maßnahmen sehen sie vor? Welche Bereiche werden geregelt? Wie ging es am Hofe des Landgrafen zu? Was läßt sich aus diesen Vorschriften über das tatsächliche Leben entnehmen?

Anregung: Diskutieren Sie anhand dieses Materials die Regeln für das Verhalten bei Tisch oder im persönlichen Umgang die Thesen von Norbert Elias zum „Selbstzwang" („Prozess der Zivilisation")

Material:

Von *Aufläufen und Gezenk,* Vom Gassen Gehen u.a. (Reformation, Gesetz und Statuten Philipps d. Gr., Marburg 1559) (StAD: R 1 Nr. 37/23) – Verwarnung an *Wilddiebe* (Nidda, 1625; StAD: E 3 A Nr. 4/1) – Verordnung den *Landfrieden* betr., 14.2.1609 (StAD: R 1 Nr. 37/42) – Edikt gegen das herrenlose Gesindel, 1.8.1614 (StAD: R 1 Nr. 37/47) – Verordnungen wegen herumziehender Mordbrenner, mit einem Verzeichnis der Mord- und Brandzeichen, 1572, 1577 (StAD E 9 Nr. 6/6) – Verkündigung des *Burgfriedens* für die fürstlichen Häuser (Darmstadt 1624; StAD: R 1 Nr. 37/54) – Hofordnungen 16./17. Jahrhundert (D 8 Nr. 4/1)

Angesichts der Komplexität der Themen der Frühen Neuzeit bedarf hier ein Archivbesuch natürlich einer einigermaßen gründlichen Vorbereitung im Unterricht, damit die Fragen von „landesherrlichem Kirchenregiment" in die Reformationsgeschichte eingeordnet werden und die in den archivischen Quellen reichlich vorhandenen, in den

154

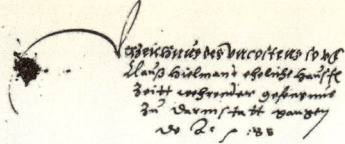

Verzeichnis des Uncostens so uf
Clauß Hielmans ehelich Fraue
Zeitt wehrender gefengnus
zu Darmstadt gangen
Anno 1588

In Gemein

2	fl. 2 alb.M. Adam den Alten vor 13 1/2 Pfd. Licht, jedes Pfd. 4 alb., so in 27 nacht der gefangenen halben verbrant. Jede Nacht 1/2 Pfd.
7	alb. 7 Pfg. Einem Bürger so anderthalb tag uf die gefangene zu den Examinibus ufgewart seiner Belohnung
14	alb Bottenlohns nacher Gerau zu zwei-mal als der Scharpfrichter beschrieben[1]
13	alb. Hans Maul hat die gefangene biß an die Bayerseich außer Landt gefürt
10	alb. 4 Pfg. zweyen schützen so die gefangene außm landt beleidt[2]
4	alb. 4 Pfg. Stadtschreiber dieße Rechnung zu verfertigen und doppelt abzuco-piren

Summa Summarum alles
uncostens diß Registers
28 fl. 9 alb. 1 Pfg.

Abb. 25: *Kostenaufstellungen zu Hexenprozessen 1588-90, hier: Sophia Arnold (StAD E 9 Nr. 25/1; aus: Thomas Lange [Hrsg.], Bearb., zus. mit J.R. Wolf: „...die Hexen mögen brennen". Hexenverfolgungen in Darmstadt und Umgebung am Beginn der Neuzeit. Dokumente 1574-1628; Geschichte im Archiv. Darmstädter Archivdokumente für den Unterricht 3. Darmstadt: Hessisches Staatsarchiv Darmstadt: 1993)*

Schulbüchern erstaunlich wenig thematisierten verhaltensdiszipline-renden Verordnungen in diesem Zusammenhang als Teil der Zivilisationsgeschichte diskutiert werden können.[5] Die inhaltlich besonders motivierenden Unterlagen zu Hexenprozessen sind im Original in der Regel für den Archivunterricht doch zu sperrig; mit Gegenüberstellun-

155

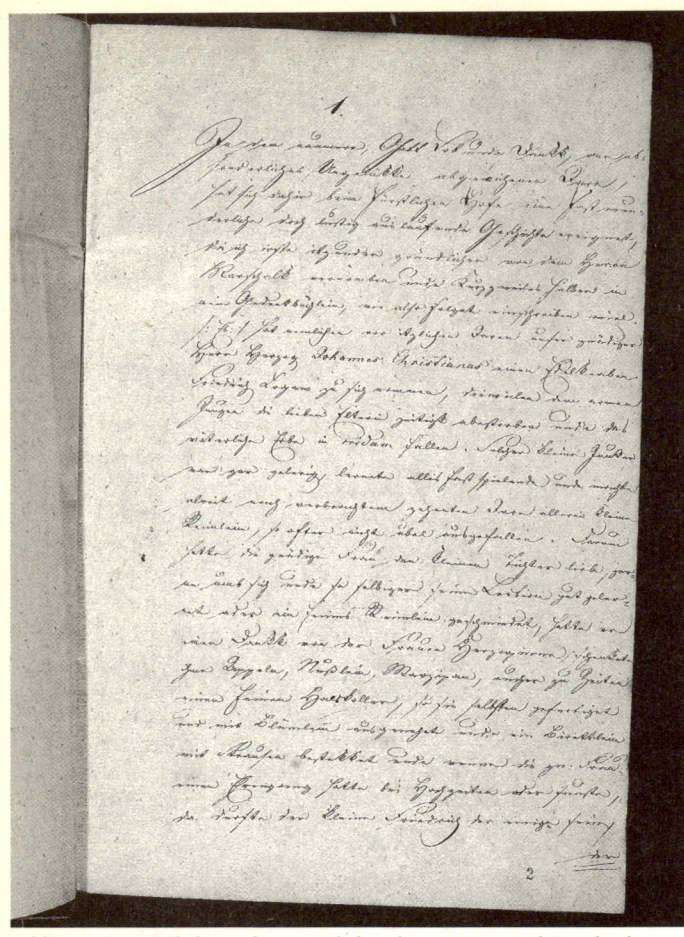

Abb. 26: Eine Fälschung des 19. Jahrhunderts: Haus- und Tagebuch des Rotgerbermeisters Valentin Gierth in Brieg/Schlesien, angeblich aus dem Jahr 1622; in Wahrheit gefälscht vom Archivar Koch in Brieg um 1830 (StAD C 1 C Nr. 168)

gen von Original und Transkription lässt sich immerhin ein Ansatz zur Möglichkeit der Entschlüsselung deutlich machen.[6]

Möglich ist aber auch, den Charakter von Handschriften selbst zu thematisieren, indem z.B. ein Original aus dem 17. Jahrhundert und

156

Abb. 27: Ein originales Tagebuch aus der Zeit des 30-jährigen Krieges: Johannes Rosa, Stadtschreiber der Burg Friedberg. Chronik z. Zt. des 30-jährigen Krieges (StAD C 1 C Nr. 71)

eine in dieses Jahrhundert datierte Fälschung aus dem 19. Jahrhundert miteinander konfrontiert werden. Bei zwei Selbstzeugnissen spiegelt das eine (das Original) in täglicher, sehr ungleichmäßiger Schrift Eintragungen der Lebensumstände (Krankheit) wider, während die Fälschung eine einheitlich-kunstvolle, gleichmäßige Schrift bietet.[7]

157

4.2 Forschung im Archiv

Der Übergang vom „Unterricht im Archiv" zur „Forschung im Archiv" ist fließend. Oft entstehen aus einem Unterricht im Archiv Wünsche der Schüler nach intensiverem Arbeiten. Wenn dies nun mit schulischen Leistungsanforderungen (Hausarbeiten, Referate) verbunden wird, sollte das Material natürlich einen vergleichbaren Schwierigkeitsgrad haben und in größeren Mengen (Konvoluten) vorhanden sein. Auch hierfür gibt es mittlerweile eine ganze Reihe von Erfahrungen. Ich nenne im Folgenden Dokumentengruppen, zu denen einschlägige Berichte aus der archivpädagogischen Praxis vorliegen. Es wurden mit Schülern als Quellen benutzt: mittelalterliche Urkunden (Würfel 1994); Rechnungen aus dem 30-jährigen Krieg (Bauer 1989); Leibeigenschaftsentlassungen aus dem 18. Jahrhundert (Winter 1993); Kirchenbücher aus dem 19. Jahrhundert (Kessel 1994); Abiturarbeiten 1914–1918 (Müller-Henning 1996); Heuerverträge aus dem 19. Jahrhundert (Kessel 1997), Feldpostbriefe 1914–1918 (Lange 1997), Unterlagen aus Firmenarchiven (Ruppert 2002). Bei der vielerorts betriebenen Erforschung der Schulgeschichte durch Schüler und Lehrer bilden in der Regel Handschriften aus den Schularchiven (die eine oft noch unerschlossene Quelle sind) kein absolutes Hindernis (Klein/Kosmala 1992; Liepach 1996; Lange 1996; Kößler/Steffens 1998 – genauere Angaben im Literaturanhang).

Gleich ob für Gruppen oder für einzelne forschende Schüler: Die Mühsal (und Geduld) des Suchens, wie auch des gelegentlichen Nicht-Findens bilden nicht nur „in nuce" die Struktur tatsächlicher Forschungsarbeit ab, sondern machen auch den rekonstruierenden Charakter von Geschichtsdarstellung und Geschichtsschreibung deutlich, zumindest auch dadurch, dass Schüler (und manchmal auch Lehrer) lernen, Fragen auf das historische Quellenmaterial hin zu präzisieren. Die falsche Themenwahl kann schon vor Beginn der forschenden Arbeit zur Enttäuschung führen. So sind allgemein-umfassende, epochenbezogene Fragen wie: „Die Zeit des Nationalsozialismus in xy" für eine archivische Quellenbearbeitung ähnlich untauglich wie das gleichermaßen globale Thema: „Der Absolutismus in ...." Auch Themen, die einfach den gängigen Schulbuch- bzw. Lehrplankapiteln folgen, sind nicht „archivtauglich". Alle Staatsarchive sammeln in einem bestimmten regionalen Raum (s. Kap. 3.1.2) und können daher kaum Material bieten zu Themen wie: „Preußen und Österreich 1866–1871", „Die Bundesrepublik in den 60er-Jahren" oder gar „Die Ostpolitik der BRD", die „Entspannungspolitik" oder Ähnliches, das sich auf die

Abb. 28: Zeitungsausschnittsammlung des Stadtarchivs Darmstadt (Foto: T. Lange)

gesamtstaatliche Ebene bezieht. Allzu allgemeine Epochenfragen sollten präzisiert werden: auf zeitliche Abschnitte (Machtübertragung 1933), auf überschaubare Räume oder vielleicht sogar Gegenstände (kleinere Orte; ein Schlossbau als Zeichen absolutistischer Machtausübung; Denkmäler), auf konkret fassbare Ereignisse (eine fürstliche Jagd, ein Industriearbeiter-Streik) oder auf Personen bzw. Personengruppen (Neubausiedlungen für Vertriebene in der Nachkriegszeit). Sie erlauben eine Fokussierung auf Behörden oder Sachbereiche, die in den Sachakten erfassbar sind: Sicherheitspolizei, Handel und Gewerbe, Schulwesen, Staatsangehörigkeit, Verkehrswesen etc. (zum praktischen Vorgehen s. Kap. 3.3.3 bzw. 5.1).

Präzisierung ist auch die erste Forderung bei den so häufig als Quellen nachgefragten Zeitungen. Schüler (aber auch Lehrer) machen sich oft nicht klar, wie zeitaufwendig und notwendigerweise ebenso zufällig die Suche verlaufen muss, wenn es nicht um ein präzise datierbares Ereignis geht, zu dem Berichte zu erwarten sind (Beispiel: 9./10. November 1938, „Reichspogromnacht"). Andererseits ist oft auch nicht bekannt, dass die meisten Stadtarchive nach Sachen und Personen geordnete Zeitungsausschnittsammlungen führen, in denen man oft überraschend und reichhaltig fündig werden kann.

159

Diese Bemerkungen beziehen sich auf die konventionell nach Behörden ("Provenienzen") geordneten Findmittel. Nun verzeichnen Archive aber zunehmend ihre Bestände in Datenbanken und übertragen durch Konvertierung von Findbüchern ältere Verzeichnungen ebenfalls dahin. Damit ändert sich die Struktur der Recherche, weil nun gleichzeitig quer durch einen ganzen Archivbestand gesucht werden kann, nicht mehr nur Findbuch nach Findbuch im Register durchforscht werden muss. Die Möglichkeit von "Treffern" erhöht sich also. Allerdings ist es erforderlich (abhängig vom Erschließungs- und Verzeichnungsstand), den historischen Wortgebrauch zu verwenden. Also z.B. "Zigeuner" statt "Sinti und Roma"; "KL" statt "KZ" für Konzentrationslager; "Aufruhr" oder "Unruhen" für "Revolution" (z.B. 1789, 1848) u.Ä. Einige wenige dieser Archivdatenbanken sind im Internet zugänglich. Beispiel dafür ist die HADIS-Datenbank der drei hessischen Staatsarchive (abrufbar über deren homepages) bzw. die online-Suchmöglichkeit in den baden-württembergischen Staatsarchiven.[8] Auch hier kann im frei formulierten Suchwort-Modus quer durch die Bestände recherchiert werden. (Ausgenommen sind allerdings solche Bestände, die aus Datenschutzgründen für Benutzer nicht zugänglich sind; vgl. oben Kap. 1.3).

Sobald man auf Dokumente aus der Zeit vor 1945 stößt, ist man unvermeidlich mit dem Problem der Handschrift konfrontiert. Schon bei (mitunter wichtigen) handschriftlichen Notizen auf maschinengeschriebenen Dokumenten oder gar bei allem vor dem Zeitalter der Schreibmaschine Entstandenen tritt die Barriere der altdeutschen Schreibschrift auf. Sie kann natürlich nicht völlig, nicht mühelos und nicht in der professionellen Weise überwunden werden, wie sie den Anforderungen an den Historiker- oder den Archivarsberuf entspricht. Trotzdem sollte sie aber nicht als unüberwindbare Hürde gelten, die die meisten Archivalien von der Benutzung durch Schüler ausschließt.[9] Sicher kann man die Hilfe der Archivare hier nur begrenzt in Anspruch nehmen; aber auch wenn kein transkribierender Archivpädagoge zur Verfügung steht, kann man sich der Hilfsmittel bedienen, die vielfach an Archiven hausintern für Schülergruppen vorhanden sind oder sich mit anderen Hilfsmitteln vorbereiten (s.o. Kap. 3.5; ergänzend: Kap. 5.3.1.1/2).

Natürlich ist die Einübung in das Lesen handschriftlicher Dokumente (ich beziehe mich hier vor allem auf solche des 19. und 20. Jahrhunderts) mit mehr Zeitaufwand verbunden, kommt also eher für Projekttage oder -wochen infrage. Wie verschiedene Erfahrungen zeigen, ist es aber auch ein lohnendes Unterfangen, da hier Entdeckerfreude und

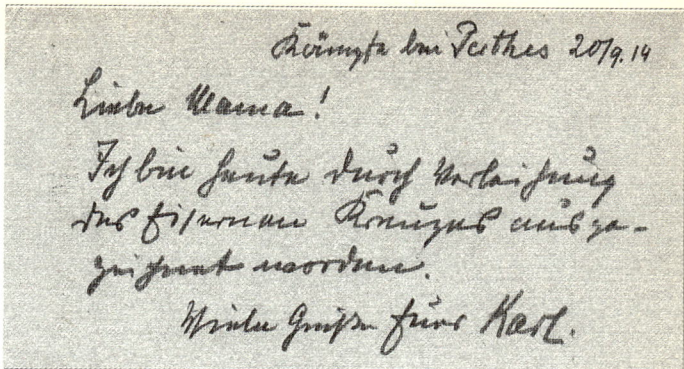

Abb. 29: Brief des 1915 gefallenen Hauptmanns Karl Francke (Stadtarchiv Darmstadt ST 63 Abt. 1 E Nr. 182/27 A)

Transkription:
Kämpfe bei Perthes 20/9.14
Liebe Mama!
Ich bin heute durch Verleihung des Eisernen Kreuzes ausgezeichnet worden.
Viele Grüße Euer Karl

Entschlüsselungsmühen besonders belohnt werden, wenn aus zunächst völlig unlesbaren „Krakeln" ein verständlicher Text entsteht. „Der Transkriptionsauftrag motiviert die Schüler zu einer intensiveren formalen und inhaltlichen Auseinandersetzung mit der Quelle, da sie – anders als sonst im Geschichtsunterricht üblich – erst über den Zwischenschritt des Umschreibens an den Inhalt des Textes gelangen. Man könnte hier zu Recht von forschendem Lernen sprechen: Die Schüler erfahren mittels eigener praktischer Tätigkeit, welch langer und problematischer Weg von der Originalquelle bis zum abgedruckten Text im Geschichtsbuch führt."[10] Das aktive Einüben in geschichtliche Formen der Handschrift(en) bildet ein Lernziel, mit dem Geschichtsbewusstsein sinnlich erfahren werden kann. – Archivdokumente bieten natürlich auch für viele Themen des verstärkt eingeforderten „fächerübergreifenden Lernens" unendlich viel Material, da ja nahezu alle Lebensbereiche in den gesammelten Akten und Unterlagen vertreten sind (s. Lit. im Anhang).

Forschung im Archiv bedarf für schulische Gruppen mehrerer organisatorischer Vorbereitungsschritte. Einmal ist das zu beachten, was – auch von individuellen Forschern – vor jedem Archivbesuch bedacht sein will: Eingrenzung des Themas durch Information aus historischen Darstellungen, Konkretisierung der Fragen, Identifizierung des infrage kommenden Archivs und der Bestände, Vorab-Kontakt mit dem Archiv, Sichtung der Findmittel, Bestellung der Archivalien, Durcharbeiten etc. (s. dazu den „Merkzettel" bei Kap. 5.1. und die Ratgeber-Literatur bei 5.3.1/2).

Zum anderen ist für Lerngruppen der Lernprozess in- und außerhalb der Schule zu organisieren. Dieses sehr komplexe Vorgehen, in dem sich inhaltliche und organisatorische Aspekte verschränken, soll jetzt an Beispielen erläutert werden.

Erstes Beispiel: Geschichtswerkstatt der Geschwister-Scholl-Schule in Bensheim a. d. Bergstraße (Hessen).
Die hier durchgeführte Projektarbeit bezog (und bezieht) stets einen oder mehrere Oberstufen-Kurse mit ein und ging durch intensive Phasen ausführlicher Arbeit in Archiven. Die Schüler erarbeiten in Kleingruppen begrenzte Themen, die dann in einer Endredaktion zu einem Buch zusammengefasst werden. Diese Semesterprojekte oder Facharbeiten gehen natürlich auch in die Halbjahresbewertung ein. Einige Arbeiten sind auf dem Hessischen Bildungsserver nachvollziehbar dokumentiert.[11]

Eine Untersuchung zur Zwangsarbeit im „Tonwerk Heppenheim Fritz Strauch & Co"[12] nahm – untypischerweise – ihren Ausgang vom Zufallsfund mehrerer Aktenordner auf einem verlassenen Firmengelände, in denen die Tätigkeit von Zwangsarbeitern dokumentiert war. Mit je einem Geschichts- und einem Gemeinschaftskunde-Leistungskurs der Jahrgangsstufe 12 wurde im Schuljahr 1995/96 nun – in flexibler Abwandlung der vom Rahmenplan vorgeschriebenen Themen – eine ausgiebige Recherchearbeit gestartet, deren Ergebnisse von vornherein in Dateien gesammelt werden sollten. Nebenstehende Grafik verdeutlicht, wie die Schüler in bestimmten Arbeitsrhythmen Recherche- und Auswertung miteinander verbunden haben.

Etwas anders – aber genauso gezielt – ging die Geschichtswerkstatt bei einem weiteren Thema vor, als sie – als Beitrag zum Schülerwettbewerb deutsche Geschichte um den Preis des Bundespräsidenten[13] – Denunziation und Hinrichtung eines Heppenheimer Soldaten 1944 wegen „Wehrkraftzersetzung" ausführlich darstellte.[14] Hier wird von einem Dokument ausgegangen, dessen genaue Lektüre eine Reihe von Fragen stellt, die – wenigstens z.T. – auch in Archiven beantwortet werden konnten.

Beide Arbeitsvorhaben waren ergebnisorientiert, d.h. die Schüler haben Teile zu einem dann später publizierten Gesamt-Text beigetragen.[15]

162

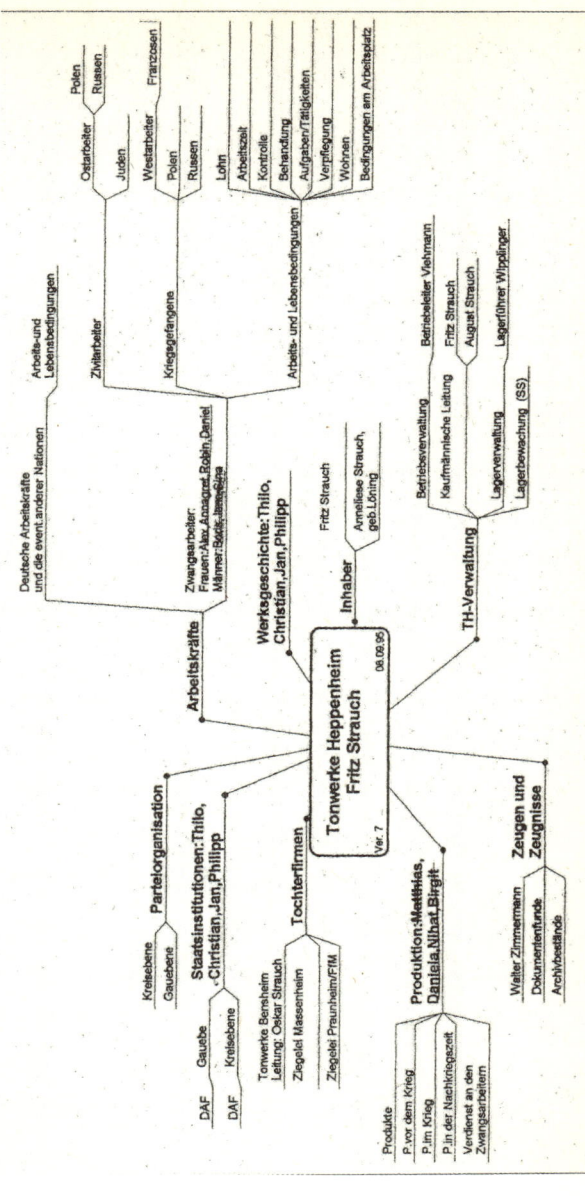

Abb. 30: Tonwerk Heppenheim: Methodische Vorgehensweise. Projektgruppe Tonwerk der Geschwister-Scholl-Schule Bensheim: „Wer Vater und Mutter nicht ehrt, der muss ins Tonwerk". Ein Heppenheimer Unternehmen und seine Zwangsarbeiter im Zweiten Weltkrieg. Hessisches Landesinstitut für Pädagogik. Wiesbaden 1999, S. 5

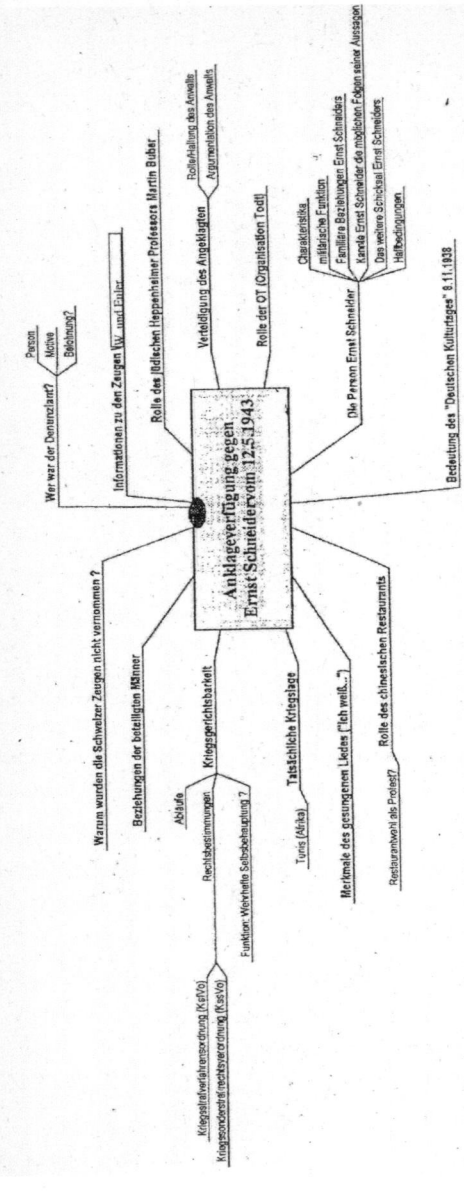

Abb. 31: Übersicht der Fragestellungen zu „Anklageverfügung gegen Ernst Schneider 12.5.1943" (Hessisches Hauptstaatsarchiv Wiesbaden Ob 1116/46). Beitrag der Leistungskurse 12 Geschichte der Geschwister-Scholl-Schule Bensheim beim Wettbewerb deutsche Geschichte um den Preis des Bundespräsidenten 1998/98: Aufbegehren, Handeln, Verändern. Protest in der Geschichte. Leitung: Peter Lotz/Franz Josef Schäfer. Druck: Geschwister-Scholl-Schule, Bensheim 1999, S. 3

Zweites Beispiel: Das Feldpost-Projekt an der Bertolt-Brecht-Schule in Darmstadt

Ein weiteres Projekt wurde im Hessischen Staatsarchiv Darmstadt an Material aus dem Stadtarchiv Darmstadt durchgeführt.[16] Ausgangspunkt war ebenfalls archivisches Material: In den Sammlungen des Stadtarchivs Darmstadt[17] werden 192 Briefe, Lebensläufe und Porträtfotos von im Ersten Weltkrieg gefallenen Darmstädter Soldaten aufbewahrt. In mehreren Projektwochen waren einige dieser Briefe aus der alten Handschrift transkribiert worden, doch nun bot sich die Gelegenheit, durch eine Förderungszusage von „InfoSCHUL2 – Nutzung elektronischer und multimedialer Informationsquellen an Schulen" (Bundesministerium für Bildung, Wissenschaft, Forschung und Technologie) ein digitales Projekt zu entwickeln: „Kriegsbriefe gefallener Darmstädter – Geschichte mit Hilfe des Internets."

Gemeinsam mit den Schülern wurden Ausgangsfragen formuliert:
1. Was erfahren wir aus den Briefen?
2. Was müssen (oder möchten) wir noch dazu wissen?
3. Wie können wir das Material für andere aufbereiten?

Nach der Transkription der Briefe wurde versucht, dort genannte Personen oder ihre Familien näher zu identifizieren, die Angaben zu Lebenslauf, Schulbildung, militärischer Stellung und Ort des militärischen Einsatzes zu präzisieren. Das führte dazu, „Hintergrundinformationen" zum Verständnis der Briefe zu erarbeiten, also Kenntnisse über die Geschichte des 1. Weltkriegs allgemein: zu Propaganda, Feldpostwesen, Militärorganisation sowie zur Geschichte Darmstadts in dieser Zeit (z.B. Kriegsbegeisterung; Frauenarbeit an der „Heimatfront"; Studentenverbindungen; Weltkriegsdenkmäler).

Das arbeitsteilige Vorgehen schloss umfangreiche Recherchen in Literatur und Internet ein, wurde durch Exkursionen zu Schlachtfeldern des Ersten Weltkriegs reizvoller gemacht und außerdem noch durch einen Perspektivwechsel ergänzt: Das Staatsarchiv in Lille hatte eine Ausstellung über Nordfrankreich als Kriegsschauplatz im Ersten Weltkrieg vorbereitet („Le Nord en Guerre 1914–1918") und mit Hilfe des dortigen Archivpädagogen konnten noch französische Materialien einbezogen werden. Ein Zeitplan wurde aufgestellt und auch (einigermaßen) eingehalten; die endgültige Erarbeitung einer Präsentation des Materials auf CD-ROM sollte dann aber noch ein gutes Jahr dauern (s. dazu Kap. 4.3.3).[18]

Fächerübergreifender Unterricht „Kriegsbriefe gefallener Darmstädter – Geschichte mit Hilfe des Internets"

Arbeitsgruppen

1) Denkmäler, die in Darmstadt an den 1. Weltkrieg erinner(te)n – (Ayla, Sabrina, Cornelia, Kristina, Claudia)

2) Studenten-Verbindungen, die zur Zeit des 1. Weltkriegs bestanden – (Welche werden in den Briefen erwähnt? Was sind ihre Grundsätze? Was tun die Studenten dort? Was taten Studenten und die Technische Hochschule Darmstadt zur Zeit des 1. Weltkriegs? Wie stehen Verbindungen heute dazu?) – (Funda, Emilie, Yvonne, Sonja, Ulrich, Finn)

3) Serbien 1914 – Serbien 1999: ein Vergleich (der politischen Lage, der militärischen Konflikte, der Berichte darüber) – (Falk, Alexander, Michael, Timo)

4) Kriegspropaganda im 1. Weltkrieg – (Mariam, Sebastian, Natalie, Marcella, Kirsten)

5) Neue Quellen:

a) Kriegsgefangenenbriefe aus Privatbesitz (Myrthe)

b) Orden u.a. Erinnerungen in einer Darmstädter Familie (Esen, Nadia)

6) „Französische Perspektive" – (Funda, Emilie, Yvonne)

Zeitplan

6.5.: Material zu den Themen im Hessischen Staatsarchiv Darmstadt

7.5.: weiteres Material (auch: Internet), Bearbeitung des Materials (evtl. schon: Einscannen von Bildvorlagen), BBS – Vorstellen: Feldstruktur der Datenbank

Weitere Suche und Ausarbeitung von Texten zu Hause

20.5.: Ergebnisse dieser Arbeit vorstellen; Quellen zur „französischen Perspektive" (Internet und Texte bzw. Film „Eiserne Ernte", Briefe von Georges Duhamel)

21.5.: Chat mit Schülern des Lycée César Baggio, Lille

27.5.: Arbeitsergebnisse vorstellen; Felder der Datenbank ausfüllen; Vorbereitung Exkursion nach Frankreich für Teilnehmer

(3.-5.6: Exkursion nach Lille)

10.6.: Exkursionsberichte/Arbeitsergebnisse textlich zusammenfassen, gestalten, in Datenbank eingeben

11.6.: Arbeitsergebnisse textlich zusammenfassen, gestalten, in Datenbank eingeben

17.6.: Arbeitsergebnisse textlich zusammenfassen, gestalten, in Datenbank eingeben (Noten für Arbeit an Datenbank)

18.6.: Arbeitsergebnisse textlich zusammenfassen, gestalten, in Datenbank eingeben

24.6.: Letzte Ausarbeitung und Korrektur

25.6.: Vorstellung der Ergebnisse für Presse

Echte Forschung im Archiv verlangt auch der Geschichtswettbewerb des Bundespräsidenten, der alle zwei Jahre von der Hamburger Körber-Stiftung ausgeschrieben wird (vgl. Kap. 2.2.2. und 2.3.). Er ist insofern ein Sonderfall, als mit der Ausschreibung bereits sehr genaue Anforderungen mitgeteilt werden, die auch als Arbeitshilfe bei der Strukturierung der Recherche wie der Formulierung der Ergebnisse dienen. Diese in den Jahren des Wettbewerbs immer mehr verfeinerten Arbeitshilfen haben ihrerseits sehr anregend (und disziplinierend) auf die beteiligten Schüler und Lehrer gewirkt. Daraus ist ein Handbuch für Recherche, Auswertung und Deutung sowie Produktion und Präsentation von historischer Projektarbeit im Geschichtsunterricht entstanden.[19]

Themenfindung und Arbeitsorganisation – Planung bringt Erfolg
Die Entscheidung für ein Thema will gut überlegt sein: Der Erfolg stellt sich am ehesten ein, wenn bei aller Begeisterung für Geschichte die Mühen der Forschungsarbeit richtig eingeschätzt werden und ein Vorhaben gewählt wird, das in sechs Monaten auch gut zu bearbeiten ist. Wichtig sind: die richtigen „Mitstreiter", das Interesse am Thema und möglichst auch persönliche oder familiäre Zugänge (z.B. über die Großeltern, einen Verein oder die Schule). Entscheidend für die Bearbeitung: Das Thema muss sich ausgehend vom konkreten Beispiel sinnvoll eingrenzen lassen, Materialien und/oder Zeitzeugen müssen zugänglich sein.

Ein Wettbewerbskalender hilft, die Zeit besser einzuteilen. Hinein gehören nicht nur die eigentlichen Arbeitsphasen, sondern auch alle Termine, die zur Unterbrechung der Arbeit führen: Klassenreisen, Projekt- oder Klausurwochen, Ferientermine mit der Familie. Wichtig: Die Darstellung dauert meist länger als die Materialsammlung. Außerdem muss Zeit für das Abschreiben von Interviews, das Tippen, Korrekturlesen, Kopieren und Binden der Arbeit sowie für unvorhersehbare Zwischenfälle eingeplant werden.

Recherchieren – je genauer, desto besser
Informiert euch zunächst anhand vorhandener Literatur (Schul- oder Stadtbibliothek) über die betreffende Zeit und das gewählte Thema. Weiterhelfen können auch Experten wie Lehrer, Mitglieder eines Geschichtsvereins, Museumsmitarbeiter oder Archivare.

Bei den Fundorten und Materialien sind der Phantasie keine Grenzen gesetzt: Natürlich kann man in Bibliotheken und Archiven erfolgreich nach Quellen suchen, aber auch bei Organisationen, in Vereinen, Unternehmen und Behörden, in Einrichtungen der Kirchen, Parteien und Gewerkschaften, in Museen, Ausstellungen und heimatgeschichtlichen Sammlungen, auf Dachböden und in Kellern. Aussagekräftig können Ortschroniken, Akten und Zeitungen sein, private Unterlagen wie Briefe, Tagebücher, Verträge, Zeugnisse, Bilder, Fotos, Filme oder auch Sachzeugnisse wie Grabsteine, Denkmäler, Gedenktafeln, Münzen oder Bauwerke und vieles mehr.

Achtet schon bei der Materialsammlung darauf, immer die genauen Fundorte („Signaturen") der Quellen festzuhalten. Nur dann sind eure Ergebnisse später nachprüfbar. Sofern ihr Zeitzeugen interviewt, haltet bitte den Namen und das Geburtsjahr sowie den Gesprächstermin fest. Auf Wunsch der Zeitzeugen können ihre Namen anonymisiert werden. Es ist nicht die Menge an Material, die am Ende über den Erfolg einer Spurensuche entscheidet. Viel wichtiger ist, dass das gefundene Material wirklich etwas über euer Thema aussagt und dass es von euch kritisch ausgewertet worden ist.

Auswerten und Deuten – auf die Fragen kommt es an

Denkt daran, dass keine Quelle für sich spricht. Um ihre Aussage und ihre Bedeutung zu erfassen, müsst ihr euch fragen: Wie und wann (das heißt auch: in welcher Situation und unter welchen Bedingungen) ist eine Quelle entstanden, was ist ihr zentraler Inhalt und in welcher Absicht wurde sie hergestellt?

Stützt euch nach Möglichkeit nicht nur auf eine Quelle. Unterschiedliche Perspektiven und Meinungen zu einem Sachverhalt werden es euch sehr erleichtern, Abweichungen und Widersprüche zu erkennen. Haltet solche Widersprüche fest und versucht, sie zu erklären.

Wenn ihr Zeitzeugen befragt, denkt daran, dass sie ihre Geschichte immer aus ihrem persönlichen Blickwinkel erzählen. Daher solltet ihr euch bemühen, zu einem Sachverhalt nach Möglichkeit mehrere Meinungen einzuholen. Vergleicht die Äußerungen miteinander und stellt Übereinstimmungen und Unterschiede fest; aber seid vorsichtig mit Pauschalurteilen.

In keinem Fall solltet ihr eure Interpretation allein auf mündliche Überlieferungen aufbauen! Vergleicht die Gesprächsergebnisse mit den Angaben aus schriftlichen Quellen und Büchern. Haltet Widersprüche in eurer Arbeit fest.

Das bloße Aneinanderreihen von Kopien ist – selbst bei interessanten Quellen – noch keine preiswürdige Leistung. Forschen bedeutet, unterschiedliche Informationen zu sammeln, zu vergleichen, zu bewerten und schließlich in einer Darstellung sinnvoll zusammenzufügen. Wichtig ist dabei auch, Erkenntnisse herauszustellen, die bislang gar nicht oder nur unzureichend berücksichtigt worden sind.

Deutlich werden sollte auch, wie die Ergebnisse eurer Arbeit mit der allgemeinen Geschichte zusammenhängen.

Geschichtswettbewerb des Bundespräsidenten. Die Ausschreibung 2002/ 2003: „Weggehen – Ankommen. Migration in der Geschichte." Aufgabe und Arbeitshilfen, S. II, X, XI. Aus: Spuren suchen. 16. Jg., 2002.

4.2.1 Schriftliche vs. mündliche Quellen – Reiz und Risiko der *oral history*

Interviews gehören nicht zum klassischen Sammlungsgut der Archive, da es ja auch nicht ihr Auftrag ist, nach Dokumenten gezielt zu suchen (s. Kap. 3.2.2). Andererseits ist die von der Wissenschaft längst akzeptierte Methode der *oral history*[20] weit verbreitet und auch in der Öffentlichkeit beliebt: In vielen Städten gibt es mehr oder weniger institutionalisierte „Erzählcafés", die z.T. mit Unterstützung von Kommunalarchiven organisiert werden. Für die Alltagsgeschichte (vgl. Kap. 2.2.2) ist oral history eine unverzichtbare Quelle, die auch von den Archiven nicht mehr ignoriert werden kann.[21] Im Geschichtsunterricht sollte oral history bei allen Themen, die die letzten 50 Jahre umfassen, wenigstens beispielhaft einmal mit einbezogen werden.

Zeitzeugen befragen

Themenfindung
- Thema festlegen
- Eigenes Erkenntnisinteresse formulieren
- Planung

Inhaltliche Vorbereitung
- Sich über das Thema und die Zeit informieren
- Interviewleitfaden zusammenstellen
- Frageverhalten trainieren

Suche nach geeigneten Zeitzeugen
- Im Bekanntenkreis, unter pensionierten Lehrern, im Altersheim etc. erkundigen
- Gibt es im Ort ein „Gesprächscafé"?
- Anzeige in Lokalzeitung aufgeben

Organisatorische Vorbereitung
- Zum Kennenlernen und „Anwärmen" ein Vorgespräch führen
- Absprache über die Aufzeichnung des Gesprächs treffen
- Termin und Ort vereinbaren
- Aufzeichnung vorbereiten: Notizblock, Kassettenrekorder (Ersatzkassetten, Batterien etc.), Videorekorder, Fotoapparat
- Ggf. Fotos oder Texte als Gesprächsanstoß mitnehmen
- Interviewleitfaden mitnehmen
- Atmosphäre schaffen: Blumenstrauß o. a. Geschenk mitnehmen

Interview/Gesprächsführung
- Evtl. Rollen in der Gruppe verteilen
- Offene Eingangsfrage stellen und den Zeitzeugen ins Erzählen kommen lassen
- Interesse und Aufmerksamkeit signalisieren (Blickkontakt, Nicken, verbale Bestätigung, Wiederholen)
- Stichworte notieren
- Nachfragen und eigene vorbereitete Fragen stellen (nicht ablesen, nicht ausfragen!)
- Ausklang, Dank, Verabschiedung

Aufbereitung
- Zusammenfassung anhand der Aufzeichnungen
- Wortwörtliche Transkription und Analyse besonders wichtiger Passagen
- Überprüfung einzelner Aussagen
- Eigene Deutung und Wertung

Abb. 32: Zeitzeugenaussagen (aus: Michael Sauer: Geschichte unterrichten. Eine Einführung in die Didaktik und Methodik. Seelze-Velber 2001, S. 197

Bei Gesprächen mit Zeitzeugen spielt allerdings noch anderes als die reine Information eine wichtige Rolle. Man kann die Funktion von Zeitzeugen im Unterricht folgendermaßen beschreiben: Sie sollen
– beglaubigen
– bewegen
– belegen.
Das bedeutet,
– sie sollen durch ihre persönliche Anwesenheit das, wovon sie erzählen, als authentisch beglaubigen;
– sie sollen die Hörer dabei durchaus emotional bewegen;
– sie sollen aber zugleich auch ein Ereignis, dessen Zeuge sie waren, beweiskräftig belegen.[22]

Dass entgegen vielen guten Ratschlägen und didaktischen Absichten die Emotionalität, eben die „Bewegung" im Mittelpunkt dieser Gespräche steht, kann man immer wieder beobachten. Das Resümee eines Lehrers nach einem solchen Oral-history-Projekt mag dies verdeutlichen:

Er schreibt, seine Schüler hätten „unter dem besonderen Gesichtspunkt der Multiperspektivität die ganze Skala der Gefühle durchlebt [...], von Betroffenheit, Befangenheit, Mitgefühl über Interesse, Engagement hin zur Bestätigung bzw. Korrektur des eigenen Standpunkts. Unter diesem besonderen Aspekt kann oral history im Unterricht nur empfohlen werden."[23]

Aber auch für ein reflektiertes Geschichtsbewusstsein kann oral history wichtige Erkenntnisse bringen. Wenn man sich so auf subjektiv-begrenzter Ebene der Vergangenheit nähert, kann deutlich gemacht werden, mit welcher Eingeschränktheit wir die Geschichte, die mit uns heute geschieht, erleben. Um der Gefahr einer nur subjektiven, aus der Erinnerung auswählenden Perspektive vorzubeugen, muss immer wieder auf schriftliche Dokumente zurückgegriffen werden. Bei der Arbeit mit Archivquellen können oral-history-Interviews dann eine wichtige und im Zweifelsfall lebendige Ergänzung zu den Akten sein. Dass die physische Gegenwart von Zeitzeugen kein Beweis für die Wahrheit des Erzählten ist, kann man in jeder Schulklasse mit einem einfachen Experiment zeigen: Man lasse ein von allen beobachtetes Ereignis von zwei bis drei Schülern berichten und man wird, vielleicht nur in Nuancen, unterschiedliche „Wahrheiten" erhalten. Wie sehr schon allein bei ein und demselben Zeitzeugen eine Schilderung variieren kann, wenn er sie einmal spontan erzählt und zum andern später, wenn man ihm den Mitschnitt vorlegt, schriftlich korrigiert, sei an einem Beispiel demonstriert:

Ein Zeitzeuge berichtet von ersten Begegnungen mit dem Antisemitismus eines Lehrers in der Schule der 30er-Jahre:

170

„Schlimm war sein Judenhaß. Also das war schon krankhaft. ,Juden, Juden. Rosa Luxemburg, olle Judensau', das war seine Rede. Nun war er ja völlig unfähig, das hat bei uns jeder gemerkt. Man hat ihn nicht ernst genommen."

Dies ist die spontan gesprochene Version. Der Zeitzeuge (späterer Gymnasiallehrer) hat aber Wert auf eine sorgfältig schriftlich korrigierte Fassung des Interviewtextes gelegt, worin er seine Aussage zwar nicht im Kerngehalt veränderte, aber symptomatische, nicht nur sprachliche Korrekturen anbrachte:

„Dass die Juden unser Unglück und Rosa Luxemburg eine ,olle Judensau' sei, hörten wir fast in jeder Stunde, die er hielt. Immer wieder hat er diesen Unsinn abgespult, wir hörten gar nicht mehr hin. Seine unterrichtliche Unfähigkeit war so offensichtlich, dass ihn niemand in der Klasse ernst nahm." [24]

Er fügt jetzt das Wort „Unsinn" ein, auch ein distanzierendes „wir hörten gar nicht mehr hin" und betont aus seiner inzwischen erworbenen beruflichen Kompetenz noch einmal die „unterrichtliche Unfähigkeit". Diese Umarbeitung der Erinnerung ist nicht nur eine sprachliche, dem Schriftdeutschen angepasste, sondern auch eine inhaltliche, nämlich auf „politische Korrektheit" in der Wortwahl bedachte.

Zum Umgang mit Zeitzeugen-Interviews sind zahlreiche Hinweise veröffentlicht worden. [25] Hier soll ein bündig auf den Punkt gebrachter Methodenratschlag genügen, worauf bei Vorbereitung, Durchführung und Auswertung von Oral-history-Interviews geachtet werden sollte.

4.3 Ergebnisdarstellung

Schülerarbeiten sollten stets so angelegt sein, dass sie nicht nur dem Lehrer, sondern auch anderen Mitschülern präsentiert werden. Das klassische Referat (einzeln oder in Gruppen) oder die Wandzeitung sind alltägliche Formen schulöffentlicher Präsentation. Hier soll nur auf drei Darstellungsformen eingegangen werden, die sich für historische Themen mit einem Anteil von Archivarbeit besonders eignen: die Facharbeit, die CD-ROM und die Ausstellung. Für Schüler der Sekundarstufe I oder der Primarstufe sind auch spielerische Formen geeignet (4.3.4-5).

4.3.1 Facharbeiten

Facharbeiten sind schriftliche Ausarbeitungen, die wissenschaftspropädeutischen Charakter haben, also über ein informierendes Referat oder eine häusliche Ausarbeitung in Umfang, Form und Inhalt hinausgehen sollen. „Sie dienen der Überprüfung, inwieweit im Rahmen eines Kursthemas oder eines Projektes eine vertiefte Problemstellung bearbeitet und sprachlich angemessen schriftlich dargestellt wird."[26] Ziel ist die Einübung selbstständigen Arbeitens und zwar nicht nur fakten-, sondern vor allem problemorientiert. In den letzten Jahren wird diese anspruchsvolle Form der Leistungsüberprüfung unter verschiedenen Namen („Seminararbeiten" in Baden-Württemberg, „Jahresarbeiten" in Niedersachsen; „Facharbeiten" in NRW; „Seminarfacharbeiten" in den neuen Bundesländern; „umfassende Hausarbeit" in Hessen) in immer mehr Bundesländern eingeführt, um der von den Universitäten beklagten mangelhaften Vorbereitung auf das Studium entgegenzuwirken.

Wie unterschiedlich auch immer die einzelnen Verfahrensvorschriften sein mögen – ob als Pflicht oder Wahl in Leistungskursen, als Bestandteil der Abiturprüfung oder als Ersatz von Klausuren – in jedem Fall können gerade im Fach Geschichte die eindrucksvollen Ergebnisse von 20 Jahren Geschichtswettbewerb des Bundespräsidenten (s.o. Kap. 4.2) als Vorbild dienen. Sie zeigen, zu welchen Leistungen Schüler in der Lage sind, wenn sie selbstständig und ergebnisorientiert arbeiten können und nicht nur in die peinigende Situation von Prüflingen gedrängt werden. Noch gibt es nicht viele ausgewertete Erfahrungen mit historischen Facharbeiten,[27] aber es ist vorauszusehen, dass regionalgeschichtliche Themen eine gewisse Attraktivität haben werden: Sobald Facharbeiten verpflichtend werden, ist eine große Fülle an Themen bereitzustellen und dafür bieten sich die übersichtlichen Gebiete lokaler Geschichte an. Ein weiteres, schulpragmatisches Argument für die Themenwahl aus lokaler oder regionaler Geschichte ist die Tatsache, dass in diesem Bereich die Versuchung noch gering ist, sich an bereits fertigen Arbeiten (wie den zu Tausenden im Internet bereitliegenden) zu orientieren (oder im Extremfall: sie herunterzuladen).

Allgemeine Regeln zur Abfassung solcher Arbeiten (Gliederung, Inhaltsverzeichnis, Literaturangaben, Zitiertechnik) gibt es zur Genüge.[28] Einige Ratschläge zu häufig vernachlässigten stil- und sprachkritischen Aspekten des Schreibens seien hier noch einmal wiedergegeben:

Gliederung:
Um eine Gliederung zu entwerfen, ist es sinnvoll, zunächst einmal Stichworte zu sammeln und diese dann in eine sinnvolle Abfolge und Über-/Unterordnung zu bringen. Schon während des Arbeitsprozesses hilft die Gliederung, die eigenen Überlegungen zu ordnen. Eine Gliederung steht nicht ein für alle Mal fest, sondern kann je nach Arbeitsstand verändert werden. Die inhaltliche Gliederung umfasst in der Regel drei Teile: Einleitung (Fragestellung, Problemaufriss), eigentliche Untersuchung (meist mehrere Unterteile), Schlussteil (Zusammenfassung, Schlussfolgerungen, Reflexionen); dazu kommt ggf. ein Materialanhang.

Abfassen des Textes:
Die Formulierungen sollten möglichst knapp und präzise sein. Auf logische Verknüpfungen von Sätzen (durch Konjunktionen: weil, obwohl, indem etc.) und Sinnschritte (Absätze) achten. Nicht zu viel Passiv verwenden und keine Substantive anhäufen (Nominalstil). Rechtschreibung und Grammatik müssen stimmen. Wichtig: Äußerungen anderer müssen in Zitatform oder in indirekter Rede (Konjunktiv: „H. ist dagegen der Meinung, es habe ...") wiedergegeben werden.

Zitieren:
Mit Zitaten aus Quellen kann man die eigene Argumentation belegen, mit Zitaten aus Darstellungen die Meinungen anderer (gleiche oder abweichende) vorstellen. Zitate sollen nicht eigene Ausführungen ersetzen. Beim Zitieren muss man immer den genauen Wortlaut wiedergeben, Auslassungen müssen markiert werden. Woher das Zitat stammt, muss man nachweisen, entweder durch eine Fußnote auf derselben Seite oder am Ende des Kapitels oder Textes in einem Anmerkungsapparat. Der Zitatnachweis gibt Autor(en), Buchtitel und ggf. Untertitel, Erscheinungsort, Erscheinungsjahr und Seitenzahl an. Dafür gibt es verschiedenartige Vorgaben. Wichtig ist, dass alle Angaben einheitlich und vollständig sind. Ganz am Ende fasst das Literaturverzeichnis alle verwendeten Werke zusammen.[29]

Besonders wichtig beim Arbeiten mit archivischen Quellen ist die Themenwahl. Auch hier gilt, dass ohne Präzision und Eingrenzung das Archiv kein Ort der Entdeckung faszinierender Details, sondern ein Informations-Meer sein wird, in dem der Schüler mitsamt seiner Facharbeit unterzugehen droht. Ein Vorschlag, um auch in der Lerngruppe eine gewisse Kohärenz und Kommunikation zu ermöglichen, wäre es, die Themen um ein Gesamtprojekt der Lerngruppe herum zu gestalten; also etwa: „Die Nachkriegszeit in XY" mit den Unterthemen: „Herausbildung der Presse, soziale Probleme von Heimkehrern, Schulraumnot nach 1945, displaced persons" u.a.[30] – Es kann auch angeknüpft werden an lokale Gegebenheiten (Denkmäler, auch Gedenktafeln in Schulen); jedenfalls ist eine notwendige Bedingung, „dass das Thema möglichst neu sein sollte, einen ganz konkreten Gegenstand behandeln und einen Bezug zu lokalen Ereignissen haben sollte."[31] – Eine andere Möglichkeit wäre, einen Themenrahmen vorzugeben, z.B. Biographien, wobei auch auf Material zu regional bedeutenden Persönlichkeiten (Firmengründer, Erfinder, Politiker, Literaten; Anknüpfungspunkt: Straßennamen!) zurückgegriffen werden kann.

Beispiel für einen Arbeitsauftrag

Grundkurs 12 g 9 Hausarbeiten 2002/3 – I
Die Themen sind auf Biographien bedeutender Persönlichkeiten des 19. Jahrhunderts konzentriert: Geschichte aus Lebensläufen. Erwartet wird eine selbstständige schriftliche Ausarbeitung

173

1. Lebenslauf;
2. intensive Beschreibung einer in diesem Leben entscheidenden Episode;
3. Beurteilung/Einordnung: Zusammenhang dieser Person mit bzw. ihr Einfluss auf gesellschaftliche/r, politische/r, zivilisatorische Entwicklung; insgesamt: +/- 5 Seiten)

Wichtig: ordentliche, überprüfbare Angabe der benutzten Quellen – SONST KEINE WERTUNG MÖGLICH!

Kriterien zur Bewertung:
Inhalt: Sachlich richtig und zutreffend.
Erfüllung der drei Vorgaben: Dabei ist besonders wichtig die eigenständige Leistung, d.h. auch sprachlich erkennbar selbstständige Formulierung zu Nr. 2 und 3 (s.o.) sowie eine erkennbare Eigentätigkeit bei der Zusammenstellung und Anordnung der Informationen. Natürlich bezieht man Informationen aus den Quellen, aber das Geschick besteht darin, den Leser durch Selbstständigkeit in den genannten Punkten davon zu überzeugen, dass man nicht nur gedankenlos abgeschrieben hat, sondern die Informationen mit eigenen Gedanken genutzt hat. Dazu gehört auch, dass eine eigene Ansicht formuliert wird. (Warum ist diese Episode wichtig? Inwiefern hat – auch von heute aus gesehen – die betreffende Person Einfluss auf ihre Zeit ausgeübt?)
Äußere Form: Übersichtlich, klar gegliedert in Kapitel, diese wiederum in sinnhafte Absätze. Zusätzliche Gestaltungselemente (Abbildungen) sind willkommen und angesichts der technischen Möglichkeiten nicht schwer. (Auch Kopieren, Ausschneiden, Kleben ist möglich!)

In der Praxis hat sich vielfach durchgesetzt, dass die Schüler zu „persönlichen Einschätzungen" aufgefordert werden, die den individuellen Arbeitsanteil deutlich machen. Das kann eine Reflexion über den methodischen Arbeitsweg sein, über Lernerfahrungen bei diesem Thema, über neue Zusammenhänge oder die Formulierung eines Gegenwartsbezuges.[32] Auch hier kann auf den beim Geschichtswettbewerb schon immer üblichen „Arbeitsbericht" hingewiesen werden. In ein umfassendes System wird diese Selbstreflexion bei der „Portfolio"-Arbeit gebracht.[33]

So begrüßenswert diese Tendenz zur selbstständigen Schülerarbeit zwar ist und so sehr eine Einbeziehung von Archiven, Museen und Bibliotheken diesen als außerschulische Lernorte endlich den längst verdienten Rang verleiht: Kontraproduktiv in jedem Sinne wäre, dass von den betreuenden Lehrern die nötige methodische Vorbereitung auf diese außerschulischen Lernorte „abgeschoben" wird. Das ruft bei den Archivaren Überforderung, bei den Schülern (mangels Erfolg) Frustration hervor.[34] Rechtzeitiger Kontakt mit dem Archiv(pädagogen), eine Einführung zumindest in Exzerpiertechniken und Materialorganisation sowie die archivtypischen Arbeitstechniken sollten der inhaltlichen Arbeit im Archiv vorausgehen (vgl. Praktische Tipps, Kap. 5.1).

174

Zur Bewertung solcher Facharbeiten gibt es verschiedene Vorschläge. Ist eine sinnvolle, eingrenzende Fragestellung erkennbar? Wie werden die benutzten Materialien in die Fragestellung einbezogen (Paraphrase, Verknüpfung von Quellen und Darstellung, Ansätze wissenschaftlicher Darstellung)? Wie anschaulich und differenziert wird das Thema dargestellt? Wie ausführlich werden Zusammenhänge aufgezeigt? Wird auf Hintergründe und Veränderungen eingegangen? Gibt es Ansätze zur Quellenkritik? Schlussfolgerungen und Wertungen: Wird zwischen zeitgenössischer und eigener Bewertung unterschieden? Gibt es eine Stellungnahme zu aktuellen Debatten?

4.3.2 (Schul-)öffentliches Präsentieren: Ausstellungen

Für Archive sind Ausstellungen die klassische Methode, „Zimelien" zu präsentieren. Diese mit vielen Siegeln versehenen, wegen ihres Alters oder der Bedeutsamkeit ihres Ausstellers historisch wichtigen Urkunden wurden früher oft ohne weitere Erläuterungen – die Bedeutung ergab sich dem Kundigen aus dem Gegenstand – in Vitrinen ausgelegt. Schon Anfang des 20. Jahrhunderts haben Archive eigene Ausstellungen durchgeführt,[35] doch die Abwendung von den eher für ein eingeweihtes Publikum feierlich zelebrierten Zimelien kam erst in den 70er-Jahren, als „Archivalienausstellungen als Mittel historischer Bildungsarbeit" (J.V. Wagner) entdeckt und propagiert wurden.[36] Damit wurden zugleich Gesichtspunkte von musealen Ausstellungen ins Archiv getragen. Eine Archivausstellung sollte „wesentliche Aspekte [...], klare Aussageschwerpunkte und starke thematische Akzente setzen"[37] und sie musste auch nicht ausschließlich Archivalien ausstellen: Bild- und Fotomaterial, aber auch dreidimensionale Objekte, ja sogar Bild- und Tondokumente waren nun um der Wirkung willen erlaubt.

Die zunehmend billiger werdende Reproduktionstechnik sowie der Wunsch, auch ein „Lauf"publikum in nicht-musealen, dafür viel frequentierten öffentlichen Räumen (Eingangshallen von Rathäusern oder Sparkassen) erreichen zu können, in denen zugleich eine Beaufsichtigung von archivischen Kostbarkeiten in schweren Vitrinen von vornherein ausgeschlossen war, führte zum Konzept archivischer Wanderausstellungen.[38] Sie können zwar „nur" Kopien, Reproduktionen, Faksimiles anbieten und müssen daher, damit sie nicht zu einer reinen „Leseausstellung", einem auf Tafeln geklebten Buch werden, mit besonderen Stilmitteln die Aufmerksamkeit zu gewinnen versuchen.

Jede historische Ausstellung sollte es dem Betrachter ermöglichen, einen Standpunkt einzunehmen. Er muss einen Bezug von sich zum

Thema herstellen können. Was hat das Thema mit mir zu tun? Wie kann ich am vergangenen Gegenstand etwas auf mich selbst beziehen? Es geht letztlich darum, Information und Aufklärung zu einem Gefühlserlebnis werden zu lassen.

Für die Ausstellungskonzeption bedeutet das: innerhalb einer klaren, optisch leicht überschaubaren Gliederung „kleine Erlebniseinheiten" zu schaffen, die jeweils aus der „Präsentation (die Aufmerksamkeit bewirkt), der Information (die den Blick für die Quelle öffnet und Erwartung weckt) und dem Exponat selbst (das faszinieren soll)" bestehen.[39] Für die Ausstellungstechnik bedeutet das: eine übersichtliche thematische Gliederung, gestützt durch Tafelüberschriften, die ruhig auch provozierend oder reißerisch sein können, gegebenenfalls Nummerierungen, wenn die Anzahl der Tafeln zu unübersichtlich zu werden droht, farbliche Akzente im Exponathintergrund, ausreichende Erläuterungen (einschließlich Erschließung handschriftlicher Quellen) der nicht zu überbordend bestückten Tafeln, Vielfalt der Quellen u.a. Sobald handschriftliche Zeugnisse gezeigt werden, gehört notwendig zur sachlichen Erläuterung auch eine Transkription, wobei mit graphischen Mitteln (Pfeile, Farbe) die übertragene Schriftstelle kenntlich gemacht werden sollte.[40]

Diese hier für Archivausstellungen genannten Merkmale können auch auf schulische Ausstellungen übertragen werden, mit der für die Altersstufe gebotenen Reduzierung des Anspruchs. Allerdings hat es schon genügend eindrucksvolle Beispiele gelungener Schulausstellungen gegeben.[41]

Als Beispiel soll hier auf eine im Hessischen Staatsarchiv Darmstadt erarbeitete Ausstellung eingegangen werden. Seit 1972 gibt es in Hessen historische Wanderausstellungen, die von den drei Staatsarchiven erarbeitet werden. Sie werden regelmäßig an den „Hessentagen", den jährlichen großen Publicity-Veranstaltungen zur Image-Pflege des Landes, eröffnet. 1994 lautete der Titel: „,möchten verbrennet werden'. Ausgrenzung und Gewalt gegen Ketzer, Juden, Hexen auch in der hessischen Geschichte"; unter Federführung des Hessischen Staatsarchivs Darmstadt zielte diese Wanderausstellung auf politische Aufklärung mit Hilfe eines thematischen historischen Längsschnitts.

„Das Thema der Ausstellung wurde von aktuellen Ereignissen angeregt: einer sprunghaften Zunahme von Gewalttaten seit 1992 in der Bundesrepublik, die sich vor allem gegen Menschen richten, die als ,andere' wahrgenommen werden: an erster Stelle Ausländer, aber auch Behinderte und Obdachlose, d.h. kranke und arme Menschen.

176

[...] Aber nicht als Wiederkehr des Gleichen sollen die Phänomene von Ausgrenzung und Gewalt hier verstanden werden, sondern als Bloßlegung gleichartiger Situationen in der Vergangenheit. An psychologisch und sozial vergleichbaren und zugleich überschaubaren Konstellationen soll der Blick auf die Gegenwart geschärft werden. Die Ausstellung versucht, Linien von ‚Ausgrenzung und Gewalt' in die Geschichte zurückzuverfolgen, sie will gleichsam ethnographisch Verhaltensmuster in der Vergangenheit studieren, um aus der zeitlichen Distanz einen verfremdenden und erhellenden Blick auf die Gegenwart zu richten. Inwiefern sind Aus- oder Abgrenzungen von Menschengruppen Ursache oder zumindest Anlass von Gewaltausübung geworden? In welchen Situationen, unter welchen Bedingungen solch sozialer Grenzziehung entstand Gewalt? Gegen wen hat sie sich gerichtet, wer hat sie ausgeübt?"[42]

Bewusst wird Hexenverfolgung als modernes Phänomen beschrieben, um eine Anknüpfung an die Gegenwart zu ermöglichen:

„Man kann die Hexenverfolgung als das erste ‚moderne' System gesellschaftlicher Ausgrenzung beschreiben. Sie wirkt geradezu wie eine Vorwegnahme moderner Totalitarismen, fast schon kafkaesk, in Gesellschaften, in denen jeder zum Opfer, fast jede Alltagshandlung zum Indiz einer strafbaren Tat werden kann, so wie auch jeder aufgefordert ist, Denunziant zu sein. ‚Abweichung' ist das Schlüsselwort für das Stigma, mit dem jedes Handeln versehen werden kann. Gerhard Schormann hat die Mechanismen von Sündenbockfunktion und Verschwörungstheorie bei den Hexenverfolgungen in Bezug zu den Verfolgungen der Juden gesetzt."[43]

Die Ausstellung bietet bewusst nicht nur einen darstellenden historischen Längsschnitt an, sondern versucht auch, verschiedene Perspektiven, d.h. Wahrnehmungsweisen verschiedener Personen zu rekonstruieren. Es liegt ein Akzent auf der Herausarbeitung der Tatsache, dass das Verlangen nach Hexenverfolgung „von unten", vom Volk eben ausging. Von da aus wäre eine historische Aufschlüsselung der Funktionen, die solche Verfolgungshandlungen innerhalb einer gegebenen Gesellschaft haben, zu versuchen. Das die Hexen betreffende Material der Ausstellung war so arrangiert, dass die verschiedenen Personengruppen – Opfer, Nachbarn, Richter, Landesherren – an konkreten Individuen vorgestellt wurden.

Beispiel für perspektivische Ausstellungsgestaltung: Zwei Tafeln der Ausstellung: „‚möchten verbrennet werden'. Ausgrenzung und Gewalt gegen Ketzer, Juden, Hexen auch in der hessischen Geschichte". StAD 1994 (s. folgende Seite)

177

Abb. 33: „Hexenrichter"

Abb. 34: „Menschenopfer"

Hilfen zur Orientierung in den Wanderausstellungen, die 200-300 Einzelexponate umfassen, sind unumgänglich. Trotz eines hohen Anteils von Bildmaterial dominiert in der Rezeption das Lesen, und da gilt als Erfahrungswert, dass etwa 1 Stunde „verstehendes Lesen" als Durchschnittswert angesetzt werden kann, für jüngere Klassen (Jahrgang 9 abwärts) auf jeden Fall weniger.[44] Eine Vor-Ordnung, ein Leitfaden, eine Hilfe sind unerlässlich, wenn ein Lernergebnis erzielt werden soll. Um allerdings eine zu starke Gängelung oder eine Abwehr erzeugende Wiederholung von aus dem Klassenzimmer bekannten „Pauk-"Methoden zu vermeiden, sollte ein spielerischer Entdeckungs-Charakter erhalten bleiben, der am besten mit einem „personalisierenden" Ansatz realisiert werden kann. Ein Fragebogen für Ausstellungen sollte möglichst nicht mehr als eine Seite umfassen; er sollte Entdeckungserfolge im Aufsuchen von Details ermöglichen, aber auch die Zuwendung zu individuellen Schicksalen (oder konkreten Ereignissen) enthalten, sowie die Aufforderung, selbst zu urteilen, also: Stellung zu nehmen.

Der Fragebogen für die Ausstellung „Ausgrenzung und Gewalt" versuchte beides. Einmal Faktenerkundungen; dann aber führte er die Besucher gezielt zu den (transkribierten) Quellen, aus denen Hinrichtungsgründe (das „Wettermachen" der Apollonia Sturm, der soziale Neid auf Gertrud Steubing, der zaubernde Mörder Hermann Veix) hervorgingen wie die Motive für Denunziationen („Unholde" verbrennen, um im Dreißigjährigen Krieg Elend von Schaafheim abzuwenden; die Hinrichtungen in Dieburg, die das benachbarte Babenhausen beunruhigen; das „Gerücht", das in Büdingen schon 20 Jahre umging), das Funktionieren der Justizmaschinerie, aber auch rechtswidriges Treiben korrupter Richter („schlimmer als die Dürcken" in Lindheim). Auch Stimmen von Opfern (wie die des gefolterten Caspar Ruß in Büdingen) waren zu vernehmen. Darüber hinaus wurde das Verhalten gegenüber Kranken, Bettlern, „Zigeunern", Juden vergleichend erfragt.

Fragebogen zur Hessentags-Ausstellung der hessischen Staatsarchive:

Ausgrenzung und Gewalt
gegen Menschen in der hessischen Geschichte

Die Verfolgung der Hexen erscheint uns heute rätselhaft und unverständlich:

1. Welche Vorwürfe wurden „Zauberern" gemacht? Wie wurden sie bestraft? (Tafel 7, 8)

2. Wieviel Opfer gab es in Hessen? Wo gab es die meisten Opfer? Wann war der Höhepunkt der Verfolgungen? Wieviel und wer war es in Hessen-Darmstadt; was hat das gekostet, wer hat das bezahlt? (Tafel 9,11)

3. Warum wurden folgende Personen hingerichtet: die 17-jährige Apollonia Sturm in Dieburg? Elisabeth Geyer in Friedberg, Hermann Veix in Babenhausen? Gertraud Steubing in Herborn? (Tafel 10,16,19)

4. Was hatten der 10-jährige Wolf Weber und die 16-jährige Anne Dreieicher in Darmstadt Strafbares getan? (Tafel 13)

5. Landgraf Georg I. von Hessen-Darmstadt und sein Bruder Wilhelm IV. von Hessen-Kassel waren zum Thema Hexen unterschiedlicher Meinung (Tafel 12,14):

Georg I.

Wilhelm IV.

6. Warum verlangten die Untertanen oft selbst, dass Hexen von der Obrigkeit verfolgt wurden? (Tafel 18,19)

7. Hatten die Opfer eine Chance? Untersuchen Sie die Fälle Ottilia Sponseil aus Dieburg, Frau Weilandt, Frau Mayer und Caspar Ruß aus Büdingen. (Tafel 17,20):

8. Was haben die Regierenden getan? (z.B. Tafel 17,21,22):

9. Menschen, die aus anderen Gründen Opfer von Ausgrenzung und Verfolgungen wurden:
Tafel 3, 28
Tafel 2, 24
Tafel 6, 26, 29
Tafel 4, 25
Tafel 5, 23, 27

Gab es Ähnlichkeiten mit der Verfolgung der Hexen?
Kann heute Vergleichbares passieren? (Siehe auch Tafel 1 und 30)

Geschichte kann so als Rekonstruktion einer nicht widerspruchsfreien Vergangenheit erfahren werden, die Schüler können historische Situationen eigenständig bewerten lernen. Das begünstigt Multiperspektivität und Perspektivenwechsel in der Darstellung, ermöglicht also eine Annäherung an das wichtige Ziel eines reflektierten Geschichtsbewusstseins.

4.3.3 Digitales Präsentieren: Webseiten und CD-ROM

Der Fortschritt der digitalen Informationstechnik hat eine Demokratisierung der kompliziertesten technischen Werkzeuge mit sich gebracht: Auch durchschnittliche PCs sind heute so ausgestattet, dass die Programmierung von Webseiten zumindest kein technisches Problem mehr ist. So ist es möglich – und auch schon weithin verbreitet –, dass Schüler Internetseiten oder CD-ROMs mit historischem Inhalt selbst programmieren können.[45] Eine mit HTML (oder einer anderen Programmiersprache) gestaltete Webseite in ihrem Mit- und Ineinander von Text- und Bildanteilen, die beliebig verbunden werden können, kann man als perfekte Kombination von Facharbeit, Wandzeitung, Overhead-Folie und Ausstellung beschreiben. – Im PC-gesteuerten technischen Entstehungsprozess ist das End-Medium zunehmend weniger wichtig. Sowohl für Druck-Veröffentlichungen wie für Ausstellungstafeln wird das Design heute am PC hergestellt. So kann mit den entsprechenden Programmen aus der Datei für eine Ausstellungstafel eine für das Internet taugliche Webseite hergestellt werden, wobei natürlich die Grunddaten dem jeweiligen Medium anzupassen sind.[46] Die auf der einen Seite leicht zu beherrschende Technik bringt auf der anderen Seite aber die Gefahr mit sich, dass das Machbare und Auffallende über den Inhalt Oberhand gewinnt: Das Medium wird selbst zur

180

Botschaft oder, wie Marshall McLuhan schon 1967 formulierte: „Alle Medien massieren uns gründlich durch. [...] Das Medium ist Massage." Ob das Internet eines Tages, wie er vom Fernsehen befürchtete, „die Schrift, die spezialisierte audio-visuelle Metapher, welcher die westliche Zivilisation ihre Dynamik verdankt, abgeschafft" haben wird, mag eine weitere Zukunft beweisen.[47] Multimediale Arbeiten von Schülern können jedenfalls manchmal der Versuchung zur restlosen Ausnutzung aller technischen Effekte nur schwer widerstehen.

Im Folgenden soll nicht auf die technische Seite der Herstellung einer CD-ROM eingegangen werden, sondern auf Dinge, die anders sind als bei konventionellen Druck-Veröffentlichungen und die bei der Produktion schon von Anfang an bedacht werden sollten. Ein Aufbau nach dem „Herausgeberprinzip" von Printmedien – auf ein Vorwort folgt das Inhaltsverzeichnis, dann die Kapitel 1, 2, 3 usw. und schließlich die Literaturangaben – wird dem Medium nicht gerecht. Die optische Struktur des gesamten Projekts, von der Gestaltung der Einzelseiten bis zur hierarchischen Vernetzung, Unter- und Überordnung der einzelnen Abschnitte und Kapitel muss ein überschaubares Design erhalten. Der Benutzer einer CD-ROM bzw. Webseite sollte möglichst jederzeit den Überblick haben, wo er sich befindet und mit zwei, drei Mausklicks an jeden Ort der Webseite gelangen können. Im Unterschied zum Buch brauchen die HTML-Seiten eine andere Logik der Orientierung: Die optisch eingeschränkte Bildschirmfläche steht im Kontrast zum Blättern in einem Buch. Es muss eine Titel- und Inhaltsseite geben, zu der der Benutzer jederzeit zurückkehren können muss. Eine Navigationsleiste muss ihn durch den gesamten Inhalt begleiten und Übersichtlichkeit verschaffen.

Grafische Entscheidungen liegen in erster Linie in der Reduzierung der eingesetzten Mittel. Flächen, Farben, Formen erscheinen so klarer, konsequenter, abstrakter auf der grafischen Ebene. Eine dezente farbliche Differenzierung kann gut zur Orientierung eingesetzt werden. Historische Dokumente wirken durch Anschaulichkeit. Abbildungen sind datenintensiv, hier hilft es, über Miniaturansichten Vergrößerungen anzubieten. Diese wiederum sollten nicht durch zu hohe Datenkompression ihre Information verlieren.

Eingescannte Quellen kommen in Farbe besser zur Geltung, ein „vergilbter" Hintergrund steigert ihre Wirkung. Hinzutreten muss auf jeden Fall die Transkription der Quellentexte, wobei eine klare farbliche Trennung zwischen Quellen- und Erläuterungstext beachtet werden muss. Schon am Beginn der Arbeit sollte die Integration von Inhalt und Form bedacht werden. Strukturelle Entscheidungen im Projekt dienen

181

später als Navigationsgrundlage einer CD-ROM respektive Website. Der Arbeitsprozess (bzw. die Arbeitsgruppenaufträge in der Schule) sollte vom Ziel her gedacht und strukturiert werden.

Mit vielen Effekten können optisch eindrucksvolle Webseiten erzeugt werden. Doch die eigentlichen Möglichkeiten einer datentechnischen Bearbeitung historischer Dokumente liegen auf anderem Gebiet. Das soll noch einmal an der CD-ROM erläutert werden, die als Ergebnis der Darmstädter „Forschung im Archiv" am Beispiel der Feldpostbriefe entstand (s.o. Kap 4.2). Die Feldpostbriefe sollten nicht nur als Texte verfügbar sein, sondern in einer Datenbank bereitgestellt werden, um eine gezielte verknüpfte Suche („retrieval" in der Sprache der Dokumentare) zu ermöglichen. Dazu mussten die Briefe und Lebensläufe nach einzelnen (sozialen, mentalen u.a.) Gesichtspunkten, sog. „Feldern", aufgeschlüsselt werden, um die Such- und Auswahlmöglichkeiten des Datenbanksystems nutzen zu können. Nach einer intensiven Vorab-Auswertung der Briefe wurden Anzahl und Bedeutung dieser Felder festgelegt.[49] Ein Feld enthält den Text des Feldpostbriefes selbst, andere heißen „Ausbildung", „Beruf" u.Ä. Dann wurden aus den Briefen Schlagworte oder „Deskriptoren" als sinnvolle Suchbegriffe festgelegt. Nur so können die Briefe unter inhaltlichen Aspekten geordnet, gegliedert und (auch quantitativ statistisch) ausgewertet werden. Da die Dokumente oft lückenhaft waren, konnten nicht immer alle Felder ausgefüllt werden. Immerhin konnten jetzt aber Suchabfragen durchgeführt werden, die etwa Mentalitätsbeschreibungen mit sozialen Zuordnungen kombinieren (z.B.: Ist Kriegsbegeisterung signifikant gekoppelt an soziale Herkunft, Bildung u.a.?). So wurden – zumindest auf der Beschreibungsebene – auch quantitativ Aussagen über Mentalitätsveränderungen ermöglicht. Natürlich ist der Darmstädter Quellenbestand viel zu gering, um statistisch haltbare Aussagen treffen zu können, doch lassen sich immerhin Tendenzen ablesen. Auf diese Weise kann das Medium „Datenbank" in seinen eigentlichen Qualitäten, der schnellen Zusammenführung von Datenbeständen, genutzt werden.

Eine Seite mit Deskriptoren aus der CD-ROM „... fand den Heldentod"

Name: Ludwig Henneberg

Foto:

Selbstzeugnis: Feldpostbrief

Bild, Zeichnung u.Ä.:

Geburtsdatum: 22. Februar 1886

Todesdatum: 24. Oktober 1914

Todesursache: an der Front getötet; Folge von Verwundung

182

Todesort: Elsass (Senones)

Familie, Heimatort: Darmstadt

Familiäre Stellung:

Soziale Zuordnung (Vater): Professor (Hochschule)

Ausbildung: Abitur; Studium (Studentenverbindung)

Beruf: Beamter (Architekt)

Soldatischer Dienstgrad, Status: Leutnant; wehrpflichtig Eingezogener

Auszeichnungen: Eisernes Kreuz II. (vorgeschlagen); Verdienstorden

Einsatzorte, Feldzüge: Frankreich; Elsass

Kriegsalltag:

Kriegshandlungen: Gefecht; Schützengraben; Rückzug; Angriff; Artillerieangriff

Befindlichkeit: Zuversicht; Freude; Begeisterung; Stolz; Angst; Ehrgeiz

Einstellung zum Krieg (selbst): Hoffnung; Einverständnis; Patriotismus

Einstellung zum Krieg (Familienangehörige): Opferwille; Opferbereitschaft

Einstellung zum Krieg (Vorgesetzte, Kameraden):

Feind (Feindbild, Feindesland):

Heimat:

Wenn man die EDV nur illustrativ nutzt, unterschreitet man erheblich die Möglichkeiten dieser Technik. Auch für eine andere Art horizontaler

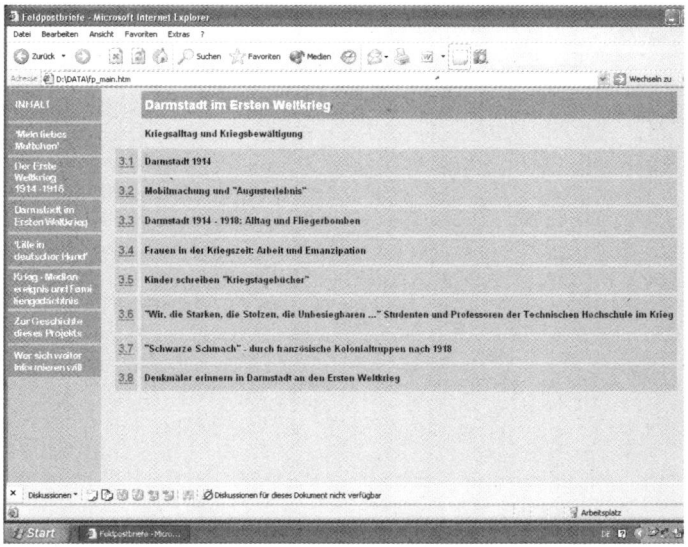

Abb. 35: Gliederungs-Seite aus der CD-ROM „... fand den Heldentod". [48]

183

Vernetzung gibt es gelungene Beispiele. In einem von Herford ausgehenden Projekt zur Industrialisierung haben Lehrer aus vier europäischen Schulen (Deutschland, England, Irland, Polen) zusammengearbeitet, um einen Querschnitt zu Problemen der Arbeits- und Lebensbedingungen der Industrialisierungsphase zusammenzustellen. Man hat sich auf eine Grundstruktur geeinigt: Zwei Hauptaspekte – „Arbeits- und Lebensbedingungen" – werden jeweils aufgegliedert in etwa 8 Unterkapitel, also: Arbeitsstätten, Technik, Arbeitskräfte, Politische Bewegung; oder: Kleidung, Ernährung, Wohnung, Erziehung. Die Quellen stammen hauptsächlich aus den Archiven der jeweiligen Städte. Von einem Hauptbildschirm kann man zu diesen Aspekten verzweigen und sich z.B. über Frauen- und Kinderarbeit in den vier Ländern informieren, d.h. horizontal kulturell vergleichen. Dieser direkte Zugang zum europäischen Quellenvergleich ist etwas, was so in Buchform noch gar nicht vorhanden ist. Hier ist ein origineller Vorstoß in neue Horizonte der Quellenarbeit gelungen, gerade auch was die Publikation archivischer Quellen betrifft.[50]

4.3.4 Spielformen, Collagen, Rollenspiele

Aus den in Archiven auffindbaren Materialien können ebenso wie mit allen anderen Quellen auch die handlungsorientierten Unterrichtsformen entwickelt werden, die im Geschichtsunterricht üblich sind.[51] Das kann schon damit beginnen, dass bei einer mittelalterlichen Urkunde aus der „narratio", die die Entstehung des Beurkundungsvorgangs „erzählt" (s. Kap. 3.4.1), ein Rollenspiel entwickelt wird, bei dem – mit ausgearbeiteten oder aus dem Stegreif entstehenden – Rollentexten eben dieser Vorgang (z.B. einer Lehensvergabe) szenisch umgesetzt wird.[52]

Zu den archivtypischen Quellen gehören Parlamentsdebatten, die man nachspielen kann, aber auch die zahllos vertretenen juristischen Akten, insbesondere Prozessakten. Sie bieten sich durch ihre nach den Prozessparteien aufgeteilte Struktur besonders für solche handlungsorientierten Formen an. Nach gemeinsamem Studium von Akten können unterschiedliche Situationen entwickelt werden, in denen zu diesem Material Stellung genommen wird. Ein Beispiel: Aus einer staatsanwaltschaftlichen Ermittlung wegen einer Denunziation eines Lehrers durch zwei Schülerinnen während der NS-Diktatur können Gespräche mit Mitschülerinnen, oder zwischen Staatsanwalt und Schulleiter o.Ä. entwickelt werden.[53]

Eine andere Form könnte die sein, aus vielfachen Einzelzeugnissen eine Dokumenten-Collage zusammenzustellen, die als Grundlage für

184

ein Hörspiel oder eine szenische Lesung dienen kann. Aus Anlass des 50. Jahrestages der Reichspogromnacht 1988 wurden Gestapo-Rundschreiben, Briefe von Mitgliedern der jüdischen Gemeinde und Zeitungsnachrichten zu Ereignissen vom April-Boykott des Jahres 1933 über die Reichspogromnacht 1938 bis zu den Deportationen von jüdischen Partnern aus christlich-jüdischen Ehen des Jahres 1943 zusammengefügt, auf verschiedene „Stimmen" verteilt und gelesen. Dies ergab ein komplexes Bild der jüdischen Wirklichkeit im Deutschland der 30er- und 40er-Jahre.[54]

4.3.5 Spielerisches Lernen: Urkunden selbst herstellen (Primarstufe)

Die handlungspraktische Orientierung in der Archivpädagogik ist in Frankreich sehr viel stärker verankert als (bisher) in Deutschland. Als Beispiel mögen Aktivitäten im Departements-Archiv in Marseille dienen. Das Nachgießen von Siegeln in Gips (in einer „Siegel-Werkstatt"), die dann an vorbereitete „Dokumente" angehängt werden, leitet ein

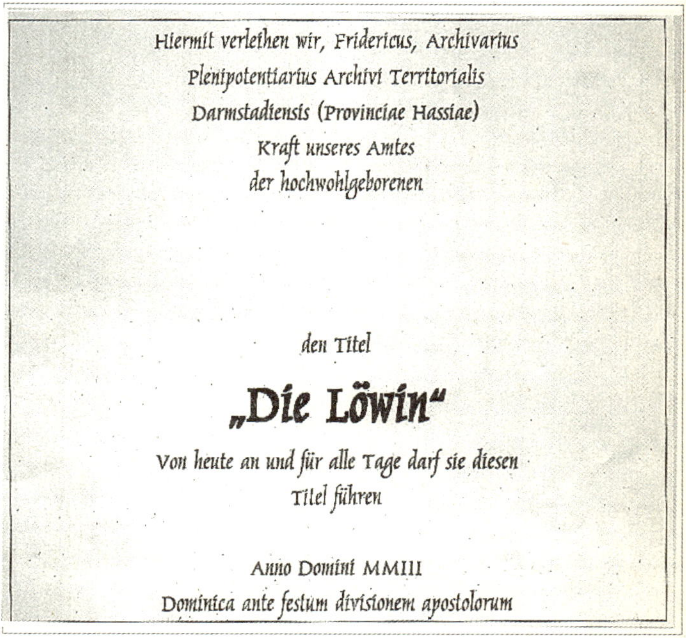

Hiermit verleihen wir, Fridericus, Archivarius
Plenipotentiarius Archivi Territorialis
Darmstadiensis (Provinciae Hassiae)
Kraft unseres Amtes
der hochwohlgeborenen

den Titel

„Die Löwin"

Von heute an und für alle Tage darf sie diesen
Titel führen

Anno Domini MMIII
Dominica ante festum divisionem apostolorum

Abb. 36: Fantasie-Urkunde

konkretes Erkennen ein: Durch gezieltes Betrachten werden die auf dem Raum eines Siegels zusammengedrängten Informationen über die mittelalterliche Gesellschaft und Feudalordnung für die Schüler transparent. Zur weiteren Information, auch im Klassenzimmer, kann dann auf eine Mappe mit Overheadfolien zurückgegriffen werden.[55] Eine „Schreibwerkstatt" bietet unter dem Titel „Calligraphie" Übungsblätter mit Buchstabenvorgaben in historischer Schrift, die mit verschiedenen Schreibwerkzeugen (Schilfrohr, Vogelfeder und Metallfeder) durch Schüler beschrieben werden können. Dieses Konzept ist in Marseille – wie in anderen Departements-Archiven – also ganz stark auf Handlungsaktivitäten der Schüler abgestellt und richtet sich vor allem an Grundschüler und die Eingangsjahrgänge des collège, der französischen Mittelstufe. In Deutschland werden derartige Aktivitäten eher von Museen angeboten, wie z.B. dem Museumszentrum Lorsch am Rhein oder dem saarländischen Schulmuseum Ottweiler.[56]

Am Hessischen Staatsarchiv Darmstadt wurde ein Angebot für Grundschulklassen im vierten Schuljahr entwickelt, da dort im Sachkundeunterricht das Thema „Hessen" auch unter dem Gesichtspunkt der Einführung in die historische Dimension auf dem Lehrplan steht.[57] Der Archivbesuch beginnt mit einer kindgerechten, etwa halbstündigen Führung durch das Archiv. Dabei wird besonders auf die Geschichte des Gebäudes als früheres Theater des Großherzogs und die Menge und Lagerung der Akten eingegangen. Besonders beeindrucken immer die Kompaktus-Regale, die durch Steuerräder bewegt werden können und der Geruch der nicht entsäuerten Akten.

Nach einem kurzen Vortrag zur Geschichte Hessens werden Begriffe wie: Urkunde, Siegel, Schrift, Schreibmaterial erklärt. Ausgangspunkt für die ernsthafte Schreibarbeit ist die Kopie einer Urkunde, die danach ausgewählt ist, dass der Herkunftsort der Klasse darin vorkommt. Die Schüler sollen nun versuchen, den Ortsnamen in der sehr schwer zu lesenden mittelalterlichen Schrift zu entdecken; dies fällt auch den Lehrern nicht leicht. Dieses „ansehende Lesen"[58] ist ein genaues Beobachten, das sich auf einzelne Wörter – nicht auf den Textzusammenhang – der Urkunde beschränkt und diese damit als historisches Zeugnis identifiziert. Das Original der Urkunde ist in einer Vitrine zu sehen. Dort sind auch Ahnenproben, alte Ortspläne, Wappen und Ähnliches ausgestellt. Ahnenproben sind sehr prächtig und bunt und können mit dem eigenen Familienstammbaum verglichen werden.

Nach dem Lesen der Urkunde beginnen endlich die – schon lange ersehnten – handwerklichen Aktivitäten. Federn sind vorbereitet: Enten-, Gänse-, Raben- und Putenfedern, von Bauern oder Metzgerei-

186

en besorgt, eignen sich; am besten sind Schwungfedern, die lebenden Gänsen ausgefallen sind. Das Anschneiden mit einem Skalpell ist nicht unbedingt nötig, ebenso wenig eine Härtung in heißem Sand. Mit ganz normaler (wieder von der Kleidung entfernbarer) Tinte wird zunächst auf Konzeptpapier geübt. Danach wird nach einem Sütterlin-Alphabet versucht, den eigenen Namen zu schreiben. Hierbei werden die Schwierigkeiten erkannt, die früher das Schreiben mit sich brachte: das Klecksen, das langsame Trocknen der Tinte, die schmutzigen Finger, die nicht durch Wasser und Seife, sondern nur mit der Zeit durch das Körperfett wieder sauber werden.

Wenn die Kinder dann ihren Namen mit Federn schreiben können, werden vorbereitete Fantasie-Urkunden verteilt. Sofern man auf aus den Akten entnommenes Hadern- und Holzschliffpapier zurückgreifen kann, wird natürlich auch ein Gefühl von Alter vermittelt. Wichtig ist das korrekte Datum, die römischen Zahlen (die seit dem Jahre 2000 entschieden einfacher geworden sind) und die Datumsangabe anhand der Heiligentage, welches aus dem Grotefend[59] ermittelt wird.

In einem weiteren Schritt kann das mittelalterliche Unterschrifts-Monogramm erklärt werden (s.o. Kap. 3.4.1). Auch kann man versuchen, aus den Anfangsbuchstaben des eigenen Namens auch eines zu entwerfen und auf die Fantasie-Urkunde zu setzen.

Anschließend werden die Siegel gemacht. Da dieses recht aufwendig ist, muss man dafür sorgen, dass die Kinder nicht alle gleichzeitig damit

Abb. 37: Kind bei Schreibübung mit Gänsefeder (Foto: J. Stallknecht)

187

anfangen. Zuerst wird das Band herausgesucht und der Stempel. Wir haben drei zur Auswahl, besonders der Löwe und Wappenschilde werden bevorzugt. Die Bänder werden durch die Öffnungen, die wir mit einem Büro-Locher an den unteren Teil der Urkunde angebracht haben, geführt und verschlungen. Dann kommt ein Siegelblättchen unter und eines über die Band-Enden und diese werden mit dem Siegelstempel zusammengepresst. Die Siegelblättchen stellt man aus Kerzenwachs und einer Form her, die aus Silikonkautschuk gemacht wurde. (Im Museumszentrum Lorsch nimmt man die Deckel von Saftflaschen, die diese Größe haben und mit Alufolie ausgelegt werden.) Am besten eignet sich Bienenwachs oder hochwertiges Kerzenwachs; bei billigem Wachs sind mehr Sprünge im Siegel zu sehen. Wenn die Urkunde versiegelt ist, wird sie in eine Urkundenmappe gelegt und das Siegel hochgeklappt.

Anmerkungen

1   Lange, Thomas: Geschichte – selbst erforschen: was Archive und Geschichtsunterricht miteinander zu tun haben (können). In: ders.: (Hrsg.): Geschichte selbst erforschen. Schülerarbeit im Archiv. Weinheim 1993, S. 15.

2   Henke-Bockschatz, Gerhard: Entdeckendes Lernen. In: Bergmann, Klaus/Fröhlich, Klaus/Kuhn, Annette/Rüsen, Jörn/Schneider, Gerhard (Hg.): Handbuch der Geschichtsdidaktik. Seelze-Velber 1997, S. 406 f.

3   Henke-Bockschatz, Entdeckendes Lernen, S. 409.

4   Vgl. Pieper, Joachim: Die Akten der Geheimen Staatspolizei Düsseldorf als Zeugnisse des nationalsozialistischen Unrechtsstaates. Methodische und didaktische Ideen zur Sensibilisierung Jugendlicher für staatliches Unrecht und gegen rechte Gewalt in unserer Zeit. In: Archive und Herrschaft. Referate des 72. Deutschen Archivtages 2001 in Cottbus. Siegburg 2002, S. 409-423.

5   Vgl. Wunderer, Hartmann: Vom „bäurischen Klatschen und unmäßigen Schreyen". Affektkontrolle, Sozialdisziplinierung, Domestizierung und die Herausbildung der modernen bürgerlichen Gesellschaft. In: Geschichte lernen, Heft 68/1999, S. 26-31; Ebert, Jochen: „Sozialdisziplinierung" aus lokalhistorischer Perspektive. Sanktionierung von Unzucht zu Beginn des 18. Jahrhunderts – eine Fallstudie. In: Geschichte lernen H. 68/1999, S. 32-37.

6   Vgl. dazu: Lange, Thomas: Hexenverfolgung als Unterrichtsthema. Ein regionalgeschichtlicher Stoff im Wandel von kulturgeschichtlicher Aufklärung zum ethnologischen Lernen. In: Geschichte in Wissenschaft und Unterricht (GWU), H. 7/8 1995, S. 401-420. Jetzt auch als E-Text im „Forum Hexenforschung" des „server frühe neuzeit" der Universität München: *http://www.sfn.uni-muenchen.de/ forumhexenforschung/hexetexte.html*

188

7   Müller, Hans-Joachim: Der „dreißigjährige Krieg" aus der Nähe. Selbstzeugnisse als fächerübergreifender Zugang zur Geschichte in der Jahrgangsstufe 11. Pädagogische Prüfungsarbeit im Fach Geschichte, Studienseminar Darmstadt, Januar 2002. *www.bildung.hessen.de/examen/ geschichte/skii/hjmueller.pdf* (S. 37).

8   Grundsätzlich dazu: Weber, Hartmut/Maier, Gerald/Staatliche Archivverwaltung Baden-Württemberg (Hrsg.): Digitale Archive und Bibliotheken: Neue Zugangsmöglichkeiten und Nutzungsqualitäten. Stuttgart, 2000. (Werkhefte der Staatlichen Archivverwaltung Baden-Württemberg. Serie A: Landesarchivdirektion; 15); *http://www.lad-bw.de/ladsu/olfsuche/*

9   Fritz, Gerhard: Archivnutzung im Geschichtsunterricht. Möglichkeiten und Grenzen. In: Geschichte in Wissenschaft und Unterricht, Jg. 48 (1997), H. 7/8, S. 445-461; dagegen: Lange, Thomas: Zwischen Zimelien und Zensuren. Anmerkungen zu Gerhard Fritz' „Archivnutzung im Geschichtsunterricht" (GWU 7/8, 1997). In: GWU 1/1999, S. 43-49.

10 Walker, Stephan: „Wir wünschen also nicht mehr in euer verlaßenes Egypten zu wohnen". Amerika-Auswanderung im 18. und 19. Jahrhundert vor dem Hintergrund regionalgeschichtlicher Quellen. Ein Unterrichtsvorhaben in der Jahrgangsstufe 11. Pädagogische Prüfungsarbeit zur zweiten Staatsprüfung für das Lehramt an Gymnasien im Fach Geschichte. Studienseminar Wiesbaden, 1. August 2002, S. 17.

11 *www.bildung.hessen.de/fbereich/geschich/gw-scholl/index.htm*

12 Projektgruppe Tonwerk der Geschwister-Scholl-Schule Bensheim: „Wer Vater und Mutter nicht ehrt, der muss ins Tonwerk". Ein Heppenheimer Unternehmen und seine Zwangsarbeiter im Zweiten Weltkrieg. – *http:// lernen.bildung.hessen.de/geschichte/geschichtswerkstatt/tonwerk/abstract_vsml*

13 Aufbegehren, Handeln, Verändern. Protest in der Geschichte. 1998.

14 Beitrag der Leistungskurse 12 Geschichte der Geschwister-Scholl-Schule Bensheim beim Wettbewerb deutsche Geschichte um den Preis des Bundespräsidenten 1998/98: Aufbegehren, Handeln, Verändern. Protest in der Geschichte. Leitung: Peter Lotz/Franz Josef Schäfer. Druck: Geschwister-Scholl-Schule, Bensheim 1999. *www.lernen.bildung. hessen.de/geschichte/geschichtswerkstatt/schneider/schneider_vsml.*

15 Weitere abgeschlossene Projekte: Beiträge zur Geschichte des Erbach-Schönberger Fürstenhauses im 20. Jahrhundert. Beiträge zur Geschichte der Bensheimer Juden im 20. Jahrhundert.

16 Detaillierte Darstellung: Lange, Thomas/Fischer, Klaus/Laute, Günter: Feldpostbriefe aus dem Ersten Weltkrieg. Die Erarbeitung einer CD-ROM. In: Geschichte lernen 89/2002, S. 30-33.

17 Bestand ST 63 Abt. 1 E Nr. 182.

18 Ein Bericht über vergleichbare Projekte: Pingel-Rollmann, Heinrich: Mit der Computer-Maus durch die Jahrhunderte – Multimedia auch in der Archivpädagogik? In: Öffentlichkeit herstellen – Forschen erleichtern! 10 Jahre Archivpädagogik und historische Bildungsarbeit – Vorträge zur Didaktik, hg. von Günther Rohdenburg, Hamburg 1998, S. 116-126.

19 Dittmer, Lothar/Siegfried, Detlef (Hg.): Spurensucher. Ein Praxisbuch für historische Projektarbeit. Weinheim 1997.

20 Niethammer, Lutz (Hrsg.): Lebenserfahrung und kollektives Gedächtnis. Die Praxis der „oral history". Frankfurt/M. 1980; Vorländer, Herwart (Hrsg.): Oral History. Mündlich erfragte Geschichte. Göttingen 1990; Wierling, Dorothee: Oral History. In: Bergmann, Klaus u.a. (Hrsg.): Handbuch der Geschichtsdidaktik, Seelze-Velber 1997, S. 236-239.

21 Weber, Peter K.: Mündliche Geschichte. Eine Herausforderung für Archive und Archivare. In: Der Archivar Jg. 43, 1990, H. 4, Sp. 517-528; Landschaftsverband Rheinland/Archivberatungsstelle (Hrsg.): Mündliche Geschichte (Archivheft 22) 1991; eine Veröffentlichung, die aus einem oral-history-Projekt des Stadtarchivs Münster hervorging: Heise, Sabine (Bearb.): Geschichte im Gespräch: Kriegsende 1945 und Nachkriegszeit in Münster. Berichte von Zeitzeugen und Zeitzeuginnen. Münster 1997.

22 Vgl. dazu: Rieber, Angelika: Begegnungen mit der Vergangenheit. Pädagogische Arbeit mit Zeitzeugen. In: Kößler, Gottfried/Steffens, Guido/Stillemunkes, Christoph (Hg.): Spurensuche. Ein Reader zur Erforschung der Schulgeschichte während der NS-Zeit. Frankfurt am Main 1998 (=Pädagogische Materialien des Fritz Bauer Instituts Nr. 5), S. 33-44; Kößler, Gottfried: Die Opfer berichten. Zeitzeugen im Unterricht. In: Lange, Thomas (Hrsg.): Judentum und jüdische Geschichte im Schulunterricht nach 1945. Bestandsaufnahmen, Erfahrungen und Analysen aus Deutschland, Österreich, Frankreich und Israel. Wien-Köln 1994, S. 331-336.

23 Lipski, Stephan: Zeitzeugen im Unterricht – oral history und Multiperspektive in der Sekundarstufe II. In: Geschichte, Politik und ihre Didaktik H.1/2, 1990, S. 86-91; hier: S. 90.

24 Druckfassung des Interviews mit Heinrich Keil in: Lange, Thomas (Hrsg., Bearb.): Eine Generation wächst in die Diktatur. Jugend in Darmstadt in den zwanziger und dreißiger Jahren. Dokumente 1928-1944. Darmstadt: Hessisches Staatsarchiv Darmstadt 1997. (Geschichte im Archiv. Dokumentenmappe 4)

25 Geschichte lernen, Heft 76, 2000: Oral History. – Fiederle, Xaver (Hg.): Erforschen – Zeugen – Quellen – Spuren. Workshop Geschichte. Paderborn 1994, S. 27 ff.; Hey, Bernd/Mayer, Ulrich/Rohlfes, Joachim/Schwalm, Eberhardt/Würfel, Maria: Umgang mit Geschichte. Geschichte erforschen und darstellen – Geschichte erarbeiten und begreifen. Stuttgart 1992, S. 142-149; Bauer, Volker u.a. (Hrsg., Bearb.): Methodenarbeit im Geschichtsunterricht. Berlin 1998, S. 91-95.

26 Ministerium für Schule und Weiterbildung, Wissenschaft und Forschung des Landes Nordrhein-Westfalen: Richtlinien und Lehrpläne für die Sekundarstufe II Gymnasium/Gesamtschule in Nordrhein-Westfalen. Geschichte. Düsseldorf 1999, S. 94.

27 Klose, Dieter: Facharbeiten. Informationen, Hinweise, Tipps. Lernort: Staatsarchiv Detmold, Themenheft 12. Detmold 2003; Klose, Dieter: Facharbeiten der Sekundarstufe II im Archiv – Überlegungen zu einem Trendsetting nach zwei Jahren Facharbeiten in NRW. (Vortrag auf der 4. Karlsruher Konferenz für Archivpädagogik, 14. März 2003):

www.archivpaedagogen.de/allgemei/Klose/Karlsruhe.pdf; s.a.: Geschichte lernen, Heft 96/2003 zum Thema: Leistungen dokumentieren und bewerten. mit der Vorstellung verschiedener Formen von Leistungs-überprüfung im Fach Geschichte.

28 Als Beispiele: Wunderer, Hartmann: Geschichtsunterricht in der Sekundarstufe II. Schwalbach 2000, S. 125; Hey u.a.: Umgang mit Geschichte, S. 221.

29 Sauer, Wolfgang: Geschichte unterrichten. Seelze-Velber 2001, S. 250 f.

30 Vgl. Wunderer, Geschichtsunterricht, S. 122 f.; s.a. die Projektarbeit am Beispiel der Bensheimer Geschichtswerkstatt, Kap. 4.2, „Erstes Beispiel".

31 Klose, Facharbeiten, S. 6.

32 Witt, Karsten: Die Facharbeit in der Kursstufe. In: Geschichte lernen 96/2003, S. 45-49.

33 Adamski, Peter: Leistungen dokumentieren und bewerten. Basisartikel in: Geschichte lernen 96/2003, S. 10-17.

34 Klose, Facharbeiten der Sekundarstufe II.

35 Arends, Harald: Ausstellungen und Archive. Diplomarbeit. Fachhochschule Potsdam, Fachbereich Informationswissenschaften, Studiengang Archiv. Berlin 2003, S. 22. (*www.archivpaedagogen.de/allgemei/arends.pdf*) – Arends bietet eine umfassende Übersicht der für Archivausstellungen relevanten Literatur.

36 Wagner, Johannes Volker: Archivalienausstellungen als Mittel histori-scher Bildungsarbeit. Didaktische Zielsetzungen und gestalterische Mög-lichkeiten. In: Der Archivar 1973, Sp. 639-660; s. auch: Eichler, Volker: Zimelienschau oder historische Bildungsarbeit? Zur Fortbil-dungsveranstaltung über „Historische Ausstellungen als Aufgabe der Archive". In: Der Archivar 1987, Sp. 286-289.

37 Wagner, Archivalienausstellungen, Sp. 647.

38 Vgl.: Franz, Eckart G.: Archive im Dienst der Öffentlichkeit: Die Wanderausstellungen der Hessischen Staatsarchive. In: Festschrift für Carlo Wiffels, 1987, S. 173-184.

39 Arends, Ausstellungen, S. 104, nach: Booms, Brigitte: Einsatz neuer Techniken und Medien in Archivausstellungen – eine kritische Bilanz. In: Der Archivar, 1984, Sp. 55-62.

40 Weinforth, Friedhelm: Mit Flachware auf archivpädagogischer Wander-schaft. Erfahrungen mit der Konzeption und Organisation archivischer Wanderausstellungen. In: Der Archivar, 1995, Sp. 445-460.

41 Weinforth, Friedhelm: Mit „Flachware" die Vergangenheit plastisch gestalten – Archivalienausstellungen für Schüler und von Schülern. In: Lange: Geschichte – selbst erforschen, S. 218-229; vgl. auch ebd.: Rotermund, Gisela: Schubart in Ulm. Mittelstufenschüler gestalten eine Schulausstellung, S. 193-202; ein frühes Beispiel: Johé, Karl/Lange, Thomas: Historische Heimatkunde. Über eine lokalgeschichtliche Aus-stellung zur Weimarer Republik im Projektunterricht der gymnasialen Oberstufe. In: Beck, Johannes/Boehncke, Heiner (Hg.): Jahrbuch für Lehrer 4, Reinbek 1979, S. 172-190.

42 Diese Ausstellung wurde zum Hessentag am 4. Juni 1994 in Groß-

191

Gerau eröffnet und seitdem in mehr als 30 hessischen Orten gezeigt. Katalog: Franz, Eckhart G./Lange, Thomas: „möchten verbrennet werden". Ausgrenzung und Gewalt gegen Ketzer, Juden, Hexen ... auch in der hessischen Geschichte. 1994; hier S. 3 f.

43 ebd.; vgl. Schormann, Gerhard: Der Krieg gegen die Hexen. Göttingen 1991, S. 15 ff.

44 Vgl. Weinforth, Archivalienausstellungen, S. 223

45 Vgl. Schuster, Katja: Entdeckungen und Kolonialreiche. Schülerinnen und Schüler erstellen eine Website. In: Geschichte lernen, Heft 89/ 2002, S. 56-58.

46 So entstand aus der Wanderausstellung der hessischen Staatsarchive zur Geldgeschichte in Hessen eine digitale Fassung: *www.stad.hessen.de/ wechselgeld/tinh1.htm*

47 McLuhan, Marshall/Fiore, Quentin: Das Medium ist Massage. Frankfurt/M. 1969, S. 26, 125.

48 Lange, Thomas (Bearb., Hg.), zus. m. Fischer, Klaus/Laute, Günter/ Rafiei, Bijan/Schlicher, Patrick: „... fand den Heldentod". Feldpostbriefe und Lebensläufe von im Ersten Weltkrieg 1914-1918 gefallenen Darmstädter Soldaten. Ein Datenbankprojekt von Schülern der Bertolt-Brecht-Schule in Zusammenarbeit mit dem Stadtarchiv und dem Hessischen Staatsarchiv in Darmstadt. Darmstadt: Bertolt-Brecht-Schule 2000. (CD-ROM)

49 Wesentliche Anregungen erhielten wir durch: Humburg, Martin: Feldpostbriefe aus dem Zweiten Weltkrieg – Werkstattbericht zu einer Inhaltsanalyse; *www.hsozkult.geschichte.hu-berlin.de/beitrag/essays/feld.htm* (1998), vgl. Martin Humburg: Das Gesicht des Krieges. Feldpostbriefe von Wehrmachtssoldaten aus der Sowjetunion 1941–1944. Opladen 1998

50 Lebens- und Arbeitsbedingungen im Zeitalter der Industrialisierung. Gemeinsame europäische und regionale Perspektiven. CD-ROM. CULA-Arbeitsgruppe Wilhelm-Normann-Kollegschule, Herford (Heinrich-Pingel-Rollmann), mit: GRTC, Castlebar/Irland; Hopwood Hall College, Rochdale/England; Zespol Zskol Mechanicznych, Pabianice/Polen 1998. Bestellung: Wilhelm-Normann-Kollegschule, Hermannstr. 5, 32051 Herford.

51 Als Anregung: Homeier, Jobst-H.: Geschichte zum (Be)Greifen nah. Konzepte, Beispiele, Tips für den handlungsbezogenen Geschichtsunterricht. Essen 1993.

52 Würfel, Maria: Erlebniswelt Archiv. Eine archivpädagogische Handreichung. Hrsg. von der Landesarchivdirektion Baden-Württemberg und dem Ministerium für Kultus, Jugend und Sport Baden-Württemberg. Stuttgart 2000, S. 50 ff.

53 Vgl. Müller, Wolfgang: „Judaskinder" – eine Schülerin denunziert ihren Geschichtslehrer (1935). In: Knoch, Peter (Hrsg.): Spurensuche Geschichte. Anregungen für einen kreativen Geschichtsunterricht, Bd. 4: Von der Weimarer Republik bis zum Ende des Zweiten Weltkriegs. Stuttgart 1992, S. 64-66.

54 Zusammengestellt vom Archivpädagogen des Hessischen Staatsarchivs Darmstadt, gelesen von Schülern der Bertolt-Brecht-Schule, Darmstadt; vgl. Bericht im Darmstädter Echo 10.11.1988.

55 Informationen durch Philippe Bouet in den Archives départementales des Bouches-du-Rhône (Marseille), Frühjahr 2000; Debilly, Isabelle (Red.): La Cire et le plomb. Les sceaux provenceaux du moyen age. Marseille 1994.

56 www.schulmuseum.handshake.de

57 Die Archivmitarbeiterin Frau Marion Roth hat diesen Unterrichtsbaustein entwickelt; die folgenden Ausführungen basieren auf der von ihr durchgeführten und beschriebenen Arbeit.

58 Würfel, Erlebniswelt, S. 33.

59 Grotefend, Hermann: Zeitrechnung des deutschen Mittelalters und der Neuzeit. 2 Bde. (1891-1898), Neudruck: Aalen 1970.

5. Praktische Tipps

5.1 Vorbereitung auf einen Archivbesuch – ein „Merkzettel":

Archive sind – wie Museen – außerschulische Lernorte, doch sie unterscheiden sich von Museen dadurch, dass das „Lernmaterial" nicht umstandslos – in einer Ausstellung z.B. – zugänglich ist. Es muss aus riesigen Mengen an Material herausgesucht und zum „Benutzer", wie der archivische Leser heißt, gebracht werden. Um einen Archivbesuch zu erleichtern, folgen daher hier ein paar praktische Tipps zur Vorbereitung. Zunächst in Stichworten:

1. Thema finden und eingrenzen
2. Archiv herausfinden
3. Kontakt mit Archiv aufnehmen, Arbeitsbedingungen klären
4. Information über mögliche Quellen und Materialien einholen
5. Hilfsmittel organisieren
6. Findmittel durchsehen und Archivalien bestellen
7. Archivalien durcharbeiten: notieren, exzerpieren, kopieren, fotografieren
8. Ergebnisse ausarbeiten, Entscheidung über weitere Arbeit treffen

Nun etwas genauer:

1. *Thema finden und eingrenzen:* Am Anfang steht natürlich das Interesse an einer historischen Frage. Eine erste Lektüre in einschlägigen Büchern informiert über den Stand der Forschung und Darstellung – es könnte ja sein, dass ein Thema bereits so weit und so vollständig abgehandelt ist, dass ein Archivbesuch sich erübrigt. Andererseits findet man u.U. Hinweise auf interessante Bestände, die noch nicht vollständig durchgearbeitet sind – ein Anknüpfungspunkt.
Beispiel: Industrialisierung in Darmstadt und Südhessen.[1] *Hier gibt es noch keine einschlägige Gesamtdarstellung, nur über Einzelaspekte wurde publiziert. Daraus und aus dem allgemeinen Vorwissen ergaben sich Themenfelder: Einführung von Maschinen; Veränderung der Infrastruktur (Verkehr, Wohnungen, Kommunikation); beteiligte Menschen (Firmengründer, Arbeitskräfte); Position der Regierungsbehörden (För-*

derung, Behinderung der Entwicklung); Missstände: Frauen- und Kinderarbeit; Arbeitszeit; Arbeitsbedingungen; Arbeitskämpfe.

2. *Archiv herausfinden:* Die regionale Zuständigkeit der Archive ist mitunter verwickelt, hat sich historisch verändert, wenn Verwaltungs- oder Ländergrenzen sich verschoben haben. Bei Unsicherheit: das nächstgelegene Staatsarchiv (s. Kap. 3.1.2 u. Kap. 5.2) um Auskunft bitten. Für die Industrialisierung in Darmstadt und Südhessen sind ein Kommunalarchiv – das Stadtarchiv Darmstadt – und ein Staats- archiv – das Hessische Staatsarchiv Darmstadt – erster Anlaufpartner. Bei diesem Thema kann noch auf das Hessische Wirtschaftsarchiv – eine Einrichtung der hessischen Industrie- und Handelskammern – zurückgegriffen werden. Alle Einrichtungen befinden sich günstiger- weise im gleichen Gebäude, dem Haus der Geschichte in Darmstadt.

3. *Kontakt mit Archiv aufnehmen:* Dies geschieht traditionellerweise schriftlich. Allerdings sind die meisten Staatsarchive mittlerweile auch per E-Mail zu erreichen. Manchmal kann man grundsätzliche Fragen (z.B. Zuständigkeit) auch mit einem einfachen Anruf klären. Die Adressen der deutschen Staatsarchive: s. Kap. 5.2.

4. *Informationen über mögliche Quellen und Materialien* erhält man in der Regel durch eine schriftliche Anfrage. Allerdings kann dies auch eine vorläufige Information sein, je nach der Verwickeltheit des eigenen Anliegens bzw. der Komplexität der archivischen Bestände, die sich im Lauf der mehrhundertjährigen Archivgeschichte mitun- ter nicht mehr am ursprünglichen Ort befinden, bei Änderung von Ländergrenzen bzw. auch Zuständigkeit von Landkreisen oder Regierungspräsidien in andere Archive abgegeben wurden oder aber – doch dies eigentlich nur bei Themen, die vor 1803 angesiedelt sind – sich nach den territorialen Zuständigkeiten des „Alten Reiches" zersplittert haben. Das kann insbesondere bei ehemaligem, nach 1803 säkularisiertem Kirchenbesitz recht überraschende Fundorte ergeben.
Aber keine Angst: Hier kann man sich voll auf die Kompetenz der Archivarinnen und Archivare stützen, bei denen derartige Kenntnis- se sozusagen zum ABC gehören, zur täglichen Arbeit.

5. *Hilfsmittel:* Sehr oft bedeutet ein Archivbesuch, eine Reise zu unter- nehmen. Da ist es dann sinnvoll, sich mit den ganz profanen Ar- beitsmitteln auszustatten: Karteikarten, Papier, Schreibzeug (Vor-

sicht: In manchen Benutzersälen sind nur Bleistifte gestattet!). Der Laptop oder das Notebook sind mittlerweile ganz gebräuchliche Arbeitsmittel in den Benutzersälen der Archive geworden, aber man sollte sich erkundigen, ob ein elektrischer Anschluss für den Arbeitsplatz vorhanden ist. Da man nicht immer und auf jeden Fall nicht alle Archivalien kopieren darf, kann es ratsam sein, sich mit einer Kamera auszustatten. (Digitalkameras sind ideal, weil sie gleich über das Gelingen informieren.) Aber auch hier: Vorher fragen, ob dies möglich ist (Blitzlicht; Störung anderer Benutzer...). – Falls das gewählte Thema handschriftliches Material enthält – und auch im 20. Jahrhundert findet man oft handschriftliche Notizen auf maschinengeschriebenen Blättern – sollte man vorher das Lesen von Sütterlin trainiert haben (Anleitung und Übung: s.o. Kap. 3.5; unten: 5.3.1.1).

6. *Findmittel durchsehen:* Bisher kann man nur in Baden-Württemberg und Hessen Findbücher (zum Begriff s. Kap. 3.3.3) im Internet durchsuchen (soweit sie nicht aus Datenschutzgründen gesperrt sind; vgl. Kap. 1.3 und 3.3.2).[2] Da ist es dann auch möglich, bereits für den Tag der Anreise die gewünschten Akten vorzubestellen, so dass man sie im Benutzersaal vorfindet. Sonst sollte man sich über die Aushebezeiten informieren (Archivalien werden nicht geholt, sondern „ausgehoben"; übrigens auch nicht zurückgebracht oder -gestellt, sondern „reponiert"). In der Regel wird nur alle paar Stunden – zwei- bis dreimal am Tag – ausgehoben; auch gibt es – von Archiv zu Archiv unterschiedliche – Höchstzahlen für die Bestellung. Dies sollte man vorher erfragen und in seinem Zeitplan berücksichtigen, denn sowohl das Suchen in den Findbüchern wie das Ausfüllen von Benutzerantrag und Bestellzetteln braucht seine Zeit. Der Benutzerantrag dient einmal statistischen Zwecken – wer hat welche Archivalien in welcher Absicht benutzt (Wissenschaft, Schule, Familienforschung, Rechtsauskunft, Ortsnamenforschung, Ersterwähnung eines Ortes)? – zum andern kann er u.U. auch dazu genutzt werden, dass Forscher untereinander Kontakt aufnehmen. Falls die gesuchten Akten auf Grund von Schutzfristen (s.o. Kap. 1.3. und 3.3.2) nicht ohne weiteres zugänglich sind (weil – z.B. nach den hessischen Regeln – die darin erwähnten Personen vor weniger als 100 Jahren geboren wurden oder ihr Tod noch weniger als 10 Jahre zurück liegt), muss u.U. ein „Antrag auf Schutzfristenverkürzung" gestellt werden. Von der Homepage des Staatsarchivs Darmstadt (*www.stad. hessen.de*) kann ein solcher Antrag heruntergeladen werden.

196

Am Beispiel Industrialisierung: Hier kommen die Bestände der Landkreise zu Wirtschaft und Verkehr in Frage (Erlaubnis der Aufstellung von Maschinen, Arbeitsordnungen), der hessische Gewerbeverein (Wirtschaftsförderung), die Bildersammlung (sehr aussagekräftige Briefköpfe von Firmen), die Gewerbeinspektion (Frauen- und Kinderarbeit), die Amtsgerichte (Firmengründungen); für Arbeitskonflikte die Sicherheitspolizei in den Landkreisen (Streiks), aber auch die Generalstaatsanwaltschaft und das Innenministerium sowie die Nachlässe von sozialdemokratischen Politikern (Durchführung des Sozialistengesetzes). Darüber hinaus natürlich auch das Wirtschaftsarchiv (Jahresberichte der Industrie- und Handelskammern) und Firmenarchive. Für die Infrastruktur konnte auf die Bibliothek (Jahresberichte des Bauvereins für Arbeiterwohnungen, Bau des Bahnhofs) und das Stadtarchiv (Errichtung von Schlachthof und Hallenbad) zurückgegriffen werden. Für Bilder von Arbeitsstätten und Arbeitenden sind natürlich die Bild- und Fotosammlungen aller Archive zentral wichtig. Übrigens: Wenn man zur Vorbereitung ältere Bücher benutzt und dort Hinweise auf Archivalien findet, sollte man sich vergewissern, ob die Signaturen noch gültig sind. Durch die Zerstörungen des Zweiten Weltkrieges schmolzen manche Bestände zusammen und mussten neu signiert werden; davon abgesehen, haben manche Archivare die Angewohnheit, Bestände von Zeit zu Zeit umzuschichten, neu zu ordnen und entsprechend neu zu signieren.

7. *Durcharbeiten:* Dies ist natürlich der zentrale Teil der Arbeit, hier entscheidet sich der Lohn der Mühe oft schon bei der Auswahl dessen, was man für relevant hält. Dafür gibt es keine allgemeine Regel, das muss jeder für sein Thema entscheiden. Es gibt nur einen allgemeinen, aus der Erfahrung geborenen Rat: Erst einmal versuchen, sich einen Überblick zu verschaffen, welche Informationen in welchem Konvolut stecken; dabei sich Stichwörter und Fundstellen (Archivsignaturen, Daten, evtl. – bei durchpaginierten Beständen – Blattzahlen) notieren, u.U. an bestimmten Stellen einen Papierstreifen einlegen, dann findet man sich schneller zurecht. Kurze Notizen, vielleicht einige ausführlichere Exzerpte tragen mehr zur Übersicht bei als hemmungsloses Kopieren von Allem und Jedem. Dann muss man nämlich die Auswahlarbeit zu Hause noch mal machen, entdeckt, dass man Wichtiges vergessen und außerdem sehr viel Geld ausgegeben hat (manche Archive erheben sehr hohe Kopiergebühren, um ihre Archivalien zu schützen).

197

8. *Ergebnisse:* Selten wird man auf Anhieb alle nötigen Informationen in einem Aktenbündel finden. Schon die Sucharbeit, zu überlegen, wo die für das eigene Thema sinnvollen Informationen zu finden sind, bedarf eines Umdenkprozesses: Es gibt keine Inhaltsverzeichnisse, nur für sehr wenige Sachgebiete „thematische Inventare"[3] (s.o. Kap. 3.3.3) oder Datenbanken.[4] Das Grundprinzip der archivischen Ordnung in Deutschland ist das der „Provenienz", also der Herkunft aus einem Amt oder einer Behörde (s.o. Kap. 3.3). Natürlich erhält man Rat von Archivaren, wo man am besten suchen kann; doch ergibt sich vieles erst im Laufe der Arbeit. Man sollte sich bei allen Archiv-Projekten darauf einstellen, dass

a) der Suchaufwand oder die „Trefferquote" im Verhältnis von 1:10 steht (das ist eine willkürlich herausgegriffene Zahl; sie soll nur andeuten, dass Geduld, Zeit und Findigkeit zur Archivarbeit gehören);

b) das „Jagdfieber" oder der Detektivwahn sehr leicht von einem Besitz ergreift; Barbara Tuchman, die amerikanische Autorin von Historienbestsellern, schildert Archive als „verführerische Orte", aus denen manche Historiker „nie wieder herausgekommen sind".[5] Man sollte also ein pragmatisches Ende der Archivarbeit für sich bestimmen;

c) man Zeit braucht.

5.2 Archivadressen – Staatsarchive und ausgewählte Kommunalarchive:

Zunächst einige Portale, von denen aus man zu den Homepages von Archiven gelangen kann:

http://www.uni-marburg.de/archivschule/fv61.html
Links zu den Homepages der öffentlichen, öffentlich-rechtlichen und privaten Archive in Deutschland. Dort findet man auch die E-Mail-Adressen der Archive. Die Archivadressen sind auch nach regionalen Archivportalen in einzelnen Bundesländern zu suchen. Außerdem gibt es Links zu Archiven in Europa und Übersee, zu Archivgesetzen und Berufsverbänden.

http://www.c-wortmann.de/staatsarchive/
Staatsarchive in Deutschland – mit Links zu den Staatsarchiven, zu online verfügbaren Beständeübersichten, den Archivgesetzen des Bundes und der Länder sowie zu online verfügbaren Archivzeitschriften.

http://archiv.twoday.net/
„Archivalia" ist ein Weblog, das Einträge rund um das Archivwesen aufnehmen soll. Selbstverständnis: „Off topic ist alles, was nichts – bei grosszügiger Auslegung – zu tun hat mit der Berufspraxis von Archivarinnen und Archivaren (Staatsarchive, Stadtarchive usw.) sowie den Informationswünschen von Archivbenutzern und an Fachfragen des Archivwesens Interessierten." Mitarbeit der Leser ist möglich und erwünscht. Sehr umfangreiche Linkliste zu allem, was im weitesten Sinn Archive betrifft.

http://www.archivpaedagogen.de
E-Mail-Adressen von Archivpädagogen und Mitarbeiterinnen und Mitarbeitern für Historische Bildungsarbeit in Archiven sowie eine umfangreiche Literaturliste, Hinweise auf Internetpräsentationen und didaktische Veranstaltungen.

Adressen von Staatsarchiven und ausgewählten Kommunalarchiven

Abteilungen des Bundesarchivs:
Leitung, Abt. B Bundesrepublik und Sammlungen (Potsdamer Str. 1, 56075 Koblenz, Tel. 0261/505-0);

Abt. R Deutsches Reich 1867/71–1945 und DDR mit Stiftung Archiv der Parteien und Massenorganisationen der DDR (Finckensteinallee 63, 12205 Berlin, Tel. 01888-7770-0)

Abt. FA Filmarchiv Spiel- und Dokumentarfilme aus der DDR und der Bundesrepublik Deutschland, die mit staatlicher Förderung oder Beteiligung entstanden sind (Fehrbelliner Platz 3, 10707 Berlin; PF 31 06 67, 10636 Berlin; Telefon 01888-7770-0)

Abt. MA Militärarchiv (Wiesentalstr. 10, 79115 Freiburg PF 79024 Freiburg; Telefon 0761/47817-0)
Aachen-Kornelimünster: Zentralnachweisstelle für die Personalunterlagen der früheren Reichswehr und Wehrmacht. Bundesarchiv, (Abteigarten 6, 52076 Aachen, Tel. 02408/147-0)

Abt. LA Lastenausgleichsarchiv (Justus-Liebig-Str. 8A, 95447 Bayreuth; PF 5025, 95424 Bayreuth; Tel. 0921/4601-0)
Erinnerungsstätte für die Freiheitsbewegungen in der deutschen Geschichte (Schloss, Herrenstr. 18, 76437 Rastatt; PF 1235, 76402 Rastatt; Tel. 07222/77 139-0).

Zentrale Stelle zur Aufklärung nationalsozialistischer Verbrechen. Deren Akten und Dokumentensammlungen können seit dem 1. Januar 2000 auf der Grundlage einer Bund-Länder-Verwaltungsvereinbarung nach den Bestimmungen des Bundesarchivgesetzes benutzt werden (Bundesarchiv, Schorndorfer Str. 58, 71638 Ludwigsburg, Tel. 07141/899 214)

Geheimes Staatsarchiv Preußischer Kulturbesitz (Archivstr. 12-14, 14195 Berlin; Tel. 030/839 01 00)
Historisches Archiv mit umfangreicher (brandenburg-) preußischer zentraler bzw. provinzialer, staatlicher wie nichtstaatlicher Überlieferung „zwischen Königsberg und Kleve", d.h. der Staaten Brandenburg und Preußen, einschließlich des Hausarchives der Hohenzollern.

Politisches Archiv des Auswärtigen Amtes. Informationen zu den Beständen (seit 1871) und zur Benutzung:
http://www.auswaertiges-amt.de/www/de/infoservice/politik/ archiv_html#b
Postanschrift: Auswärtiges Amt, Politisches Archiv, 11013 Berlin

Archiv der Bundesbeauftragten für die Unterlagen des Staatssicherheitsdienstes der ehemaligen Deutschen Demokratischen Republik.
Zentralstelle Berlin: Otto-Braun-Straße 70/72, 10178 Berlin; PF 218, 10106 Berlin; Tel. 030/2324-50 oder 01888-665-0
http://www.bstu.de/home.htm
Im Archiv der Berliner Zentralstelle und in den Archiven der Außenstellen der Bundesbeauftragten wird die in den vier Jahrzehnten der Existenz des Ministeriums für Staatssicherheit (MfS) entstandene Hinterlassenschaft des ehemaligen Geheimdienstes der DDR verwahrt.
Die Homepage informiert über die Geschichte der DDR, des Ministeriums für Staatssicherheit, zu den Aufgaben der Behörde, zur Öffentlichkeitsarbeit u.v.m.

Land Baden-Württemberg

Hauptstaatsarchiv Stuttgart (Konrad-Adenauer-Str. 4, 70173 Stuttgart, Tel. 0711/212-4335

Staatsarchiv Ludwigsburg (Arsenalplatz 3, 71638 Ludwigsburg, Tel. 07141/18-6310) mit Außenstelle Hohenlohe-Zentralarchiv Neuenstein (Schloss, 74632 Neuenstein, Tel. 07942-2277)

Generallandesarchiv Karlsruhe (Nördliche Hildapromenade 2, 76133 Karlsruhe, Tel. 0721/926-2201)

Staatsarchiv Freiburg (Colombistr. 4, 79098 Freiburg/Br.; PF 323, 79003 Freiburg; Tel. 0761/380 60-0)

Staatsarchiv Sigmaringen (Karlstr. 1-3, 72488 Sigmaringen; PF 16 38, 72486 Sigmaringen; Tel. 07571/101-551)

Staatsarchiv Wertheim (Bronnbach Nr. 19, 97877 Wertheim, Tel. 09342/1037)

Stadtarchiv Ravensburg (Kuppelnaustr. 7, 88212 Ravensburg, Tel. 0751/82-201)
Zu den Mitarbeitern zählt ein Archivpädagoge.

Stadtarchiv Ulm (Schwörhaus, Weinhof 12, 89073 Ulm, Tel. 0731/161-4200)
Arbeitskreis „Schule und Archiv" und archivpädagogischer Dienst: Tel. 0731/161-4201 oder -4260.

Land Bayern

Bayerisches Hauptstaatsarchiv Abt. 1: Ältere Bestände; Abt. II: Neuere Bestände 19./20. Jh.; Abt. V. Nachlässe und Sammlungen (Schönfeldstr. 5, 80539 München; Tel. 089/286 38-2575); Abt. III. Geheimes Hausarchiv, Tel. 089/28638-2517; Abt. IV Kriegs-archiv (Leonrodstr. 57, 80636 München; Tel. 089/189 51-680; PF für alle Abt.: 221152, 80501 München)

Staatsarchiv Amberg (Oberpfalz), Archivstr. 3, 92224 Amberg, Tel. 09621/307 270
Staatsarchiv Augsburg (Schwaben), Salomon-Idler-Str. 2, 86159 Augsburg; Tel. 0821/599 63-30

Staatsarchiv Bamberg (Oberfranken), Hainstr. 39, 96047 Bamberg; PF 2668, 96017 Bamberg; Tel. 0951/98 622-0

Staatsarchiv Coburg (Zeughaus), Herrngasse 11, 96450 Coburg; Tel. 09561/42 707-0

Staatsarchiv Landshut (Niederbayern), Burg Trausnitz,
84036 Landshut; Tel. 0871/923 28-0

Staatsarchiv Nürnberg (Mittelfranken), Archivstr. 17, 90408
Nürnberg; Tel. 0911/935 190), mit Außenstelle Lichtenau
(Festung, von Heydeck-Str. 3, 91586 Lichtenau)

Staatsarchiv Würzburg (Unterfranken), Residenzplatz 2, 97070
Würzburg; PF 11 08 16, 97034 Würzburg; Tel. 0931/355 290

Stadtarchiv Nürnberg:
Stadt Nürnberg/Stadtarchiv, Marientorgraben 8, 90402 Nürnberg,
Tel.: 0911/231-2770, -2772
Breit gefächertes Angebot im Bereich der historischen Bildungs-
arbeit: Unterstützung und Förderung von Vereinen, Gruppen und
Initiativen, die zu stadtgeschichtlichen Themen arbeiten; gezielte
Zusammenarbeit mit Schulen, Universitäten und sonstigen
Bildungseinrichtungen

Stadtarchiv Rosenheim
Reichenbachstr. 1a, 83022 Rosenheim, Tel. 08031/361 439
Zusammenarbeit mit Schulen, Unterricht im Archiv
– Lehrerhandreichung je nach Altersstufe
– Facharbeiten aus dem Archiv
– Schülerausstellungen im Archiv
– Arbeitskreis „oral history" = Zeitzeugenbefragung durch Schüler

Stadtarchiv Passau
Rathausplatz 2, 94032 Passau, Tel. 0851/383 36-0 oder 396-249
Hier arbeitet ein „Pädagogischer Beauftragter"; Hilfe bei Facharbeiten.

Land Berlin

Landesarchiv Berlin (Eichborndamm 115-121, 13403 Berlin,
Tel. 030/902 64-0)

Land Brandenburg

Brandenburgisches Landeshauptarchiv, Leitung und Abt. I-III
(An der Orangerie 3, 14469 Potsdam; PF 60 04 49, 14404
Potsdam, Tel. 0331/5674-120);
Zentrales Grundbucharchiv u. Abt. III-IV (Zum Windmühlenberg,
14469 Potsdam-Bornim; PF 60 04 49 Potsdam, Tel. 0331/5674-0

Land Bremen

Staatsarchiv Bremen (Am Staatsarchiv 1, 28302 Bremen,
Tel. 0421/361 6221)
Ein Archivpädagoge steht im Staatsarchiv Bremen für die Betreuung
von Besuchergruppen, für Schulklassen und Universitätsseminare
zur Verfügung. Information: *www.archivpaedagogen.de/bremen*

Land Hamburg

Staatsarchiv Hamburg (Kattunbleiche 19, 22041 Hamburg,
Tel. 040/428 31-3200)

Land Hessen

An den drei Staatsarchiven sind archivpädagogische Arbeitsstellen
eingerichtet, die Schülerinnen und Schüler, Lehrerinnen und Lehrer
bei der Arbeit mit Archivdokumenten unterstützen.

Hessisches Hauptstaatsarchiv Wiesbaden (Mosbacher Str. 55,
65187 Wiesbaden, Tel. 0611/881-0)

Hessisches Staatsarchiv Darmstadt (Karolinenplatz 3, 64289
Darmstadt, Tel. 06151/165 900)
Nähere Information zur Archivpädagogik (Tel. 06151/165 954):
http://www.stad.hessen.de/archpaed.htm

Hessisches Staatsarchiv Marburg (Friedrichsplatz 15, 35037
Marburg, Tel. 06421/9250-0)
Arbeitsstelle Archivpädagogik (Tel. 06421/9250-136). Nähere
Information: *http://www.digam.net/data/digam/index.html*

Hessisches Wirtschaftsarchiv (Karolinenplatz 3, 64289 Darmstadt
Tel. 06151/165 00-0)

Institut für Stadtgeschichte, früher „Stadtarchiv" (Münzgasse 9,
60311 Frankfurt am Main, Tel. 069/212-36276)
„Geschichte konkret" für Schülergruppen (Unterricht, Projekte,
Einzelberatung), durch die Arbeitsstelle für Archivdidaktik,
Tel. 069/212-36276

Land Mecklenburg-Vorpommern

Mecklenburgisches Landeshauptarchiv Schwerin (Graf-Schack-Allee 2,
19053 Schwerin, Tel. 0385/592 96-0)

Vorpommersches Landesarchiv Greifswald (Martin-Andersen-Nexö-Platz 1, 17489 Greifswald, Tel. 03834/5953-0)

Land Niedersachsen

Die Staatsarchive in Niedersachsen unterstützen die historisch-politische Bildungsarbeit der Schulen und Hochschulen

Niedersächsisches Hauptstaatsarchiv Hannover (Am Archiv 1, 30169 Hannover, Tel. 0511/120-6601)

Niedersächsisches Staatsarchiv in Aurich (Oldersumer Str. 50, 26603 Aurich, Tel. 04941/176 660)

Niedersächsisches Staatsarchiv in Bückeburg (Schloss, 31675 Bückeburg, PF 1350, 31665 Bückeburg, Tel. 05722/9677-30)

Niedersächsisches Staatsarchiv in Oldenburg (Damm 43, 26135 Oldenburg, Tel. 0441/92 44 100)

Niedersächsisches Staatsarchiv in Osnabrück (Schloßstr. 29, 49074 Osnabrück, Tel. 0541/331 62-0)

Niedersächsisches Staatsarchiv in Stade (Am Sande 4 C, 21682 Stade, Tel. 04141/406-406)

Niedersächsisches Staatsarchiv in Wolfenbüttel (Forstweg 2, 38302 Wolfenbüttel, Tel. 05331/935-0)

Land Nordrhein-Westfalen

Nordrhein-Westfälisches Hauptstaatsarchiv (Mauerstr. 55, 40476 Düsseldorf, Tel. 0211/9449-02) mit Zweigarchiv Schloss Kalkum (40489 Düsseldorf-Kaiserswerth, Tel. 0211/940 75-0)
Archivpädagogischer Dienst Tel. 0211/944 97-128.
Einführungen in die Archivarbeit, Unterricht im Archiv, Workshops, Geschichtswerkstatt, Beratung bei der Teilnahme an historischen Wettbewerben, Beratung bei der Anfertigung von historischen Facharbeiten in der gymnasialen Oberstufe

Nordrhein-Westfälisches Staatsarchiv Münster (Bohlweg 2, 48147 Münster/Westf., Tel. 0251/4885-0)
Archivpädagogischer Dienst für Lehrer und Schüler.

Nordrhein-Westfälisches Staatsarchiv Detmold und Nordrhein-Westfälisches Personenstandsarchiv Westfalen-Lippe (Willi-Hofmann-Str. 2, 32756 Detmold, Tel. 05231/766-0)
Archivpädagogischer Dienst: Unterrichtseinheiten, Workshops für Schüler, Fortbildungsveranstaltungen f. Lehrer, T. 05231/766-102

Nordrhein-Westfälisches Personenstandsarchiv Rheinland (Schloßstr. 10-12, 50321 Brühl, Tel. 02232/945 38-0)

Kommunalarchiv Herford (Amtshausstraße 2, 32051 Herford, Tel. 05221/132 219)

Stadtarchiv Hilden (Am Holterhöfchen 34, 40724 Hilden, Tel. 02103/24 18 79 oder 24 20 95)

Stadtarchiv Münster (An den Speichern 8, 48157 Münster, Tel. 0251/492-4701) Historische Bildungsarbeit: Öffentlichkeitsarbeit, Ausstellungen und Dokumentationen, Führungen, Zusammenarbeit mit Bildungseinrichtungen und Vereinen, Tel. 492-4703

Stadtarchiv Ratingen, (Mülheimer Str. 47, 40878 Ratingen, Tel. 02102/550-4190/-4191)
Das Stadtarchiv versteht sich auch als eine Einrichtung der historischen Bildungsarbeit.

Stadtarchiv Remscheid, (Honsberger Str. 4, 42587 Remscheid, Tel. 02191/16-3260)

Land Rheinland-Pfalz

Landeshauptarchiv Koblenz (Karmeliterstr. 1-3, 56068 Koblenz; PF 201047, 56010 Koblenz, Tel. 0261/912 90)

Landesarchiv Speyer (Otto-Mayer-Str. 9, 67346 Speyer; PF 1608, 67326 Speyer, Tel. 06232/919 20)

Land Saarland

Saarländisches Landesarchiv Saarbrücken (Dudweilerstr. 1, 66133 Saarbrücken; PF 10 24 32, 66024 Saarbrücken)

Land Sachsen

Sächsisches Hauptstaatsarchiv Dresden (Archivstr. 14, 01097 Dresden, Tel. 0351/8006-0)

Sächsisches Staatsarchiv Chemnitz. Außenstelle des Sächsischen Hauptstaatsarchivs (Schulstr. 38, 09125 Chemnitz, Tel. 0371/334 79-0)

Sächsisches Bergarchiv. Außenstelle des Sächsischen Hauptstaatsarchivs (Kirchgasse 11, 09599 Freiberg, Tel. 03731/372-250)

Sächsisches Staatsarchiv Leipzig mit Deutscher Zentralstelle für Genealogie (Behördenzentrum Paunsdorf, Schongauerstr. 1, 04329 Leipzig, Tel. 0341/255-5500)

Land Sachsen-Anhalt

Landesarchiv Magdeburg – Landeshauptarchiv (Hegelstr. 25, 39104 Magdeburg, Tel. 0391/5664-3)
mit Außenstellen Wernigerode (Orangerie, Lindenallee 21, 38855 Wernigerode, Tel. 03943/262 68-0)

Landesarchiv Merseburg (König-Heinrich-Str. 83, 06217 Merseburg, Tel. 03461/4738-0)

Landeshauptarchiv Sachsen-Anhalt, Abteilung Dessau (Heidestr. 21, 06842 Dessau, Tel. 0340/519 896-0)

Land Schleswig-Holstein

Landsarchiv Schleswig-Holstein (Prinzenpalais, Gottorfstr. 6, 24837 Schleswig, Tel. 04621/861 800)

Land Thüringen

Thüringisches Hauptstaatsarchiv Weimar (Abteilung für neuere Bestände [ab 1920]: Marstallstr. 2, 99423 Weimar, Tel. 03643/870-0) – Abteilung für ältere Bestände [vor 1920], Beethovenplatz 3, Tel. 03643/871 98 315

Thüringisches Staatsarchiv Altenburg (Schloss 7, 04600 Altenburg; PF 1331, 04583 Altenburg; Tel. 03447/315 488)

Thüringisches Staatsarchiv Gotha (Schloss Friedenstein, 99867 Gotha; PF 10 04 24, 99854 Gotha; Tel. 03621/302 790)

Thüringisches Staatsarchiv Greiz, Friedhofstraße 1, 07973 Greiz; Tel. 03661/2537

Thüringisches Staatsarchiv Meiningen (Schloss Bibrabau, 98617 Meiningen; PF 10 06 54, 98606 Meiningen, Tel. 03693/446710)

Thüringisches Staatsarchiv Rudolstadt (Schloss Heidecksburg), 07407 Rudolstadt, Tel. 03672/4319-0

Stadtarchiv Rudolstadt (Stiftsgasse 2 – Altes Rathaus, 07407 Rudolstadt)

5.3 Archivpädagogische Veröffentlichungen in Druck und Internet

5.3.1 Im Druck: Einführungen in Archivarbeit mit praktischen Hilfen zu Schrift u.a.

DEGREIF, DIETER: Schrift muß keine Schranke sein – Kleine Einführung in die Entwicklung und das Lesen alter Schriften. In: Lange, Thomas (Hrsg.): Geschichte – selbst erforschen. Schülerarbeit im Archiv. Weinheim und Basel 1993, S. 128-158

KLOSE, DIETER (Bearb.): Lernort: Staatsarchiv Detmold. Einführungsheft und Themenhefte (Veröffentlichungen der staatl. Archive des Landes Nordrhein – Westfalen. Reihe G: Lehr- und Arbeitsmaterialien, Bd. 2). 2. Aufl. Detmold 1998

PIEPER, JOACHIM: Geschichte entdecken, erfahren und beurteilen. Eine Einführung in die Archivarbeit. Hrsg. vom Nordrhein-westfälischen Hauptstaatsarchiv Düsseldorf. Düsseldorf 2000

ROHDENBURG, GÜNTHER: Archiv. Verstaubt sind nur die Regale. In: Lothar Dittmer/Detlef Siegfried (Hrsg.): Spurensucher. Ein Praxisbuch für die historische Projektarbeit. Weinheim und Basel 1997, S. 36-49

SCHLÖPKE, WULF-INGO: Mittelalterliche Schreib-Werke. Eisengallus-tinte, Federkiel und Unziale. In: Praxis Geschichte, Heft 2/1997, S. 48-52 (mit einem Rezept zur Herstellung von Eisengallustinte)

SÜSS, HARALD: Deutsche Schreibschrift. Lesen und Schreiben lernen. Lehrbuch. Augsburg: Augustus Verlag 1992

WÜRFEL, MARIA: Erlebniswelt Archiv. Eine archivpädagogische Handreichung. Hrsg. von der Landesarchivdirektion Baden-

Württemberg und dem Ministerium für Kultus, Jugend und Sport Baden-Württemberg. Stuttgart 2000

5.3.2 Im Internet: Einführungen in Archivarbeit mit praktischen Hilfen zu Schrift u.a.

Forschen im Archiv – Ein Kurzlehrgang (Archivschule Marburg) (Archivbesuch, Beständeübersichten, Findmittel, Titelaufnahme) *www.uni-marburg.de/archivschule/nutzer/ArchBesuchMenue.html.*

„Ad fontes": Eine Einführung in den Umgang mit Quellen im Archiv (Universität Zürich) (Dokumente finden; Schriften lesen; Handschriften beschreiben; Zahlen, Maße, Münzen; Datierungen auflösen; Quellen erschließen; Quellen auswerten) *www.adfontes.unizh.ch/1000.php*

Lernwerkstatt Geschichte (Historisches Seminar der Universität Hannover) (u.a.: Quelle; Archive; Recherche im Archiv; oral history) *www.geschichte.uni-hannover.de/projekte/spurenfinden/*

Sütterlin-Lernprogramm (Historisches Seminar der Universität des Saarlandes) *www.uni-saarland.de/~m.hahn/slp2000.htm*

Amtliche Aktenkunde der Neuzeit. Ein hilfswissenschaftliches Kompendium von Jürgen Kloosterhuis. Auf der Homepage des Geheimen Staatsarchivs Preußischer Kulturbesitz. *www.gsta.spk-berlin.de/framesets/frameset.php*

5.4 Archivdokumente (Druck und CD-ROM)

Stadtarchiv Bamberg: Darstellungen und Quellen zur Geschichte Bambergs. Themen: Absolutismus und Barock; Aspekte des Nationalsozialismus; Handwerker und ihre Organisationen; Die jüdische Minderheit; Armut, Krankheit und Not. Bezugsadresse: Stadtarchiv Bamberg, Untere Sandstr. 30a, 96049 Bamberg, Tel. 0951/871 371

Staatsarchiv Bremen: In der Reihe „Kleine Schriften" sind mehrere Hefte „Texte und Materialien zum historisch-politischen Unterricht" erschienen.

Themen u.a.: 180 Jahre Volkszählung in Bremen; Arbeitsamt Bremen in der Weltwirtschaftskrise der 1920er und 30er Jahre; Wahlen 1848–1987; Bremer Frauen in der Weimarer Republik 1919–1933; Kinder und Jugendliche 1950 bis 1960; Frauenerwerbsarbeit in Bremen 1871–1914 und 1919–1933; zur Bremer Westafrika-Mission.
„Archivsplitter". Kleine Ergebnisse der Archivarbeit. Seit 1988 16 Hefte; Themen u.a.: Kriegsspielzeug; Rüstungsproduktion; Schulgeschichte; Bremer Stadtmusikanten; Sondergericht Bremen; Armut; Kriegsende 1945; Reichspogromnacht 1938; Flucht und Exil nach 1933; Bremen und Riga. Plakate zur Deutschen Einheit; Karl V. und Bremen
Bezugsadresse: Staatsarchiv Bremen, Am Staatsarchiv 1, 28203 Bremen. Tel. 0421/361 62-228

Stadtarchiv Buxtehude:
Quellen zur Geschichte der Stadt Buxtehude;
Thema: Industrialisierung; Arbeiterbewegung.
Bezugsadresse: Stadtarchiv Buxtehude, Stavenort 5, 21614 Buxtehude. Tel. 04161/501 359.

Staatsarchiv Darmstadt:
Geschichte im Archiv. Darmstädter Archivdokumente für den Unterricht. Bisher 6 Mappen mit faksimilierten Dokumenten und Einführungstexten. Themen: Geschichte der Juden; Wirkungen der Französischen Revolution; Hexenprozesse; Jugend in Darmstadt in den zwanziger und dreißiger Jahren; Revolution 1848/49; Industrialisierung in Darmstadt und Südhessen.
CD-ROM: „... fand den Heldentod." Briefe und Lebenszeugnisse Darmstädter Soldaten und ihrer Angehörigen. Ein Datenbankprojekt zum Ersten Weltkrieg von Schülern der Bertolt-Brecht-Schule, in Zusammenarbeit mit dem Stadtarchiv und dem Hessischen Staatsarchiv in Darmstadt.
Bezugsadresse: Hessisches Staatsarchiv, Karolinenplatz 3, 64289 Darmstadt. Tel. 06151/165 900.

Staatsarchiv Detmold:
Bisher 12 Themenhefte „Lernort Staatsarchiv". Hinweise auf archivische Quellen und thematisch gegliederte Aufgabenstellungen dazu. Themenschwerpunkte: Ostwestfalen in der Zeit der Wirtschaftskrise; Ostwestfalen und Lippe im Zweiten Weltkrieg; Umweltgeschichte in Ostwestfalen-Lippe; Der Pogrom von 9./10. Novem-

ber 1938 in Ostwestfalen-Lippe; „Stunde Null"? Ostwestfalen und
Lippe 1945; Kirche und Nationalsozialismus in Ostwestfalen und
Lippe; Widerstand und Verweigerung in Lippe 1933–1945;
Antisemitismus in Lippe in der Zeit des Kaiserreiches und der
Weimarer Republik; Lippische Kinder und Jugendliche unter dem
Hakenkreuz; 1848-Revolution in Lippe. Werbung.
Bezugsadresse: Staatsarchiv Detmold, Willi-Hofmann-Str. 2,
32756 Detmold. Tel. 05231/766 153.

Kommunalarchiv Herford:
Archivpädagogische Materialien. Themen: Genisa. Das verborgene
Erbe der deutschen Landjuden; Kriegsende und Befreiung; 150
Jahre Eisenbahn in der Region.
CD-ROM: CULA-Arbeitsgruppe (Hrsg.): „Als die Amerikaner
kamen..." Kriegsende und Befreiung in einer deutschen Kleinstadt
1945, Herford 1996.
Bezugsadresse: Kommunalarchiv Herford, Amtshausstr. 2,
32051 Herford. Tel. 05221/132 220.
CULA-Arbeitsgruppe (Hg.): Living and Working Conditions in the
Age of Industrialisation – Common European and Regional
Perspectives, Herford 1997.
Bezugsadresse: CULA-Arbeitsgruppe, Wilhelm-Normann-
Kollegschule, Hermannstr. 5, 32051 Herford

Staatsarchiv Marburg:
Geschichte im Archiv. Das nördliche Hessen – Zeugnisse seiner
Geschichte. Hrsg. von Hans-Peter Lachmann, Margret Lemberg
und Fritz Wolff (Staatsarchiv Marburg), erschienen in der
Außenstelle Marburg des Hessischen Instituts für Lehrerfortbildung.
Reformation; Absolutismus; Vormärz und Revolution von 1848,
Kurhessen wird preußisch 1866–1918; Die Weimarer Republik
und die Zeit des Nationalsozialismus
Bezugsadresse: Staatsarchiv Marburg, Friedrichsplatz 15,
35037 Marburg, Tel. 06421/92500
Weitere Publikationen im Internet, s. Kap. 5.3.2.2

Archive des Kreises Mettmann
in Zusammenarbeit mit dem Nordrhein-Westfälischen Hauptstaatsarchiv Düsseldorf (Hg.), Wolfgang Antweiler u.a. (Bearb.):
Zwangsarbeit im Kreis Mettmann. Darstellungen und Materialien
für den Unterricht. Hilden 2003. Mit zusätzlicher Materialauswahl
auf CD-ROM

Stadtarchiv Münster:
Geschichte original am Beispiel der Stadt Münster. Hrsg. von Hans
Galen, Franz-Josef Jakobi u.a. Sammelmappen mit Texten und
(faksimilierten) Materialien. Seit 1978 22 Mappen. Themen u.a.:
Utopia 1534/35; Der Westfälische Friede; Absolutismus; Juden in
Münster; Die Hansestadt; Revolution 1848; Erster Weltkrieg und
Revolution 1914-1919; Die Zeit der Weimarer Republik; Die
Machtergreifung der Nationalsozialisten; Im Inferno des Bomben-
krieges; 1945/46: Ende und Neubeginn; Pest und Lepra; Annette
von Droste-Hülshoff.
Das Stadtarchiv erinnert. Dokumentationen von Ausstellungen. Seit
1987 5 Hefte; Themen: Erste Kommunalwahl 1946; Judenpogrom
1938; Kaiserbesuch 1907; Stadtweiterungen und Eingemeindun-
gen Münsters im 19. und 20. Jh.; Bürger-Initiativen zur Stadtgeschichte.
Bezugsadresse: Stadtarchiv Münster, Hörsterstr. 28,
48143 Münster, Tel. 0251/492-4703.

Stadtarchiv Ratingen:
Schriftenreihe des Stadtarchivs Ratingen, Reihe C. Seit 1990 4
Hefte; Themen: Schulchroniken; Ratinger Frauen in der Kaiserzeit;
Zaubereianklagen in Ratingen und Umgebung; Juden in Ratingen.
Bezugsadresse: Stadtarchiv Ratingen, Mülheimer Str. 47,
40878 Ratingen, Tel. 02102/98 24 43.

Stadtarchiv Ravensburg:
Quellen aus dem Stadtarchiv Ravensburg für den Geschichtsunter-
richt. Bisher 8 Hefte, Themen u.a.: Nachkriegszeit; Weimarer
Republik; Reformation; Mittelalterliche Stadtgeschichte.
Bezugsadresse: Stadtarchiv Ravensburg, Kuppelnaustr. 7,
88212 Ravensburg, Tel. 0751/822 01.

Historisches Zentrum Remscheid:
Unterrichtsmaterialien aus dem Stadtarchiv; Themen u.a:
Widerstand und Verfolgung 1933-1945; Juden in Remscheid;
Kapp-Putsch 1920;
Bezugsadresse: Historisches Zentrum Remscheid; Cleffstr. 2,
42855 Remscheid, Tel. 02191/162 519

Damme (Oldenburg):
„Jetzt geht's in die Männer mordende Schlacht ..." Das Kriegstage-
buch von Theodor Zuhöne 1914–1918. Bearbeitet und heraus-
gegeben im Auftrag des Dammer Heimat- und Verschönerungsver-

eins „Oldenburgische Schweiz" von Jürgen Kessel. Damme 2002. e-books des Heimatvereins, Bd. 1. CD-ROM, 15,– Euro. (Zu bestellen bei: Heimat- und Verschönerungsverein Damme, Konradstr. 9, 49401 Damme)

Stadtarchiv Ulm:
Quellen zur Ulmer Stadtgeschichte. Die freie Reichsstadt Ulm in Mittelalter und Neuzeit; Ulm im Übergang vom Handwerk zur Industrie; Machtergreifung und Gleichschaltung; Parteiengeschichte und Weltwirtschaftskrise in Ulm, Entwicklung der NSDAP, Machtergreifung und Gleichschaltung; Wohnen und Arbeiten; Wirtschaft – die Barchentindustrie Heft + CD; Ulm im ersten Nachkriegsjahrzehnt
Bezugsadresse: Stadtarchiv Ulm; Schwörhaus, Weinhof 12, 89073 Ulm, Tel. 0731/161 42 01.

Hauptstaatsarchiv Wiesbaden:
Ausstellungskataloge mit Materialien: Juden in Wiesbaden von der Jahrhundertwende bis zur „Reichskristallnacht"; Flüchtlinge und Vertriebene in Wiesbaden und Hessen; Auswandererschicksale aus drei Jahrhunderten; Revolution 1848. Dokumentation: Kriegs-reifeprüfung. Kriegsalltag, Kriegswirklichkeit und Kriegsende im Urteil Wiesbadener Schüler 1914–1918.
Bezugsadresse: Hessisches Hauptstaatsarchiv, Mosbacher Str. 55, 65187 Wiesbaden, Tel. 0611/88 11 56.

5.5 Digitale Archive, digitale Archivausstellungen bzw. archivische Quelleneditionen im Internet

Bundesarchiv:
Ausgewählte Dokumente zur Zeitgeschichte
http://www.bundesarchiv.de/aktuelles/aus_dem_archiv/dokument/index.html

Virtuelle Ausstellungen:
http://www.bundesarchiv.de/aktuelles/aus_dem_archiv/galerie/index.html
Themen: Landeserschließung im Spiegel deutscher Kolonialkarten; Der Krieg gegen die Herero 1904; Über Vorgeschichte, Anlass, Verlauf und Folgen der Streiks und Demonstrationen im Juni 1953 in der DDR (digitale Auswahl einer umfassenden Ausstellung); Plakate politischer Parteien nach 1918; Filmplakate 1912–1931;

Texte deutscher Verfassungen, auch der historischen Vorgänger der Bundesländer
http://www.verfassungen.de/de/index.htm

Virtuelle Ausstellungen aus spanischen Archiven
http://www.cultura.mecd.es/archivos/jsp/plantillaAncho.jsp?id=7

Virtuelle Archiv-Ausstellungen in Frankreich: Expositions-Ressources pédagogiques
http://www.culture.fr/ArchivesHistoire/c84/expositionmanifestation

Virtuelle Ausstellungen von Archiven in Nordfrankreich:
http://www2.ac-lille.fr/patrimoine-caac/

Nordfrankreich im Ersten Weltkrieg – Le Nord en Guerre 1914–18
http://www2.ac-lille.fr/patrimoine-caac/lenordenguerre/ot.htm

Staatsarchiv Bremen:
Unterrichtsmaterialien: Siegel der Stadt Bremen – Hartmut Müller
Karl V., Bremen und die Kaiserdiplome von 1541 – Bremens Weg in die Selbständigkeit. Ein historischer Abriss
http://www.archivpaedagogen.de/bremen/UNTERRIC.HTM
Quellen: Die Privilegien Karls V.
http://www.archivpaedagogen.de/bremen/QUELLEN.HTM

In Zusammenarbeit der Universität Lüneburg, des Niedersächsischen Hauptstaatsarchivs Hannover, des Staatsarchivs Hamburg:
Digitale Ausstellung zur Zwangsarbeit im Landkreis Harburg
http://www.lkharburg.de/Kreishaus/ns/index.html

Landesarchivdirektion Baden-Württemberg:
http://www.lad-bw.de/digpro/praes.htm
Themen: Zensur in der Revolutionszeit 1848/49; Die Stiftungsurkunde für das Kloster Gottesaue von 1110; Berufsverbot für jüdische Rechtsanwälte 1933; Eine Augenscheinkarte aus dem Jahre 1575; Große kurpfälzische Rheinstromkarte; Habsburger Einkünfterodel. um 1291

Hessisches Staatsarchiv Marburg – Digitales Archiv: Offenes Haus der Geschichte
http://www.digam.net/data/digam/index.html
Themen: Geschichte im Archiv. Das nördliche Hessen – Zeugnisse seiner Geschichte (Einzelthemen s. Kap. 5.3.2.1, gedruckte Quellen); Abitur Wilhelm II. 1876; Reichsgesetzblatt 1930-34 (Auszüge); Dr. Roland Freisler: Beleidigung der republikanischen

Staatsform 1926/27; NS-Revolution 1933/34; Georg August Zinn: „Unsere Aufgabe heißt Hessen" (Hessischer Ministerpräsident 1950–1969); Marburg 1945–46

Hessisches Staatsarchiv Darmstadt: Digitales Archiv
http://www.stad.hessen.de/DigitalesArchiv/index.html
Themen: Industrialisierung; Erster Weltkrieg; Zwangsarbeit; Nachkriegszeit 1945–1949; Hexenverfolgung

Stadtarchiv Münster
http://www.muenster.de/stadt/archiv/
Digitale Ausstellungen: Kongreßstadt Münster 1643–1649; Armut, Not und gute Werke. Soziale Stiftungen in Münster; Zwangsarbeit in Münster 1939–1945

Stadt Frankfurt am Main: Institut für Stadtgeschichte, Historisches Museum Frankfurt, Fritz-Bauer-Institut, Jüdisches Museum Frankfurt
Internetpräsentation Frankfurt am Main 1933–1945
http://www.frankfurt1933-1945.de/
Zugang über drei Zugangsebenen innerhalb des Portals „Topographie der NS-Zeit in Frankfurt am Main":
– Topographischer Zugang
– Chronologie der Ereignisse
– Thematische Gliederung

„server frühe neuzeit"
Quellen zur Hexenverfolgung:
http://www.hexenforschung.historicum.net/etexte/

Quellen zur Französischen Revolution:
Reiseberichte: *http://www.revolution.historicum.net/quellen/index.html*
Biographien: *http://www.revolution.historicum.net/biographien/index.html*

5.6 „Schule und Archiv" – archivpädagogische Unterrichtseinheiten auf dem bayerischen Bildungsserver (z.T. mit digitalisierten Quellen)

http://www.schule.bayern.de/forum/archiv/berichte.htm
Seit 1999 haben Lehrer und Archivare mit Schülern verschiedener Jahrgangsstufen an bayerischen Staats- und Stadtarchiven eine Reihe von landeshistorischen Themen erarbeitet. „Neben zusätzlichen

historischen Erkenntnissen soll den Schülern gleichzeitig die große Bedeutung der Einrichtung Archiv als ‚Gedächtnis eines Staates‘ vermittelt werden. Die hohe Motivationskraft des historischen Lernens mit originalen Dokumenten ‚vor Ort‘ vermag zu einer wesentlichen Bereicherung des Geschichtsunterrichts an bayerischen Gymnasien beizutragen.“

Ausführliche Darstellungen der einzelnen Unterrichtsvorhaben mit detaillierten Stundenplanungen sollen zum Archivbesuch ermuntern und ihn vorbereiten; ein Anhang von (digitalisierten) Archivdokumenten erlaubt aber auch ein Arbeiten im Klassenzimmer.

Themen (Auswahl):

Jgst. 8: Lola Montez als Auslöser für den Rücktritt Ludwigs I.

Jgst. 11: Der Besuch Maria Theresias im Fürstbistum Würzburg im Jahre 1745

Jgst. 7: Markt und Handel im mittelalterlichen Landshut (Stadtarchiv Landshut)

Jgst. 12: Deutschland unter dem Nationalsozialismus (Akten der Gestapostelle Würzburg) (Staatsarchiv Würzburg)

Jgst. 8: Der Übergang des Hochstifts Bamberg an das Kurfürstentum Bayern 1802/03 (Staatsarchiv Bamberg)

Jgst. 9: Erster Weltkrieg – Heimatfront (Hauptstaatsarchiv München)

Jgst. 10: Die Nachkriegszeit in der Oberpfalz. Entnazifizierung, schwarzer Markt und Währungsreform (Staatsarchiv Amberg)

Jgst. 8 u. 11: Die Säkularisierung in Bayern 1803 (Staatsarchiv Augsburg)

Jgst. 11: Spätmittelalterliche Stadtverfassungen (Stadtarchiv Straubing)

Anmerkungen

1   Ich beziehe mich hier beispielhaft auf eine eigene Arbeit: Lange, Thomas (Hrsg., Bearb.): „...ein reger Eifer zum Fortschreiten“. Industrialisierung in Darmstadt und Südhessen. Dokumente 1853–1914 (Darmstädter Archivdokumente für den Unterricht Nr. 6) Darmstadt: Hessisches Wirtschaftsarchiv – Hessisches Staatsarchiv Darmstadt 2000.

2   Um einen Eindruck vom Umfang zu geben: Das Hessische Archiv-Dokumentations- und -Informationssystem (HADIS) enthält u.a. die ausführlichen Bestandsbeschreibungen aller 1135 Bestände sowie mehr als 1 Mio. Titelaufnahmen von Archivalien des Staatsarchivs Darmstadt – sofern ihre Veröffentlichung nicht auf Grund rechtlicher Vorschriften ausgeschlossen ist. Damit sind rund 90% der vorhandenen Findmittel online recherchierbar. – Die Bibliotheks-Datenbank umfasst rund 53 000 Titelaufnahmen, darunter zahlreiche Aufsätze aus archivischen und historischen Fachzeit-

schriften. – In der Plakat-Datenbank sind die verzeichneten Teile der Plakat-Sammlungen von Staatsarchiv, Stadtarchiv und der Landes- und Hochschulbibliothek Darmstadt enthalten, insgesamt rund 8 000 Stücke. – Die Datenbank der Karten und Pläne umfasst den gesamten verzeichneten Teil der P-Abteilungen des Staatsarchivs (rd. 45 000 Nrn.) und einzelne Stücke von Stadtarchiv und Hessischer Landes- und Hochschulbibliothek.

3   Z.B. im Hessischen Staatsarchiv Darmstadt – auf der Homepage einsehbar – ein „Quelleninventar zur Zwangsarbeit im Volksstaat Hessen 1933–1945"; es wurde eingerichtet, als im Zuge der Entschädigungen für ehemalige Zwangsarbeiter die Anfragen von Historikern oder Kommunen lawinenartig zunahmen: Archivalien des Hessischen Staatsarchivs Darmstadt zum Einsatz und zur Behandlung ausländischer Arbeitskräfte (Zivilarbeiter, Kriegsgefangene, Strafgefangene, Sonstige) in der Kriegswirtschaft des ‚Dritten Reiches' sowie zu den Folgen des Arbeitseinsatzes nach Kriegsende. Dazu: Rack, Klaus-Dieter: Archivalische Quellen des Staatsarchivs Darmstadt – Möglichkeiten und Grenzen der Forschung und der Nachweisbeschaffung für erlittene Zwangsarbeit. Stand: 21. August 2001. – *http://www.stad.hessen.de/aktuell.htm* – Beispiel für thematische Inventare: Quellen zu Widerstand und Verfolgung unter der NS-Diktatur in hessischen Archiven; Übersicht über die Bestände in Archiven und Dokumentationsstellen/bearb. von Herbert Bauch; Volker Eichler; Ulrich Eisenbach. Wiesbaden 1995 (Veröffentlichungen der Historischen Kommission für Nassau; 57). – Quellen zur Geschichte der Juden im Hessischen Staatsarchiv Darmstadt 1080–1650/Bearb. von Friedrich Battenberg, Wiesbaden 1995 (Quellen zur Geschichte der Juden in hessischen Archiven; 2. Verlag: Kommission für die Geschichte der Juden in Hessen).

4   Auswanderung aus Südwestdeutschland. Eine Dokumentation von Hauptstaatsarchiv Stuttgart und Generallandesarchiv Karlsruhe. „Hier haben Sie Zugriff auf den gesamten Datenbestand der Auswandererdatenbank. Dieser umfasst zur Zeit etwa 250 000 Datensätze mit Hintergrundinformationen über die Auswanderung einzelner Personen sowie ganzer Familien." *http://auswanderer2.lad-bw.de:8080/auswanderer/deutsch/index.htm*. Weitere Auswanderer-Datenbanken unterschiedlicher Organisationen und Institutionen werden angezeigt: *http://ahnenforschung.net/dir/de/auswanderung/Auswandererdatenbanken...*

5   Tuchman, Barbara: Die Häuser der Forschung, in: dies.: In Geschichte denken. Frankfurt/M: Fischer Taschenbuch 1984, S. 90-93. – Lange, Thomas: Detektivarbeit bei der Quellensuche. In: Journal Geschichte, 6 (1990), H. 3, S. 4-9

216

Literatur

1. Kapitel: Suchen, Finden, Sammeln

Franz, Eckhart: Einführung in die Archivkunde. 5. Aufl., Darmstadt 1999

Henke, Klaus-Dietmar (Hrsg.): Wann bricht schon mal ein Staat zusammen? Die Debatte über die Stasi-Akten auf dem 39. Historikertag 1992. München 1993

te Heesen, Anke (Hrsg.): cut and paste um 1900. Der Zeitungsausschnitt in der Wissenschaft. Kaleidoskop Heft 4, Berlin 2002

Suckut, Siegfried; Weber, Jürgen (Hrsg.): Stasi-Akten zwischen Politik und Zeitgeschichte. Eine Zwischenbilanz. München 2003

Vismann, Cornelia: Akten. Medientechnik und Recht. Frankfurt/M. 2000

2. Kapitel: Archivpädagogik und Historische Bildungsarbeit
2.1 Internationale Entwicklung
Frankreich:

www.archivesdefrance.culture.gouv.fr/fr/annuaire/DAFanmain.html

http://www.portail.culture.fr/sdx/pic/culture/int/rubrique.xsp?id=c64

Großbritannien: The National Archives – Public Record Office – Education Service: www.archives.org.uk/education

Internationale Archivzeitschriften:
Archiwum (1951–2000)
Janus (1983–2000)
Comma (seit 2001)

Die Zeitschrift der polnischen KARTA-Organisation – „Karta" erscheint seit 1991. Drei deutschsprachige Sammelausgaben von älteren Beiträgen erschienen bis 2003: Karta. Zeitzeugnisse aus Ostmitteleuropa. Historische Zeitschrift. Kontakt: deutsche Redaktion: karta-dt@t-online.de

Ergebnisse der Geschichtswettbewerbe in Russland:
Scherbakowa, Irina (Hrsg.): Russlands Gedächtnis. Jugendliche entdecken vergessene Lebensgeschichten. Hamburg 2003

Ähnlich aus Polen: Wancerz-Gluza, Alicja (Hrsg.): Grenzerfahrungen. Jugendliche erforschen deutsch-polnische Geschichte. Hamburg 2003

2.2 Von der Quellenanalyse im Geschichtsunterricht zur Archivpädagogik und 2.3 Der kulturelle Auftrag der Archive
Zeitschriften:

Der Archivar. Mitteilungsblatt für das deutsche Archivwesen (seit 1947); hrsg. vom Nordrhein-Westfälischen Hauptstaatsarchiv

Archivalische Zeitschrift (seit 1876); hrsg. vom Bayerischen Hauptstaatsarchiv München

Archiv – Bildung – Pädagogik: Mitteilungsblatt der MitarbeiterInnen der Historischen Bildungsarbeit und der ArchivpädagogInnen an Staats- und Kommunalarchiven der Bundesrepublik Deutschland; seit 1996. Seit 2000 nur noch als Internetversion: www.archivpaedagogen.de; hrsg. von Günther Rohdenburg, Staatsarchiv Bremen

2.2.2 Werkstätten contra Lehrstühle

Eine Zeitschrift, die sich besonders den „neuen" Themen der Alltags- und Kulturgeschichte widmet:

WerkstattGeschichte (seit 1993; 1983–1992: Geschichtswerkstatt, Zeitschrift für Regional- und Alltagsgeschichte).

Didaktische Zeitschriften, die Material für den Unterricht veröffentlichen und dabei oft auf direkte Archiv-Forschung zurückgreifen:
Praxis Geschichte, seit 1987
Geschichte lernen, seit 1987
Geschichte aus erster Hand, seit 1998

2.2.3 Identität durch Archive?

Greverus, Ina-Maria: Auf der Suche nach Heimat. München 1979

Mütter, Bernd; Uffelmann, Uwe (Hg.): Emotionen und historisches Lernen. Forschung – Vermittlung – Rezeption. Frankfurt/M. 1992

Knoch, Peter; Leeb, Thomas (Hg.): Heimat oder Region? Grundzüge einer Didaktik der Regionalgeschichte. Frankfurt/M. 1984

2.2.4 Über Archivdokumente zum reflektierten Geschichtsbewusstsein

Lange, Thomas (Hg.): Geschichte – selbst erforschen. Schülerarbeit im Archiv. Weinheim und Basel 1993

Link, Roswitha: Geschichtsunterricht und Archiv. Möglichkeiten und Grenzen der Betreuung von Schülern bei der Arbeit mit Archivmaterialien. In: Geschichte, Politik und ihre Didaktik, Jg. 15 (1987), H. 1/2, S. 102-107

Lipski, Stephan: Das Archiv als Lernort für den Geschichtsunterricht. Thesen zum Stellenwert von Archivarbeit für die Referendarausbildung. In: Geschichte, Politik und ihre Didaktik, Heft 3/4, 2002, S. 234-236

Pieper, Joachim: Die Archivpädagogik im Nordrhein-Westfälischen Hauptstaatsarchiv. Düsseldorf zwischen Tradition, Kontinuität und Moderne. In: Der Archivar, Jg. 53, 2000, S. 304-314

Rohdenburg, Günther (Hg.): „Öffentlichkeit herstellen – Forschen erleichtern!" 10 Jahre Archivpädagogik und historische Bildungsarbeit – Vorträge zur Didaktik. Hamburg 1998. (Zuerst: dass.: Kleine Schriften des Staatsarchivs Bremen, H. 24. Bremen 1996)

Rohdenburg, Günther: „... sowohl historisch als auch pädagogisch, didaktisch und archivarisch qualifiziert...". Zur Geschichte der „Archivpädagogen" als Mitarbeiter der historischen Bildungsarbeit an Archiven. In: Der Archivar, Jg. 53, 2000, S. 225-229

Schreiber, Waltraud: Reflektiertes und (selbst-)reflexives Geschichtsbewusstsein durch Geschichtsunterricht fördern – ein vielschichtiges Forschungsfeld der Geschichtsdidaktik. In: Zeitschrift für Geschichtsdidaktik, Jahresband 2002, S. 18-43

Würfel, Maria: Choc par les documents – Archivalische Menschenrechte. In: Geschichte in Wissenschaft und Unterricht (GWU), Jg. 34 (1983), H. 5, S. 271-297

2.3: Der kulturelle Auftrag der Archive

Booms, Hans: Öffentlichkeitsarbeit der Archive – Voraussetzungen und Möglichkeiten. In: Der Archivar, Jg. 23 (1970), Sp. 25 f.

Franz, Eckhart G.: What makes an Archive Successful? The „House of History" concept. In: Journal of the Society of Archivists, Vol. 16, Nr. 1, 1995, S. 71-76

Gussek-Revermann, Anja; Jakobi, Franz-Josef; Lambacher, Hannes; Link, Roswitha: Das Stadtarchiv Münster – ein Zentrum städtischer Erinnerungs-kultur. In: Westfälische Forschungen 51 (2001), S. 59-74

Hoffmann, Katharina: Lernort Archiv. Ein Überblick über die Archivpäd-agogik in der Bundesrepublik Deutschland. In: Archiv-Nachrichten Niedersachsen, 6/2002, S. 69-76

Jakobi, Franz-Joseph: Zur didaktischen Dimension der Archivarbeit. In: Schönemann, Bernd; Uffelmann, Uwe; Voit, Hartmut (Hg.): Geschichtsbe-wusstsein und Methoden historischen Lernens. Weinheim 1998, S. 227

Kretzschmar, Robert: Staatliche Archive als bürgernahe Einrichtungen mit kulturellem Auftrag. In. Der Archivar, 2003, S. 213-220

Krimm, Konrad; John, Herwig (Hg.): Archiv und Öffentlichkeit. Aspekte einer Beziehung im Wandel. Zum 65. Geburtstag von Hansmartin Schwarzmaier. Stuttgart 1997

Link, Roswitha: Lernort Archiv. In: Schönemann, Bernd u.a. (Hg.): Geschichtsbewusstsein und Methoden historischen Lernens. Weinheim 1998. S. 238-245

Ruppel, Hans-Georg: Erzählte Geschichte – Überlieferungsbewahrung in einem kommunalen Archiv am Beispiel Offenbach. In: Archive und Kulturgeschichte. Referate des 70. Deutschen Archivtags 1999 in Weimar (Der Archivar, Beiband 5). Siegburg 2001, S. 213-214

Taddey, Gerhard: Öffentlichkeitsarbeit – eine Aufgabe der Staatsarchive? In: Krimm, Konrad; John, Herwig (Hg.): Archiv und Öffentlichkeit. Aspekte einer Beziehung im Wandel. Zum 65. Geburtstag von Hansmartin Schwarzmaier. Stuttgart 1997, S. 267-274

Wagner, Johannes Volker: Archivalienausstellung als Mittel historischer Bildungsarbeit. Didaktische Zielsetzungen und gestalterische Möglichkeiten. In: Der Archivar, Jg. 26 (1973), Sp. 639- 660

Wagner, Johannes Volker (Hg.): Das Stadtarchiv: Schatzkammer – For-schungsstätte – Erlebnisort. Essen 2004

3. Kapitel: Archive sind aufregend

Brüning, Rainer; Heegewaldt, Werner (Übers., Bearb.): Internationale Grundsätze für die archivalische Verzeichnung, 2. Aufl., Marburg 2002

Englert, Marianne; Lange, Eckhard; Schmitt, Heiner; Stülb, Hans-Gerhard (Hg.): Vernetzungen. Archivdienstleistungen in Presse, Rundfunk und Online-Medien. Münster, Hamburg, Berlin, London 2001

Handbuch für Wirtschaftsarchive. Theorie und Praxis. Hrsg. v. Kroker, Evelyn; Köhne-Lindenlaub, Renate; Reininghaus, Wilfried. München 1998

Nimz, Brigitta (Red.): Aufgaben kommunaler Archive – Anspruch und Wirklichkeit. Münster 1997

Reimann, Norbert (Hg.): Praktische Archivkunde. Ein Leitfaden für Fachangestellte für Medien- und Informationsdienste, Fachrichtung Archiv. Münster 2004

3.4 Archive sichern Schätze – der Blick in die Magazine

Beck, Friedrich; Henning, Ekhart: Die archivalischen Quellen. Mit einer Einführung in die historischen Hilfswissenschaften. Köln, Weimar, 3. überarb. u. erw. Aufl., Berlin 2003

3.5 Schreiben und Lesen will (neu) gelernt sein

Degreif, Dieter: Schrift muß keine Schranke sein! Eine Einführung in die Entwicklung und das Lesen alter Schriften. In: Lange, Thomas (Hg.), Geschichte – selbst erforschen. Schülerarbeit im Archiv. Weinheim, Basel 1993, S. 128-158

Eckardt, Hans Wilhelm; Stüber, Gabriele; Trumpp, Thomas: „Thun kund und zu wissen jedermanniglich". Paläographie – Archivalische Textsorten – Aktenkunde. Köln 1999

Grun, Paul Arnold: Schlüssel zu alten und neuen Abkürzungen. Nachdruck der Ausgabe 1966 Limburg/Lahn 1984

Neubecker, Ottfried: Wappenkunde, Luzern 1988 (Sonderausg. München 2002)

Süß, Harald: Deutsche Schreibschrift. Lesen und Schreiben lernen. Lehrbuch. München 2002

Trapp, Wolfgang: Kleines Handbuch der Maße, Zahlen, Gewichte und Zeitrechnung, 3. erw. Aufl., Stuttgart 1998

4. Kapitel: Lernend forschen – forschend lernen

4.1 Unterricht im Archiv

Bauer, Hans: Schüler im Archiv. Schüler arbeiten mit originalen Schriftquellen ihres Heimatortes. In: Praxis Geschichte 3/1989, S. 50-55

Kessel, Jürgen: Kirchenbücher als historische Quelle, ein Werkstattbericht. In: Geschichte, Politik und ihre Didaktik, Jg. 22 (1994), H. 3/4, S. 206

Klein, Ulrike; Kosmala; Beate, Sophie Schöll, Anja Dittmann (Hg. u. Bearb.); unter Mitarbeit von Tobias Dette, Rouven Kunitsch, Thomas Lange: Jüdische Schüler am Darmstädter Ludwigs-Georgs-Gymnasium in den zwanziger und dreißiger Jahren. Darmstadt 1992

Kößler, Gottfried; Steffens, Guido; Stillemunkes, Christoph (Hg.): Spurensuche. Ein Reader zur Erforschung der Schulgeschichte während der NS-Zeit. Frankfurt: Fritz Bauer Institut 1998

Lange, Thomas: Hexenverfolgung als Unterrichtsthema. Ein regionalgeschichtlicher Stoff im Wandel von kulturgeschichtlicher Aufklärung zum ethnologischen Lernen. In: Geschichte in Wissenschaft und Unterricht (GWU), H. 7/8 1995, S. 401-420. Jetzt auch als E-Text im „Forum Hexenforschung" des „server frühe neuzeit" der Universität München: *http:// www.sfn.uni-muenchen.de/forumhexenforschung/hexetexte.html*

Lange, Thomas: Lehrstücke aus dem Schularchiv. Schulgeschichte, Archivpädagogik und die deutsche Vergangenheit. In: Hessen in der Geschichte. Festschrift für Eckhardt G. Franz zum 65. Geburtstag, hrsg. von Christof Dipper in Zusammenarbeit mit A. Gerlich u.a., Darmstadt 1996, S. 612ff

Liepach, Martin: „Auf den Spuren jüdischen Lebens" – Erfahrungen eines Geschichtsprojekts. In: GWU 11/1996, S. 673-689

Müller, Hans-Joachim: Der „dreißigjährige Krieg" aus der Nähe. Selbstzeug-

220

nisse als fächerübergreifender Zugang zur Geschichte in der Jahrgangsstufe 11. Pädagogische Prüfungsarbeit im Fach Geschichte, Studienseminar Darmstadt, Januar 2002. *www.bildung.hessen.de/examen/geschichte/skii/ hjmueller.pdf*

Müller, Wolfgang: Geschichtsunterricht im Archiv. In: Der Archivar, Jg. 42 (1989), Sp. 509-513

Müller-Henning, Markus (Red.): Kriegsreifeprüfung. Kriegsalltag, Kriegs-wirklichkeit und Kriegsende im Urteil Wiesbadener Schüler 1914-1918. Hauptstaatsarchiv Wiesbaden 1996

Pieper, Joachim: Geschichte entdecken, erfahren und beurteilen. Eine Einführung in die Archivarbeit. Hrsg. vom nordrhein-westfälischen Hauptstaatsarchiv Düsseldorf. Düsseldorf 2000

Podehl, Sonja: Für Freiheit und Recht. Die Revolution von 1848/49 im Herzogtum Nassau. Ein Unterrichtsvorhaben in Klasse 9. In: Geschichte, Politik und ihre Didaktik, Heft 3/4, 2003, S. 196-210; bes. S. 203 ff.

Ruppert, Anja: Sozialpolitik und soziale Frage im 19. Jahrhundert. Eine Unterrichtsreihe (Sek. II) mit Archivarbeit zur ehemaligen Hoechst AG. In: Geschichte, Politik und ihre Didaktik, Heft 3/4, 2002, S. 236-251

Winter, Hans: Studienfahrt ins 18. Jahrhundert – eine echte Alternative zum Klassenzimmer. In: Lange, Thomas (Hg.): Geschichte – selbst erforschen. Schülerarbeit im Archiv. Weinheim, Basel 1993, S. 115-127

Würfel, Maria: „Dokumente württembergischer Geschichte aus tausend Jahren". Ständige Ausstellung des Hauptstaatsarchivs Stuttgart. Handreichung für die Einbeziehung der Ausstellung in den Unterricht. In: Lehren und lernen, 20.10.1994, S. 1-97

Würfel, Maria: Erlebniswelt Archiv. Eine archivpädagogische Handreichung. Hrsg. von der Landesarchivdirektion Baden-Württemberg und dem Ministerium für Kultus, Jugend und Sport Baden-Württemberg. Stuttgart 2000

4.2 Forschung im Archiv

Dittmer, Lothar; Siegfried, Detlef (Hg.): Spurensucher. Ein Praxisbuch für historische Projektarbeit. Weinheim 1997

Müller, Wolfgang: „Akteneinsicht heißt – mehr Demokratie". In: W. Emer; U. Horst: Praxis eines demokratischen Geschichtsunterrichts. Perspektiven – Lernorte – Methoden. (= AMBOS; Arbeitsmaterialien aus dem Bielefelder Oberstufen-Kolleg, H. 40). Bielefeld 1995, S. 185-188 (auch als Bd. 2 der Lehr- und Arbeitsmaterialien des Nordrhein-westfälischen Staatsarchivs Detmold. Detmold 1988)

Schülerwettbewerb deutsche Geschichte (Hg.): Forschendes Lernen im Geschichtsunterricht. Stuttgart 1992

Westphal, Gudrun: Das Archiv – Lernort nicht nur für den Geschichtsunterricht. In: Lange, Thomas (Hg.): Geschichte – selbst erforschen. Schülerarbeit im Archiv. Weinheim und Basel 1993, S. 230-240

4.3 Ergebnisdarstellung

Arends, Harald: Ausstellungen und Archive. Diplomarbeit. Fachhochschule Potsdam, Fachbereich Informationswissenschaften, Studiengang Archiv. Berlin 2003. (*www.archivpaedagogen.de/allgemei/arends.pdf*)

Bergmann, Klaus; Mayer, Ulrich; Pandel, Hans-Jürgen; Schneider, Gerhard (Hg.): Handbuch Methoden im Geschichtsunterricht. Schwalbach 2004

Brauckmann, Werner: Die Facharbeit für alle Fächer. Berlin 2001

Fiederle, Xaver (Hg.): Erforschen – Zeugen – Quellen – Spuren. Workshop Geschichte. Paderborn1994, S. 27 ff.

Franz, Eckart G.: Archive im Dienst der Öffentlichkeit: Die Wanderausstellungen der Hessischen Staatsarchive. In: Festschrift für Carlo Wiffels, 1987, S. 173-184

Hey, Bernd; Mayer, Ulrich; Rohlfes, Joachim; Schwalm, Eberhardt; Würfel, Maria: Umgang mit Geschichte. Geschichte erforschen und darstellen – Geschichte erarbeiten und begreifen. Stuttgart 1992

Homeier, Jobst-H.: Geschichte zum (Be)Greifen nah. Konzepte, Beispiele, Tips für den handlungsbezogenen Geschichtsunterricht. Essen 1993

Klose, Dieter: Facharbeiten. Informationen, Hinweise, Tipps. Lernort: Staatsarchiv Detmold, Themenheft 12. Detmold 2003.

Sauer, Wolfgang: Geschichte unterrichten. Seelze-Velber 2001, S. 250 f.

Wagner, Johannes Volker: Archivalienausstellungen als Mittel historischer Bildungsarbeit. Didaktische Zielsetzungen und gestalterische Möglichkeiten. In: Der Archivar 1973, Sp. 639-660

Wunderer, Hartmann: Geschichtsunterricht in der Sekundarstufe II. Schwalbach 2000

WOCHEN SCHAU VERLAG GESCHICHTE

Forum Historisches Lernen

Ulrich Mayer, Hans-Jürgen Pandel, Gerhard Schneider (Hrsg.)

Handbuch Methoden im Geschichtsunterricht

unter Mitarbeit von:
Markus Bernhardt, Klaus Bergmann, Christina Böttcher, Bodo von Borries, Franziska Conrad, Wolfgang Emer, Peter Gautschi, Waldemar Grosch, Gerhard Henke-Bockschatz, Thomas Lange, Ulrich Mayer, Klaus-Ulrich Meier, Bernhard Müller, Elisabeth Ott, Hans-Jürgen Pandel, Michael Sauer, Gerhard Schneider, Michael Riekenberg, Manfred Seidenfuß, Renate Teepe, Uwe Uffelmann, Andreas Urban, Bärbel Völkel, Hartmut Voit, Birgit Wenzel, Hartmann Wunderer

ISBN 3-87920-436-5, 680 S., € 39,80

Inhaltsübersicht
1. Prinzipien
2. Methoden historischen Denkens
3. Kommunikationsformen
4. Kooperationsformen
5. Unterrichtsplanung
Stichwortverzeichnis

Das Handbuch ist nicht nur ein nützliches und unentbehrliches Hilfsmittel für die Unterrichtspraxis, sondern fasst auch den Diskussionsstand zusammen, gewichtet ihn kritisch und vereinheitlicht die disparate Begrifflichkeit im Bereich der Methodik.

... EIN BEGRIFF FÜR HISTORISCH-POLITISCHE BILDUNG

Adolf-Damaschke-Str. 10, 65824 Schwalbach/Ts., Tel.: 06196/86065, Fax: 06196/86060, www.wochenschau-verlag.de

 **WOCHEN SCHAU VERLAG** GESCHICHTE

Methoden Historischen Lernens

Bärbel Völkel

Handlungsorientierung im Geschichtsunterricht

Handlungsorientierung wird vorwiegend als Unterrichtsmethode oder als Methode historischen Lernens eingesetzt. Hier werden diese disparaten Verwendungen zusammengeführt. So kann ein handlungsorientierter Unterricht den Schülern Wege eröffnen, mit denen sie historisch lernen können.

Die Unterrichtsbeispiele zeigen, wie im Geschichtsunterricht handlungsorientiert gearbeitet werden kann.

ISBN 3-89974127-7, 2004, ca. 180 S., ca. € 14,30

Weitere Titel:

Klaus Bergmann:
Der Gegenwartsbezug im Geschichtsunterricht
ISBN 3-87920-750-X, 2002, 192 S., € 14,30

Klaus Bergmann: **Multiperspektivität**
Geschichte selber denken
ISBN 3-87920-742-9, 2000, 296 S., € 18,40

Klaus Bergmann/Rita Rohrbach (Hrsg.):
Kinder entdecken Geschichte.
Theorie und Praxis historischen Lernens in der
Grundschule und im frühen Geschichtsunterricht
ISBN 3-87920-748-8, 2001, 368 S., € 20,–

Markus Bernhardt:
Das Spiel im Geschichtsunterricht
ISBN 3-87920-753-4, 2003, 220 S., € 14,30

Vadim Oswalt:
Multimediale Programme im Geschichtsunterricht
(Geschichte am Computer 1)
ISBN 3-87920-753-4, 2002, 128 S., € 10,–

Waldemar Grosch:
Computerspiele im Geschichtsunterricht
(Geschichte am Computer 2)
ISBN 3-87920-751-8, 2002, 196 S., € 14,30

Hans-Jürgen Pandel:
Quelleninterpretation. Die schriftliche Quelle im
Geschichtsunterricht
ISBN 3-87920-741-0, 2. Aufl. 2003, 240 S., € 14,30

Gerhard Schneider:
Gelungene Einstiege. Voraussetzungen für
erfolgreiche Geschichtsstunden
ISBN 3-87920-740-2, 4. erw. Aufl. 2004, 188 S., € 14,30

Hartmann Wunderer:
Geschichtsunterricht in der Sekundarstufe II
ISBN 3-87920-743-7, 2000, 180 S., € 13,40

Die Reihe **Fundus** in Verbindung mit der Reihe **Methoden** ist Grundlage für den Geschichtsunterricht. **Fundus** bietet grundlegende Quellen für den Geschichtsunterricht. **Methoden** zeigt die Vielfalt der methodischen Möglichkeiten. Die Reihe „Fundus und Methoden" können Sie zur Fortsetzung bestellen.

Sie wollen mehr Informationen zu unseren Büchern? Zu jedem Titel finden Sie Autorenangaben, Inhaltsverzeichnisse, Übersichtstexte im Internet. Sie wollen sich zu einem bestimmten Sachgebiet informieren? Klicken Sie auf die Themenstichwörter: So erhalten Sie einen guten Überblick. Wollen Sie alle Veröffentlichungen eines bestimmten Autors finden? Gehen Sie in die Autorenauskunft. Wollen Sie sich über einen Arbeitsbereich informieren? Nutzen Sie die Spezialkataloge.
Alle Titel können Sie einfach im Shop gegen Rechnung bestellen:
www.wochenschau-verlag.de

GESCHICHTE IM WOCHENSCHAU VERLAG

Adolf-Damaschke-Str. 10, 65824 Schwalbach/Ts., Tel.: 06196/860 65, Fax: 06196/860 60, E-mail: info@wochenschau-verlag.de